Individuo Gruppo Organizzazione

Theatrum

Collana diretta da Gian Piero Quaglino

Maria Teresa Giannelli

Comunicare in modo etico

Un manuale
per costruire relazioni efficaci

Raffaello Cortina Editore

www.raffaellocortina.it

Copertina
illustrazione: Pierluigi Longo

ISBN 88-6030-019-3

Prima edizione: 2006

Indice

a Umberto e Emiliana

Ringrazio tutte le persone che hanno condiviso con me alcune tappe del lungo viaggio che è stato la scrittura di questo libro.
Un grazie per il loro affettuoso aiuto a Veronica Caffo, Stella De Paola, Letizia Mancini, Linda Salerno, Annalisa Salvatore e a tutti gli allievi che mi hanno concretamente supportata.
Un ringraziamento particolare lo rivolgo al professor Flaminio Brunelli, un maestro e un fine scienziato, che tanto mi ha insegnato con il suo affascinante modo di pensare e di lavorare. Devo a lui l'aver compreso il valore etico dell'autenticità nella comunicazione e l'aver imparato a coltivare la speranza attiva di un mondo migliore.

Introduzione

La lettura di un libro è come un viaggio, che può rivelarsi scomodo e tedioso o al contrario piacevole e avvincente. Di solito la si intraprende con aspettative e curiosità, ma anche con il bagaglio di ciò che già si conosce e si desidera portare con sé.

Ma un viaggio è tale se sorprende, arricchisce e trasforma. Attraverseremo insieme luoghi forse a voi già noti e spazi ancora inesplorati, per addentrarci nell'universo di quel fenomeno, così tanto sperimentato e così poco conosciuto, che è la comunicazione tra esseri umani.

Nel mondo contemporaneo saper comunicare è diventato quasi un imperativo categorico. Del resto la nostra vita quotidiana è impregnata di comunicazione: svolgiamo le nostre attività, intratteniamo relazioni, viviamo emozioni grazie a un'incessante attività comunicativa.

La nostra epoca, più di ogni altra, è caratterizzata dall'enorme diffusione di mezzi e di linguaggi sempre più sofisticati e tecnologizzati. La diffusione della tecnologia dell'informazione sembra promettere un incremento e un miglioramento della comunicazione tra gli esseri umani. I media, dal telefono a internet, ci illudono di poter comunicare di più e meglio solo perché consentono un aumento della quantità di informazioni scambiate e di contatti. È vero, abbiamo più contatti, ma non necessariamente più incontri. L'incontro è uno scambio tra persone fatto di sguardi, sorrisi e vicinanza fisica oltre che di parole. I media producono surrogati dell'incontro, o meglio, riducono la fisicità dell'incontro a un'esperienza virtuale, non reale. Perdiamo la realtà della presenza dell'altro, e in cambio abbiamo l'illusione di maggior comunicazione.

Con internet, con le *chat line*, con gli SMS, l'umanità sta sperimentando un nuovo modo di comunicare. Protetti dall'anonimato e dalla rete si intrecciano rapporti e dialoghi che, in molti casi, non si sarebbe capaci di sostenere guardando negli occhi l'interlocutore. Il rapporto quotidiano con le nuove tecnologie della comunicazione sta producendo negli abitanti del mondo occidentale una sorta di "mutazione genetica". Il ricorso alle nuove tecnologie tuttavia non aiuta a migliorare il proprio modo di comunicare, semplicemente permette di non affrontare il problema e di eludere le difficoltà che si incontrano nel relazionarsi con gli altri. Così, il grande sviluppo delle attività e dei mezzi di comunicazione ha l'effetto paradossale di mantenere, se non creare, nuove criticità nella comunicazione interpersonale.

L'epoca in cui viviamo se da un lato promette benessere, divertimento, avventura, potere su noi stessi e sulla natura, dall'altro, contemporaneamente, minaccia di distruggere tutto ciò che abbiamo, tutto ciò che conosciamo. La nostra esistenza è caratterizzata dal senso del mutevole, dell'effimero, del frammentario ma anche dalla globalità e dall'interdipendenza. Questa profonda complessità rende la vita postmoderna difficilmente governabile da parte del pensiero razionale. Ciò ha indotto molti studiosi a sostenere che, per destreggiarsi nel mondo contemporaneo, sia necessario sviluppare "un pensiero complesso", di cui una componente essenziale è proprio "l'intelligenza interpersonale" indispensabile per comunicare in modo efficace.

Pur vivendo nell'era della comunicazione tutti noi ogni giorno sperimentiamo quanto sia difficile comunicare: non riusciamo a comprendere i nostri interlocutori o a farci capire e spesso, a causa di queste difficoltà, non riusciamo a raggiungere i nostri obiettivi. La nostra vita quotidiana è costellata di fraintendimenti, incomprensioni, equivoci: tutti insuccessi comunicativi spesso all'origine di problemi o conflitti che rendono a volte instabile e pesante la vita di relazione. Le nostre parole producono effetti che non sempre coincidono con quelli da noi desiderati e così spesso accade che le reazioni degli altri a ciò che abbiamo detto ci appaiano inadeguate, esagerate, o sciocche. A volte semplicemente ci accorgiamo di non essere stati capiti, altre volte ci troviamo invischiati in un conflitto che sembra essere stato provocato dalle nostre parole, senza che ne avessimo alcuna intenzione. Ogni giorno insomma pronunciamo frasi di cui non prevediamo gli effetti e quando questi si manifestano, suscitano in noi meraviglia, irritazione o frustrazione. Malgrado ciò continuiamo a ritenere la comunicazione interpersonale un compito facile e naturale da lasciare affidato all'innata abilità personale.

Ma è proprio vero che abili comunicatori si nasce?

Mentre è diffusa la consapevolezza che i discorsi dei politici, la comunicazione mediatica, gli slogan pubblicitari sono costruiti in base a raffinate tecniche persuasive, si tende a considerare spontanei e privi di regole e strategie i dialoghi quotidiani con partner e figli, con capi e colleghi. Si è portati a credere che parlare e ascoltare siano abilità naturali che, a differenza del leggere e dello scrivere, non necessitino di essere insegnate. E invece, malgrado le apparenze, saper comunicare con gli altri esseri umani è tutt'altro che facile e istintivo.

D'altra parte saper comunicare è importante perché la qualità della nostra vita è dovuta in gran parte alla qualità della nostra competenza comunicativa. La comunicazione è infatti il mezzo principale di cui disponiamo per affermare i nostri bisogni, per raggiungere i nostri obiettivi, e per influenzare il comportamento degli altri e renderlo compatibile con i nostri interessi. La competenza comunicativa consente di avere un miglior controllo sull'andamento delle proprie interazioni e la sensazione di poter esercitare un controllo sul proprio ambiente è fonte di benessere psicologico, così come la sua mancanza è fonte di disagio.

La competenza comunicativa è una risorsa preziosa per tutti: per genitori e insegnanti che hanno il difficile compito di educare i giovani, per manager il cui lavoro è indirizzare le attività dei collaboratori verso gli obiettivi aziendali, per venditori impegnati a stimolare i comportamenti di acquisto, per politici che devono persuadere gli elettori e dialogare con altri politici.

La possibilità di realizzare i propri obiettivi, per chi vive e lavora nel mondo contemporaneo, è in gran parte affidata alla capacità di interagire e comunicare in modo appropriato. Non a caso nelle organizzazioni, oggi, si viene valutati e apprezzati, più che per le competenze tecniche, in base a quanto si è capaci di lavorare in team, di condurre trattative, di esercitare influenza sugli altri. E non a caso coloro che si affermano come leader sono persone dotate di particolare abilità nel condurre le relazioni interpersonali.

Al di là dei compiti e degli obiettivi impostici dal ruolo che ricopriamo nella società, tutti desideriamo esercitare un'influenza sugli altri. Dobbiamo ammettere che, nel comunicare, è sempre presente il bisogno di lasciare un segno, una traccia di sé, se non di convincere l'altro ad ascoltare quello che abbiamo da dire, a concordare con le nostre idee, e ad agire nel modo da noi desiderato. E lo stesso, ovviamente, vale anche per il nostro interlocutore. Spesso infatti ci troviamo a interagire con persone che hanno interessi, scopi e bisogni che non coincidono con i nostri ed è inevitabile chiederci: "*Riuscirò a influenzarlo o ne sarò influenzato?*"; "*Riuscirò a raggiungere il mio scopo o dovrò rinunciarvi a favore del suo?*".

In quante occasioni ci siamo rammaricati di non essere riusciti a sostenere le nostre idee come avremmo voluto? O di non essere stati capaci di condurre un colloquio personale o professionale come ci eravamo proposti?

In quante circostanze le difficoltà di comunicazione si sono dimostrate un vero problema per noi? A scuola ci hanno insegnato a leggere e scrivere ma non ci hanno insegnato l'arte di comunicare in modo adeguato con il nostro prossimo. Non ci hanno insegnato che l'abilità comunicativa non sta solo nella capacità di capire e farsi capire, ma soprattutto in quella di sapersi relazionare con l'altro. Così nascono scuole, master, facoltà, corsi di comunicazione per insegnare a una popolazione di diplomati, laureati, manager, venditori e professionisti l'arte di comunicare. E questo perché l'inadeguata competenza comunicativa è causa di molti dei problemi della nostra società, in famiglia come sul lavoro. Relazioni conflittuali, inefficienze organizzative, incidenti diplomatici, scontri politici possono, nella gran parte dei casi, essere ricondotti proprio a una competenza comunicativa carente.

Una comunicazione inadeguata è dunque all'origine di molte delle incomprensioni che rendono difficili le relazioni umane. Ecco perché c'è bisogno di insegnare ad adulti acculturati come rendere migliore il proprio modo di comunicare.

Tuttavia c'è il rischio di un equivoco.

Scuole e corsi di comunicazione puntano molto sulle metodologie, predisponendo manuali di tecniche e regole del buon comunicatore. A mio parere non è questa la strada da percorrere. Tecniche e regole servono a poco, se quello che manca sono quei valori umani senza i quali non c'è tecnica che tenga.

Da anni intellettuali, artisti, politici di tutto il mondo sostengono che, nelle società occidentali contemporanee, sia in corso una crisi dei valori umani, soppiantati da quelli del danaro, del potere, del successo. Una crisi carica di conseguenze per la vita di ciascuno di noi: tra queste anche la crescente incapacità di ascoltare e instaurare relazioni solidali e soddisfacenti, con la sofferenza psicologica e la conflittualità sociale che ne consegue.

L'equivoco di cui parlo è un prodotto di tutto questo, dovuto a una visione opportunistica e mediatica della comunicazione. Nel senso comune la capacità comunicativa viene confusa con la capacità di persuadere gli altri e indurli ad accettare le proprie idee. Ma è davvero questo il significato di "saper comunicare"?

Io penso che, prima ancora di definire cosa significhi comunicare con successo, sia necessario intendersi sul significato che attribuiamo all'avere successo nella comunicazione. Non è un vero successo raggiungere i propri obiettivi a tutti i costi, ma piuttosto perseguirli, sapendo ridurre al minimo i costi psicologici e sociali dell'inevitabile diversità e conflittualità fra gli esseri umani. Ritengo si possa parlare di successo quando si produce altra e migliore comunicazione, condizione indispensabile per raggiungere sì i propri obiettivi, ma in modo dialogante ed etico. La competenza comunicativa non ha solo a che fare con il possesso di capacità dialettiche o di tecniche persuasive e strategie relazionali. La buona comunicazione si fonda sulla nostra visione del mondo e dei rapporti con gli altri, sull'etica che ispira la nostra condotta e sui valori che sorreggono i nostri comportamenti sociali. In definitiva sulle nostre qualità umane molto più che su quelle dialettiche.

Chi è allora buon comunicatore? E come lo si diventa?

Da anni svolgo ricerche in università e docenze per aziende pubbliche e private sulla comunicazione interpersonale. È soprattutto l'attività di formatore che mi ha spinta a cercare di identificare con chiarezza ciò che contribuisce maggiormente all'efficacia comunicativa. Sentivo la necessità di individuare quei fattori, quei valori capaci di costituire una guida per le persone intenzionate a migliorare il proprio modo di comunicare. Esperienze e lunghe riflessioni mi hanno portata a concludere che questi valori sono la Consapevolezza delle proprie e altrui emozioni, la Responsabilità della riuscita della comunicazione e il Rispetto di sé e dell'altro. Cercherò nel corso del libro di illustrare il perché.

PARTE PRIMA

Gli elementi della comunicazione interpersonale

1

L'importanza della comunicazione

Nel 1200 Federico II Hohenstaufen, ultimo grande imperatore nell'Europa del medioevo, condusse un esperimento diretto a scoprire quale fosse la lingua originaria dell'uomo. Uomo colto e animato da curiosità scientifiche, egli ordinò che un certo numero di neonati venissero allevati, con tutte le cure necessarie, da balie che avevano istruzione di non proferire mai parola in loro presenza. La sua ipotesi era che questo "vuoto linguistico" avrebbe fatto emergere nel neonato una lingua spontanea, naturale. In questo modo si sarebbe scoperto se la lingua naturale dell'uomo era il latino, il greco o l'ebraico.

Non ci deve stupire l'ingenuità scientifica di Federico II se pensiamo che, nel 1200, le cognizioni in materia di scienze umane in generale, e di psicologia in particolare, erano molto limitate. Come invece sarebbe oggi facile prevedere, l'esperimento non portò al risultato atteso. Peggio: i bambini morirono tutti.

La spiegazione di questo drammatico esito dell'esperimento l'abbiamo oggi grazie agli studi sulla psicologia infantile, che rivelano come il neonato, per crescere e svilupparsi, abbia bisogno in eguale misura di latte, di calore e di parole. Il destino dei bambini cresciuti in brefotrofio, come risulta ormai inequivocabilmente da molte ricerche,[1] è caratterizzato da un ritardo nella crescita e da uno sviluppo cognitivo, linguistico ed emotivo compromesso in modo significativo. È stato accertato che questi danni dipendono, più che da carenze nella cura fisica e alimentare, da carenze comunicative e relazionali.[2]

In sintesi, oggi siamo in grado di comprendere che i bambini dell'esperimento di Federico II morirono proprio per quel "vuoto linguistico" a cui erano stati sottoposti, come dire che la comunicazione deve essere inclusa tra le condizioni necessarie per la sopravvivenza, tra i bisogni vitali dell'essere umano.

Da quando i biologi hanno dimostrato che ogni sistema vivente è impegnato in un costante scambio di informazioni con il proprio microambiente, nel pensiero scientifico moderno si è affermata sempre più l'idea di una necessaria e intima connessione tra vita e comunicazione. L'adattamento di ogni sistema vivente al proprio ambiente, e quindi la sua sopravvivenza, si realizza attraverso un'incessante scambio di informazioni: quando questo scambio non funziona come dovrebbe si produce uno squilibrio nel sistema, e quando s'interrompe del tutto sopraggiunge la morte.

Oltre a scambiare informazioni con l'ambiente per garantirsi la sopravvivenza, l'essere umano ha bisogno di comunicare per avere coscienza di sé e per conquistare e mantenere un equilibrio emotivo. Numerose ricerche[3] hanno dimostrato che quando un individuo è costretto, per un periodo di tempo prolungato, all'isolamento totale o a una "deprivazione sensoriale" prodotta in laboratorio, la sua sfera emotiva subisce gravi alterazioni, fino all'insorgere di allucinazioni o di deliri. Non a caso, nel corso della storia, l'isolamento è stato impiegato come forma di tortura o di pressione psicologica nei confronti di prigionieri politici. Per mantenere un soddisfacente equilibrio psicologico e un sano adattamento ambientale, noi esseri umani abbiamo necessità di contatti con i nostri simili, anche se esistono differenze individuali rilevanti nella quantità di contatti sociali di cui ciascun essere umano ha bisogno e nella tolleranza all'isolamento. Non è un caso allora che l'umanità abbia sviluppato così tanto la sua attività comunicativa. Si potrebbe addirittura sostenere che l'*homo sapiens* sia in realtà un *homo loquens*, e che lo sviluppo e l'evoluzione della stessa umanità siano andati di pari passo con lo sviluppo dei linguaggi e dei mezzi che hanno favorito la comunicazione.

Malgrado ciò, mentre la letteratura, la poesia, la filosofia se ne sono sempre occupate, solo di recente la scienza ha iniziato a studiare il fenomeno della comunicazione fra gli esseri umani. Questo ritardo può trovare una ragione nelle condizioni che hanno caratterizzato la vita sociale degli uomini nel corso della storia. Nel recente passato della millenaria storia dell'umanità, prima della rivoluzione industriale e della massiccia urbanizzazione, la vita si svolgeva prevalentemente all'interno di piccole comunità. Fino all'inizio dell'era industriale gli esseri umani hanno vissuto all'interno di gruppi primari, nuclei sociali molto piccoli, come il clan, la tribù, il piccolo borgo. In questi contesti la comunicazione non costituiva un problema perché avveniva fra persone che, condividendo un patrimonio comune di conoscenze, potevano capirsi senza particolari difficoltà.

Anche nelle attività produttive la comunicazione non aveva la rilevanza che ha oggi: l'artigiano, il contadino, il pastore svolgevano la maggior parte del loro lavoro in solitudine. Tuttavia questo non vuol dire che si trattasse di culture caratterizzate da individualismo. Al contrario, nelle società tradizionali l'identità individuale era data dall'appartenenza al gruppo che garantiva uno scambio continuo di risorse, materiali e psicologiche, tra i membri della comunità. In tali nuclei ogni individuo era legato all'altro da una serie di compiti e servizi, resi e ricevuti, che davano luogo a forti vincoli di reciprocità e a una solidarietà diffusa e rassicurante. Il sentimento di appartenenza al gruppo, accompagnato dalla sensazione di essere necessari gli uni agli altri, dava al singolo la sicurezza che i propri bisogni sarebbero stati soddisfatti. Il prezzo pagato per questa sicurezza era costituito dal forte controllo sociale e dalla conseguente ridotta libertà individuale. All'individuo non veniva richiesto, né consentito, di realizzarsi in quanto soggetto singolo e autonomo, al contrario gli era imposto di piegarsi alle logiche del gruppo e di sottostare all'autorità.

Con lo sviluppo della società industriale, con le ingenti concentrazioni di manodopera che hanno fatto esplodere le città, con l'organizzazione del lavoro, l'attività comunicativa tra le persone è diventata un perno, un elemento fondamentale della produzione economica oltre che della vita collettiva. I processi di urbanizzazione hanno dissolto il senso di comunità e reso complessa e diversificata, in termini di relazioni, la quotidianità degli individui. Si è passati da una condizione sociale in cui si era interdipendenti con individui conosciuti personalmente, a una condizione in cui si dipende da relazioni impersonali o addirittura virtuali. D'altra parte la profonda trasformazione del modo di vivere collettivo ha generato un aumento considerevole delle possibilità concesse all'individuo. La facoltà di vivere in autonomia, contando soprattutto sulle proprie forze e capacità, è causa e conseguenza evidente del mutamento radicale delle relazioni che intercorrono tra gli individui nell'odierna società. Oggi si vive la vita urbana circondati da volti estranei, al punto che ci si sorprende di incontrare, al cinema o nel metrò, un volto conosciuto. Coloro che si conoscono da più tempo, parenti, amici d'infanzia, compagni di scuola, sono spesso lontani geograficamente o professionalmente, mentre la maggior parte delle persone che si incontrano durante la giornata, e con cui si ha necessità di interagire, sono persone estranee e magari appartenenti a razze e culture diverse dalla propria. Eppure, con ciascuna di esse, per interagire in modo efficace e soddisfare i propri bisogni, occorre saper modulare la comunicazione in modo adeguato.

Rispetto al passato, oggi, la quantità e la diversificazione delle interazioni sociali e dei ruoli che ne derivano per ciascuno sono enormemente aumentate. Più la propria vita sociale è ampia, più diventa segmentata e specializzata nelle relazioni: ci sono persone con cui si lavora, altre con cui si fa sport o si va in vacanza e magari altre ancora con cui si condivide soltanto un impegno politico o culturale.

In contesti di questo tipo l'individuo, meno sottoposto a controllo sociale, è più libero di costruire la propria identità sulla base di appartenenze sociali plurime. I modelli culturali, veicolati dai media e dalla pubblicità, spingono verso la libertà espressiva, la creatività, l'originalità degli stili: ciascuno è autorizzato e stimolato a sperimentare modalità comunicative proprie. L'individuo ha conquistato gradi di libertà, sacrificando ciò che lo rendeva parte di un tessuto sociale definito e stabile. Questo processo di emancipazione dalla comunità si accompagna però a un'ansia diffusa, data dalla responsabilità di dover costruire il proprio modello di esistenza. In questo senso ogni individuo è solo con se stesso di fronte alle scelte da fare sul modo di impostare i rapporti, di portarli avanti o di mettervi fine. Ciò spiega anche perché la vita collettiva attuale sia caratterizzata da un forte individualismo e da una crescente indifferenza verso la partecipazione sociale, con la conseguente frustrazione dei bisogni naturali di appartenenza, di solidarietà, di legami affettivi autentici. "Nell'atmosfera impersonale delle super-tribù delle grandi città, la collaborazione, questa naturale qualità umana, si sta rapidamente esaurendo" sostiene Desmond Morris.[4]

Le società individualistiche come la nostra sono permeate da un certo grado di competitività e le relazioni interpersonali spesso vengono considerate funzionali alle esigenze particolari dell'individuo. La sensazione di essere in competizione con un gran numero di persone può generare vissuti di alienazione e ostilità verso gli altri, percepiti come ostacoli rispetto ai propri obiettivi e desideri. Ciascuno è spinto a fare affidamento solo su stesso per costruirsi un percorso di vita. L'esistenza non è più concepita come un fenomeno collettivo quanto piuttosto come una vicenda personale.

Per questo l'individuo nei contesti urbani tende a quella sorta di isolamento relazionale che rende difficile costruire legami significativi e duraturi con gli altri, minando così il suo benessere sociale e psicologico. Secondo Lasch[5] gli individui contemporanei, sempre più egoisticamente ripiegati sulle proprie vicende personali, diventano fragili psicologicamente e incapaci di impegnarsi nei rapporti interpersonali e nelle questioni sociali.

Anche se una dose di individualismo è presente in ciascuno di noi, questo può essere coniugato con la tendenza comune a tutti gli uomini a vivere in società, con il nostro essere animali sociali.[6] Quest'integrazione è importante dal momento che un'eccessiva enfasi sull'individualismo, che i media e la pubblicità propongono quale via maestra per il benessere, può produrre quelle condotte antisociali, di cui è piena la cronaca, messe in atto per far prevalere propri particolari bisogni e desideri a scapito di quelli di altre persone. Dietro molte condotte antisociali spesso si nasconde la sofferenza psicologica dovuta proprio alla difficoltà di costruirsi o inserirsi in reti di relazione e sostegno sociale. Da questo punto di vista la sofferenza psicologica può essere vista come risultato di una "incompetenza a convivere".[7] Oggi, più che mai, convivere significa confrontarsi con la diversità, con un "altro" diverso da sé per interessi, desideri, valori e cultura, sapendo perseguire obiettivi comuni in grado di conciliare i propri bisogni con quelli della collettività. Interessi del singolo ed esigenze collettive, libertà individuali e convivenza sociale non sono da considerarsi in contrapposizione ma sono aspetti di una realtà complessa, all'interno della quale va ricercato un equilibrio tra il soddisfacimento dei bisogni individuali e il conseguimento di obiettivi di coesistenza.

La densità umana tipica delle città, e la difficoltà di rapportarsi con le molteplici possibilità offerte nei contesti urbani sono all'origine del diffuso senso di insicurezza e ansietà che caratterizza il vivere contemporaneo. Questo genere di malessere, sempre più diffuso e pervasivo, rende indispensabile promuovere nelle persone quelle capacità di relazionarsi, negoziare, cooperare alla base di una felice convivenza. Per questo è necessario tendere verso l'obiettivo di una convivenza che, accogliendo e valorizzando le diversità, impegni ciascuno a cooperare con gli altri per il raggiungimento di fini comuni. Questo genere di convivenza consente infatti di armonizzare bisogni e tendenze personali di tutti, pur dovendo passare attraverso turbamenti, tensioni e negoziazioni. È in questo senso che la competenza nel comunicare assume un ruolo decisivo.

La competenza comunicativa

Tranne rare eccezioni, qualunque sia il nostro lavoro, abbiamo necessità di comunicare quotidianamente con più persone, a volte molto diverse da noi, ed è per questo che veniamo valutati anche in base all'abilità comunicativa che dimostriamo di possedere. La capacità di comunicare rapidamente ed efficacemente è una necessità vitale per chi deve interagire con molte persone, spesso in modo rapido e fugace. Per alcune professioni poi, la comunicazione interpersonale è da considerarsi un'attività strategica. È il caso di chi ha responsabilità gestionali nelle organizzazioni e impiega la maggior parte del suo tempo a illustrare programmi, impartire direttive, discutere, negoziare, convincere, al punto che si può sostenere che il lavoro del manager consista proprio nel comunicare.[8]

Soffermandosi a riflettere su come ci si comporta nelle molteplici interazioni quotidiane, è possibile rendersi conto di quanta flessibilità sia necessaria per adottare il comportamento più appropriato a seconda del contesto e della relazione in atto. Nelle interazioni professionali, negli scambi affettivi o negli incontri occasionali si adotta un registro comunicativo differente: con il capo o il collaboratore, con il coniuge o i figli, con il vicino di casa o il medico non si utilizzano infatti le stesse modalità comunicative.

Secondo Forgas

> [...] il numero e la complessità delle regole che dobbiamo conoscere per interagire con le persone è enorme, ed è necessario applicarle istantaneamente senza esitare, correttamente e con continuità se dobbiamo impegnarci in un'interazione sociale con successo. La vasta diversificazione e specializzazione delle nostre numerose relazioni sociali richiede competenze interattive di gran lunga più complesse di quelle necessarie in un gruppo primario.[9]

Il professor Forgas ha ragione, anche se non è il caso di preoccuparsi perché in realtà, più o meno istintivamente, queste regole ciascuno di noi le applica, almeno tutte le volte che porta a termine con successo un'interazione.

Gli atti comunicativi quotidiani sono regolati dal rispetto di convenzioni condivise, regole implicite che vengono apprese nel corso della crescita e che si trasformano in automatismi comportamentali. Ogni individuo ha a disposizione un repertorio di comportamenti comunicativi, considerati appropriati nella propria cultura di appartenenza, fra cui scegliere quello più consono alla situazione. L'apprendimento culturale orienta insomma verso determinati comportamenti che si trasformano in automatismi, come nel caso del rituale dei saluti. La scelta più o meno felice, più o meno adeguata, dipende dall'abilità comunicativa posseduta.

Come per le altre abilità, vi sono persone naturalmente più dotate, che riescono cioè meglio di altre e con risultati migliori. Si tratta di quelle persone che sanno adottare istintivamente il registro comunicativo più appropriato, scegliendo le parole e i toni più adeguati alla situazione e raggiungendo così, con maggior facilità, i propri obiettivi comunicativi. Tuttavia anche chi non possiede questo "dono di natura" ha comunque la possibilità di svilupparlo. Sviluppare competenza comunicativa permette non solo di entrare efficacemente in rapporto con i propri interlocutori, ma anche di esercitare un maggior controllo nella vita di relazione, aumentando il proprio livello di *empowerment*[10] e di benessere psicologico e sociale. La competenza comunicativa, attraverso l'accesso a un più ampio ventaglio di alternative comportamentali fra cui scegliere, permette una crescita dello spazio decisionale, con conseguente aumento del sentimento di potere.

La sensazione di poter esercitare un controllo sulla propria vita è fondamentale per il benessere dell'individuo, così come lo è avere una vita sociale ricca e appagante. È proprio nella relazione e nel confronto con gli altri e con l'ambiente che si costruiscono quelle condizioni necessarie e funzionali al benessere psicologico. Sentirsi parte di un gruppo o di una comunità, riporre fiducia nei confronti del prossimo e della natura umana, ritenere di poter fare qualcosa di importante per gli altri, sono condizioni specifiche di tale benessere. Questo genere di sentimenti consente di contenere gli effetti patologici dello stress elevato a cui si è sottoposti nei contesti metropolitani. La capacità di dare e ricevere sostegno sociale si è dimostrata essere uno dei più fruttuosi fattori di gestione dello stress.

Dalle ricerche[11] che si sono occupate del ruolo giocato dal sostegno sociale nelle condizioni di stress e di malattia, è emerso che l'adeguatezza delle reti sociali si accompagna a una minore incidenza delle malattie e a guarigioni più rapide. Sembra quindi accertato che reti sociali e sostegno emotivo promuovano il benessere psicologico e la salute fisica. Saper instaurare e mantenere relazioni stabili, intime e calde consente quindi di conservare o perseguire una condizione di benessere psicologico e a questo fine è cruciale possedere un'adeguata competenza nel comunicare.

Ma cosa s'intende per competenza comunicativa?

Molti studiosi[12] si sono impegnati per individuare ed elencare gli elementi essenziali di tale competenza, senza tuttavia arrivare a formulare un paradigma esauriente e ampiamente condiviso. Così nella letteratura sull'argomento, c'è una certa confusione a livello terminologico. Vengono spesso usate espressioni diverse – "competenza comunicativa", "competenza sociale", "abilità relazionale", "abilità interpersonale" – senza che sia sempre chiaro in che cosa si differenzino l'una dall'altra. Nel pensiero occidentale, quando ci si trova di fronte a un fenomeno complesso si cerca di comprenderlo scomponendolo in varie parti da analizzare separatamente, col proposito di riconnetterle in un secondo momento. Un'operazione questa tutt'altro che facile. Così è accaduto per la competenza comunicativa: per riuscire a definirla è stata studiata secondo ottiche disciplinari diverse e scomposta in abilità distinte, anche se profondamente interconnesse.

Ma qual è il significato attribuito ai termini di "abilità" e di "competenza"? Di solito si utilizza il termine "abilità" per indicare la capacità di mettere in atto, in modo flessibile, modelli comportamentali, schemi di azione complessi e ben organizzati, per eseguire determinati compiti. Mentre, quando si utilizza il termine “competente”, il riferimento è volto a qualcuno a cui si riconosce una padronanza in determinate attività. Una padronanza che è data sì dal possesso di specifiche abilità, ma che è anche frutto di conoscenze ed esperienze acquisite nel tempo e di un’accurata riflessione su di esse. Ci si riferisce, quindi, a una persona particolarmente qualificata rispetto a un compito o a una prestazione. La competenza è dunque il risultato di un apprendimento, inteso come sviluppo personale, prodotto dall’integrazione di conoscenze, abilità ed esperienze. Essa correla la dimensione cognitiva del sapere con quella operativa del fare. In questo senso la competenza comunicativa comporta il possesso di abilità, conoscenze ed esperienze adeguate per affrontare con successo le difficoltà poste dalle diverse interazioni.[13]

I primi a tentare una definizione di competenza comunicativa sono stati gli studiosi del linguaggio che l’hanno identificata con quella linguistica, relativa cioè alla padronanza del codice verbale, che consiste nell’utilizzare correttamente le regole della grammatica e della sintassi. Ma altri studiosi[14] hanno sostenuto che non fosse possibile ridurre la competenza comunicativa a quella linguistica poiché essa la comprende, ma è certamente qualcosa di più. Per questi studiosi quel “qualcosa di più” è la conoscenza e il rispetto di convenzioni e regole di natura culturale. Essi sostengono che la competenza comunicativa sia essenzialmente un’abilità sociale che consiste nel conoscere e rispettare “le prescrizioni che indicano quale comportamento è obbligato, preferito o proibito in dati contesti”.[15] È questo genere di abilità che permette anche di decodificare i significati in base al contesto in cui vengono espressi. In quest’ottica, vengono classificati come comportamenti socialmente competenti quei comportamenti basati su standard, norme e valori tipici di un particolare contesto sociale.

Ma la competenza comunicativa non si esaurisce ancora qui. Si può infatti possedere un vocabolario ricco, una buona capacità espositiva ed espressiva, ma non per questo essere efficaci nel comunicare. Si possono conoscere e rispettare tutte le convenzioni della propria cultura, ma non essere validi comunicatori.

Ma allora quale altra abilità è necessaria per potersi davvero definire competenti nel comunicare? Quando è possibile definire qualcuno un “buon comunicatore”?

Se ci si rifà alla propria esperienza non è così difficile rispondere: ciascuno ha in mente un amico, un conoscente, un collega a cui si riconosce tale capacità. Ma spiegarne il perché appare tutt’altro che semplice. Ciò che può aiutarci a identificare questa ulteriore abilità, è pensare a quello che si verifica quando interagiamo con lui. Un buon comunicatore di solito esprime in modo chiaro e diretto i suoi pensieri e le sue emozioni e, contemporaneamente, rende facile e magari aiuta l'interlocutore a esprimere i propri. È a suo agio e mette a proprio agio, sa ascoltare e si impegna a capire, rispetta l'altrui punto di vista senza rinunciare al proprio, sa confrontarsi senza inutili polemiche. Quando incontriamo una persona di questo tipo, sentiamo che si verifica un'interazione efficace, uno scambio autentico e costruttivo che può generare una nuova e più profonda comunicazione. In altre parole, ha sviluppato un'adeguata competenza nel comunicare chi ha la capacità di mettersi in relazione con l'altro in modo diretto, creativo e appropriato, sapendo avviare e mantenere una relazione costruttiva.

Alla capacità di esprimersi e a quella di comportarsi in modo socialmente appropriato va quindi aggiunta quell'abilità che consiste nel saper entrare e stare efficacemente in relazione con l'altro. L'abilità relazionale è una valida risorsa per far fronte ai problemi posti dai rapporti umani, per questo ci si può considerare davvero competenti nel comunicare se si è sviluppata un'adeguata capacità di stabilire e mantenere relazioni costruttive.

L'abilità linguistica e quella socioculturale vengono normalmente acquisite grazie al processo di socializzazione: la maggior parte degli schemi linguistici e comportamentali, che utilizziamo nelle interazioni quotidiane, li abbiamo appresi e immagazzinati fin da piccoli e li mettiamo in atto in modo automatico. Viceversa l'abilità relazionale non è affatto scontata, perché dipende da molti altri fattori, primo fra tutti la qualità delle relazioni primarie che ci hanno segnato. Se è l'abilità relazionale a fare la differenza nei gradi di competenza comunicativa fra le persone, è su questa allora che è opportuno lavorare se si vuole affinare la propria competenza nel comunicare.[16] Per sviluppare competenza comunicativa bisogna intraprendere un cammino che porti ad accrescere la capacità di mettersi efficacemente in relazione con l'altro e con il proprio ambiente. Per questo il tema dell'abilità relazionale sarà il filo conduttore lungo tutto il viaggio, al fine di fornire al lettore contenuti utili per perfezionare o consolidare la propria competenza comunicativa.

Dalla comunicazione alla relazione

Quando si studia la comunicazione interpersonale di solito si parte dal più conosciuto dei modelli, un modello che non è stato formulato, come ci si potrebbe aspettare da sociologi o psicologi, ma da Shannon e Weaver, due ingegneri di un'azienda americana di telefoni.[17] Secondo questo modello il processo di comunicazione prevede l'esistenza di sei componenti essenziali, come illustrato nella figura 1.1:

- l'*emittente*, cioè colui che invia il messaggio;
- il *codice*, cioè l'insieme di segni e di regole condivise, in base al quale si codifica e decodifica il messaggio;
- il *messaggio*, che è il contenuto della comunicazione inviata;
- il *canale*, cioè un mezzo che rende possibile la trasmissione del messaggio;
- il *ricevente*, che è colui a cui è inviato il messaggio;
- i *rumori*, cioè tutto ciò che disturba la ricezione del messaggio.

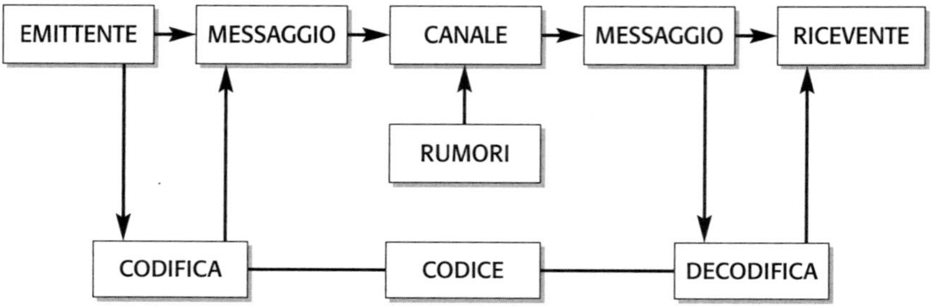

Figura 1.1 Il processo della comunicazione.

L'idea che il modello veicola è che chi parla invii un messaggio inequivocabile a chi ascolta e che questi a sua volta, per decodificarlo correttamente, debba limitarsi a possedere lo stesso codice. Molti autori[18] hanno fatto osservare come questa idea meccanica del processo comunicativo sia eccessivamente semplicistica e fuorviante se applicata alla comunicazione umana. Malgrado ciò, questo modello è stato molto utilizzato come base per gli studi sul linguaggio e sulla comunicazione. Tuttavia, la sua matrice prettamente tecnica dovuta allo studio della trasmissione dei segnali via telefono, ha portato a trascurare per molto tempo il fatto che emittente e ricevente siano esseri umani, e che tra loro si stabilisca un rapporto di natura psicosociale assai più complesso.[19]

Negli anni successivi, è stato introdotto nel modello, un nuovo elemento: il feedback (figura 1.2), un concetto importato dalla cibernetica, per indicare il segnale di ritorno, da ricevente a emittente. È il feedback che segnala il modo in cui il ricevente ha percepito e compreso il messaggio.

L'introduzione nel modello del concetto di feedback ha reso evidente che gli scambi interpersonali sono circuiti di retroazione, in cui il comportamento di ogni interlocutore influenza e viene a sua volta influenzato dal comportamento dell'altro. L'aver compreso che ogni messaggio inviato provoca necessariamente un messaggio di ritorno ha facilitato la presa di coscienza della dimensione relazionale. Si è così passati da una visione della comunicazione come processo lineare a una visione della comunicazione come processo circolare, in cui ciascuno riveste simultaneamente i ruoli di emittente e ricevente. In ogni episodio comunicativo ciascuno è impegnato simultaneamente nei due ruoli:

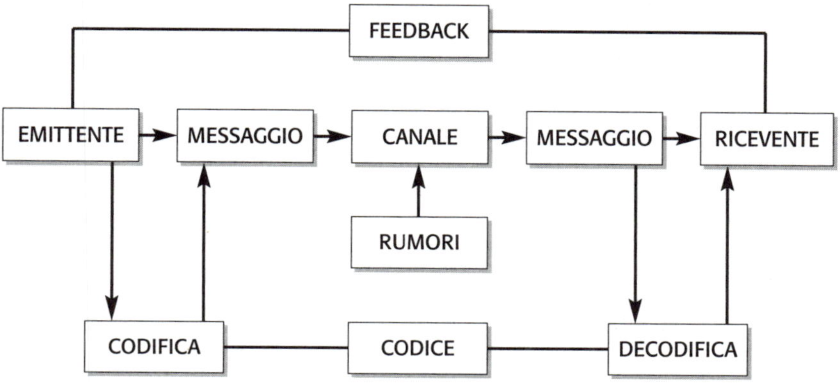

Figura 1.2

formula i propri messaggi e contemporaneamente riceve e decodifica i segnali di ascolto, di accordo o di disaccordo che gli invia l'interlocutore e in base a questi modula i messaggi successivi.

L'aver posto attenzione al feedback ha permesso inoltre di comprendere che nel ruolo di ricevente ciascuno interviene con un atto interpretativo che crea un nuovo significato. Il processo di decodifica infatti non è una traduzione oggettiva e neutra dalle parole ai significati corrispondenti, ma è un atto di selezione e interpretazione soggettivo, tanto che si può sostenere che il "vero" significato di un messaggio non è quello inviato ma quello ricevuto.

Facciamo un esempio. Un capo dice alla segretaria: "*Quante volte le ho detto di non passarmi le telefonate di mia moglie mentre sono in riunione?*". E la segretaria: "*Non le ho mai contate, dottore.*" Da questa risposta il capo comprenderà che il significato attribuito alle sue parole non è quello del rimprovero che aveva intenzione di fare, ma quello di una richiesta di informazione.

Tuttavia se è vero che bisogna abituarsi a pensare che il significato delle proprie parole è quello che vi attribuisce l'interlocutore, è anche vero che è proprio compito contribuire a costruire un significato condiviso. Affinare la propria competenza comunicativa significa quindi, da un lato prestare grande attenzione al feedback ricevuto, per monitorare costantemente l'esito delle proprie parole e dall'altro trasmetterlo adeguatamente, per veicolare il significato che si va via via attribuendo ai messaggi ricevuti.

Malgrado i suoi limiti, il merito del modello appena descritto è quello di aver contribuito a disegnare la comunicazione come un sistema, composto da diversi elementi, tutti necessari e in interazione dinamica. Da questo modello in poi è stato possibile definire la comunicazione come un'attività complessa, dinamica e continua, con molti viaggi di "andata e ritorno".

Uno dei passi successivi compiuti dai teorici della comunicazione è stato quello di individuare un nuovo elemento decisivo per la costruzione dei significati che si producono in un'interazione comunicativa. Tale elemento è il contesto, cioè il tempo, il luogo, gli attori e la relazione in cui avviene l'interazione comunicativa. Di questo parleremo nei prossimi capitoli.

2

Quando si comunica

Per rispondere alle questioni che pone questo capitolo è necessario fare una piccola rivoluzione mentale rispetto al modo abituale di concepire la comunicazione interpersonale.

Normalmente infatti siamo portati a pensare che si comunica solo quando si verifica uno scambio di natura verbale, orale o scritto che sia. Crediamo, per esempio, che due persone sedute una accanto all'altra, in silenzio, non stiano comunicando. Ma questo è vero solo se si considera la comunicazione un fenomeno intenzionale di natura verbale.

A qualunque cultura appartengano, gli esseri umani condividono la tendenza a considerare intenzionale il comportamento dei propri simili. Una tendenza spiegata da uno dei maggiori studiosi di relazioni interpersonali, Heider,[1] con la sua teoria della *psicologia del senso comune*. Secondo Heider nella vita quotidiana tutti ci comportiamo come "scienziati ingenui" che utilizzano, per spiegare i comportamenti degli altri, gli stessi principi della causalità e della logica impiegati dagli scienziati per studiare il mondo fisico. Ciascuno è conscio che la propria condotta è dettata, normalmente, dall'intenzione di raggiungere scopi ben precisi e questa consapevolezza, dal momento che siamo portati a proiettare sugli altri i nostri meccanismi, ci porta a ritenere che anche la condotta e la comunicazione altrui siano frutto di un'intenzione. Del resto anche i primi studi sulla comunicazione, e in particolare quelli linguistici, si basavano sull'assunto che l'intenzionalità fosse un requisito essenziale della comunicazione umana.

Negli anni Sessanta un gruppo di studiosi statunitensi, conosciuti come Scuola di Palo Alto,[2] ha ampliato con le proprie teorie il concetto di comunicazione. Gli esponenti di questa scuola, studiando le relazioni interpersonali, hanno notato che, nell'interazione fra due persone, vi è una parte rilevante di informazione che, pur non essendo verbale né intenzionale, produce comunque degli effetti. Non solo le parole, ma anche il volto, lo sguardo, il corpo trasmettono messaggi, non sempre voluti, ma non per questo meno densi di significati. L'interesse per gli aspetti pragmatici della comunicazione ha consentito a questi studiosi di comprendere che, dal punto di vista pragmatico appunto, un messaggio è in grado di produrre un effetto anche nel caso in cui non sia voluto. L'informazione fornita dai nostri comportamenti diviene automaticamente comunicazione nel momento in cui vi è qualcuno che la riceve e che, nello sforzo di interpretarla, vi attribuisce un significato. Sulla base di queste considerazioni, la Scuola di Palo Alto ha proposto di allargare il concetto di comunicazione, al di là dello scambio verbale e intenzionale, fino a includervi tutto il comportamento, anche quello che non ha un'esplicita intenzione comunicativa.

La portata innovativa di tale pensiero non finisce qui. Continuando a lavorare in questa direzione gli studiosi di Palo Alto si sono resi conto che un'importante caratteristica del comportamento consiste nel fatto che esso non ha un suo opposto, non esiste cioè un "non-comportamento". Qualunque cosa facciamo, o non facciamo, rappresenta un comportamento, compreso lo stare muti e immobili. Ed è per questo che sono arrivati a sostenere che, così come non si può non avere un comportamento, "non si può non comunicare".[3] Ciò vuol dire che la sola presenza di qualcuno, che lo si voglia o meno, attiva una qualche forma di comunicazione. E questo cambia tutto!

A verifica di questa tesi sono stati condotti numerosi esperimenti. In un esperimento,[4] per esempio, sono stati messi in una stanza due estranei, facendoli sedere uno di fronte all'altro e ordinando loro di non parlare né di comunicare in alcun modo. L'osservazione condotta dagli sperimentatori ha confermato che, se si è in presenza di un'altra persona, si stabilisce sempre una qualche forma di comunicazione. Per questo quando stiamo in silenzio accanto a qualcuno, nello studio di un medico per esempio, sentiamo che ci sta comunicando qualcosa, come noia, nervosismo, o desiderio di non essere distolto dai propri pensieri, oppure una certa curiosità nei nostri confronti. Il suo e il nostro comportamento, al di là delle intenzioni, assumono reciprocamente valore di messaggi. Dunque l'intenzionalità non è una discriminante tra comunicazione e non comunicazione.

L'assioma "non si può non comunicare" ha rappresentato una rivoluzione copernicana nel modo di concepire la comunicazione interpersonale. Far proprio questo assioma significa comprendere che, quando diciamo: "*Con il mio capo non comunico proprio!*"; oppure: "*Ieri alla riunione non ho comunicato con nessuno*", non stiamo rappresentando correttamente la realtà. Se accettiamo la posizione della Scuola di Palo Alto, del resto ormai ampiamente condivisa da molti studiosi, dobbiamo renderci conto che affermazioni di questo tipo non hanno senso se è vero che il solo essere in presenza di qualcuno, comporta che una comunicazione sia comunque in corso. Sarebbe allora più corretto dire: "*Io con il mio capo non riesco a comunicare in modo soddisfacente*"; oppure: "*Alla riunione non sono riuscita a farmi ascoltare*". Il pensiero così riformulato, cambia significativamente la lettura del fenomeno perché chiarisce meglio i termini del problema e apre nuove possibilità di comprensione, di intervento e magari di soluzione.

È importante essere consapevoli che lo stesso sottrarsi all'interazione con l'altro, il non fare una telefonata, non scrivere una lettera, l'allontanarsi fisicamente, il distogliere lo sguardo, hanno comunque un significato per lui e dunque costituiscono pur sempre una qualche comunicazione.

C'è da tener presente inoltre che l'intenzionalità non sempre coincide con la consapevolezza e che la non intenzionalità non sempre vuol dire mancanza di consapevolezza. Possiamo essere consci di quanto stiamo comunicando anche quando un messaggio non è intenzionale, quando sfugge cioè al nostro controllo volontario, come nel caso di un improvviso rossore da imbarazzo o vergogna, o di un tremore nella voce causato dall'ansia.[5]

D'altra parte possiamo non essere del tutto consapevoli anche dei messaggi che riceviamo. Possiamo non renderci conto dell'aggressività che c'è nelle parole dell'altro, o coglierla senza diventarne coscienti. Per esempio, possiamo sorprenderci di essere stati bruschi con un collega, quando apparentemente non ce ne aveva dato motivo. In realtà l'aver colto nel suo atteggiamento, sia pure sotto la soglia della consapevolezza, un tentativo di manipolarci o ingannarci, ci ha spinti a reagire bruscamente. Insomma, se è vero che riceviamo e inviamo messaggi non sempre nati da un'intenzione cosciente, bisogna tener conto che quando si è in presenza di altri si comunica sempre e non solo quando si ha l'intenzione di farlo.

E quando siamo soli? Quando non siamo in presenza di un altro? Stiamo comunicando oppure no? Pensiamoci bene. Cosa avviene, nella nostra mente, quando siamo da soli? Avviene che continuano a scorrere inesorabilmente i pensieri, sotto forma di parole o di immagini: così come non si può non avere un comportamento, allo stesso modo non si può non pensare. Provate a interrompere per qualche minuto la lettura di questo testo e a non pensare, a fare cioè nella vostra mente una sorta di vuoto assoluto.

Impossibile, vero? Per quanto ci si sforzi, non si riesce ad arrestare il flusso dei pensieri e delle immagini che, malgrado la nostra volontà, continuano ad affacciarsi alla coscienza. Per arrivare a sospendere il pensiero e a creare il vuoto nella mente, sono necessari anni di quotidiano allenamento con tecniche di matrice orientale. Con la meditazione per esempio è possibile arrestare il flusso dei pensieri ottenendo un silenzio e una quiete profondi. Studi condotti sui monaci zen[6] hanno dimostrato che la meditazione produce effetti di natura biologica oltre che psicologica: diminuisce la produzione di neurotrasmettitori e ormoni dello stress, mentre aumenta quella di melatonina e serotonina, generando rilassamento e benessere. Uno degli effetti più importanti della meditazione consiste nel fatto che aumentano i segnali di coerenza tra le diverse aree cerebrali. Pare che il non-pensiero consenta di rendere più equilibrata la vita emozionale e migliori l'attività cognitiva, che diventa più precisa e pregnante. Sfortunatamente per noi occidentali, che abbiamo sviluppato così tanto l'attività mentale, è particolarmente difficile meditare. In ogni caso non è possibile arrivare al silenzio mentale se non si sono prima ascoltate le proprie voci interiori, cosa che, come vedremo nei capitoli successivi, è necessario fare se si vuole migliorare la comunicazione con gli altri.

Come dicevo, non smettiamo mai di pensare e formuliamo i nostri pensieri usando due diversi linguaggi: il linguaggio verbale e quello iconico. L'espressione del pensiero in forma di linguaggio rivela l'esistenza di un interlocutore interno e quindi di una comunicazione in atto. L'interlocutore può essere una persona "fantasmatizzata", creata dentro di noi, come succede tutte le volte in cui anticipiamo con la mente una conversazione che andremo a fare o ne ripercorriamo una già fatta. Ma l'interlocutore possiamo essere anche noi stessi, può accadere, cioè, che si svolga una sorta di dialogo interno tra diverse parti di noi.

Di questo parleremo più dettagliatamente in seguito. Per ora è sufficiente ribadire che la comunicazione è presente in ogni istante della nostra vita, che si sia soli o in compagnia, che si parli o si taccia, che ci si muova o si stia fermi, che si dialoghi mentalmente con se stessi o con l'altro.

La consapevolezza di essere *sempre* in comunicazione è il primo passo da compiere per comprendere quanto la dimensione temporale sia rilevante ai fini della competenza comunicativa. Ma ci sono altre importanti riflessioni da fare a proposito della variabile tempo nella comunicazione.

Il tempo è denaro

Per esaminare l'importanza del tempo nella comunicazione interpersonale bisogna innanzitutto disarticolare il concetto, accantonando provvisoriamente il termine "tempo" per parlare di "tempi". Quello di tempo è un concetto matematico, astratto, una convenzione che gli uomini hanno creato per regolare le attività e le relazioni. Esistono in realtà diverse dimensioni temporali che confluiscono nel concetto condiviso di tempo unico. Vediamo quelle che contano per l'individuo e per la sua attività comunicativa.

È ormai condivisa da molti l'idea che l'esperienza umana si collochi all'interno di almeno quattro dimensioni di tempo: un tempo storico, che stabilisce consuetudini e valori, un tempo sociale che regola le attività collettive, un tempo biologico che presiede alle funzioni e ai cicli vitali, e un tempo psicologico che è relativo ai vissuti personali e che tutti sentiamo come quello più "reale".[7]

Il tempo sociale, a sua volta, è segmentato e articolato in base alle esigenze del vivere collettivo, per questo abbiamo il tempo del lavoro e quello del riposo, il tempo della famiglia e quello dello svago, tutte cornici temporali che definiscono e strutturano le relazioni che si svolgono al loro interno. È il tempo sociale, dunque, che scandisce i ritmi delle nostre giornate e delle nostre relazioni.[8]

Nelle società occidentali si è instaurata una concezione utilitaristica del tempo simboleggiata dall'espressione "il tempo è denaro".[9] L'equazione tempo uguale denaro, seppure giustificata dalle regole della produzione industriale, ha enormi conseguenze nella vita di tutti noi. Il nostro rapporto con il tempo, o meglio con il modo in cui occupiamo il tempo, non può prescindere da questo assioma culturale che si è esteso ormai dall'ambito delle attività produttive a tutta la nostra esistenza e a tutte le relazioni che intratteniamo.[10] Viviamo le nostre giornate incalzati dal tempo, e con la costante preoccupazione di risparmiarne quanto più possibile. Il nostro bisogno di denaro s'intreccia e si confonde con il bisogno di tempo. Non a caso diciamo: "*Ho perso tempo*", "*Ho guadagnato tempo*", "*Ho investito il mio tempo*"; e nella nostra mente questo equivale a: "*Ho perso denaro*", "*Ho guadagnato denaro*", "*Ho investito il mio denaro*". Trattiamo cioè il tempo proprio come fosse denaro.

Oggi sono sempre più numerose le persone "malate di accelerazione",[11] che vivono una condizione di frenetica attività, ossessionate dalla sensazione perenne di non avere tempo. Viviamo insomma immersi in un ritmo accelerato in cui sembra non ci sia più modo di fermarsi per stare in contatto, in intimità, con se stessi e con gli altri.

Avere fretta è diventato uno *status symbol*, un atteggiamento socialmente apprezzato, tanto quanto quello dell'"ottimizzare" il rapporto attività-tempo. Viviamo di corsa per riuscire a fare più cose in meno tempo o addirittura contemporaneamente: leggiamo il giornale o telefoniamo mentre andiamo in autobus al lavoro, teniamo una riunione mentre consumiamo un rapido pasto, andiamo in palestra con il nostro migliore amico per aggiornarci, tra un esercizio e l'altro, sulle rispettive vite sentimentali.

Il tempo che non è immediatamente traducibile in qualcosa di produttivo non riceve considerazione sociale e anche da noi stessi il più delle volte viene valutato negativamente come "tempo perso". Conseguentemente anche il tempo impiegato nella comunicazione, nei contesti di lavoro e in quelli privati, deve rispondere al criterio dell'economicità e dell'efficienza. Mal sopportiamo le persone che non ci capiscono al volo o quelle che parlano troppo lentamente o non esprimono chiaramente e rapidamente il loro pensiero, costringendoci a "perdere tempo" nel tentativo di capire cosa ci vogliono comunicare. Viceversa apprezziamo come buon comunicatore chi riesce a esprimersi in modo chiaro e veloce.

Anche i mass media ci hanno abituato a un ritmo sostenuto nella comunicazione: il tempo di un'intervista televisiva è un tempo brevissimo, ritmato, che non conosce pause e non tollera incertezze. Chi ha fatto l'esperienza di parlare davanti a una telecamera sa bene che gli vengono assegnati, per esprimere il proprio pensiero, al massimo pochi minuti. È questo ormai il ritmo su cui è tarata, sintonizzata, la capacità di ascolto. Non a caso di fronte a un ritmo più lento e monotono, ci capita di distrarci e di perdere il filo del discorso, a meno che l'altro o l'argomento non ci coinvolgano profondamente.

In molte situazioni è necessario tener conto che il nostro interlocutore, proprio come noi, ritiene di non avere tempo da perdere. Ovviamente, in questi casi, se vogliamo ottenere un ascolto efficace e costante dobbiamo imparare a esprimerci con un buon ritmo e in modo chiaro e sintetico.

D'altra parte c'è da chiedersi se è sempre questo il ritmo più adeguato nella comunicazione interpersonale, quello che permette uno scambio autentico e una reale comprensione.

Come si fa a esprimere un pensiero complesso o emotivamente gravoso, se chi ci ascolta ha fretta di arrivare alla conclusione?

E come facciamo a dire qualcosa che per noi è difficile verbalizzare, se il nostro capo o il nostro partner ci concedono solo pochi minuti?

E quando siamo noi ad avere fretta? Siamo sicuri di poter capire le ragioni del partner o del collaboratore che si sforza di spiegarcele nel quarto d'ora che gli concediamo?

Rispondete pure senza fretta.

Il tempo della comprensione

A volte la comunicazione necessita di un tempo lento, che rispetti i ritmi del pensiero e dell'emozione. La relazione, lo scambio, la comprensione, hanno un loro tempo: è quello della riflessione, il tempo delle pause, dei silenzi, della quiete. È questo il più delle volte il tempo ideale per comunicare perché è quello nel quale ognuno può costruire ed esprimere i propri pensieri senza sentirsi incalzato dall'altro, e può concedersi di esplorare i pensieri dell'altro fino a comprenderli profondamente.

Ma quante volte ci capita di comunicare in questo modo? Probabilmente di rado. Il più delle volte le nostre interazioni avvengono senza che possiamo concedervi il tempo necessario.

Insomma, i modelli e i ritmi imposti alla comunicazione dal tempo sociale e da quello dei mass media non tengono conto di un'altra importante dimensione temporale che è quella dell'esperienza soggettiva. L'esperienza individuale del tempo è strettamente legata ai ritmi biologici e ai vissuti psicologici.

Gli studiosi di scienze umane che si sono interessati al tema del tempo, si sono interrogati sul modo in cui l'individuo ne fa esperienza, su come lo vive e sulle variabili che influiscono sulla sua percezione. Al di là dei diversi metodi di studio e delle diverse scuole di pensiero, tutti condividono l'idea che tempo "oggettivo" e tempo "soggettivo" non sempre coincidano. È vero che il tempo individuale si colloca all'interno del tempo fisico-matematico, ma è altrettanto vero che il tempo fisico acquista un valore diverso a seconda dei vissuti individuali. Per noi infatti un'ora non ha sempre la stessa durata: se siamo imbottigliati nel traffico non passa mai, se siamo in compagnia di una persona che amiamo, vola.

Il filosofo Galimberti sostiene che il tempo non appartiene al rapporto tra le cose, ma al nostro rapporto con esse. Questo vuol dire che abbiamo la possibilità di scegliere quanto governare gli eventi e quanto farsi governare da essi. Riconquistare la libertà di scegliere quando vivere nel tempo sociale e quando in quello biologico o psicologico può essere un'efficace strategia esistenziale verso il benessere. Possiamo per esempio decidere di trasformare l'irritazione per il ritardo di un aereo nel piacere di una buona lettura o di un momento di relax. Possiamo scoprire il gusto di vivere il presente al meglio, avvalendoci delle sue opportunità e godendo dell'intensità che ogni istante può contenere.

Il nostro vissuto temporale non è mai uniforme, come quello scandito dalle lancette dell'orologio e soprattutto non è detto che coincida con quello del nostro interlocutore. Il vissuto temporale è infatti legato alle condizioni fisiche e agli stati d'animo del momento. I bioritmi, per esempio quelli del ciclo sonno/veglia o della digestione, condizionano fortemente il nostro vissuto temporale al punto che la nostra percezione dello scorrere del tempo non è la stessa al mattino appena svegli o la sera stanchi morti, quando abbiamo fame o durante la digestione, se siamo in un ufficio al caldo o per strada al freddo.

Alcune ricerche hanno dimostrato che perfino la temperatura corporea incide significativamente sulla percezione del trascorrere del tempo.

Per non parlare degli stati d'animo. Una persona calma e una in collera percepiscono il tempo allo stesso modo? Pare proprio di no.

E chi è in perenne ritardo vive il tempo allo stesso modo di chi è ossessivamente puntuale? Direi di no. L'orologio che abbiamo al polso o sulla scrivania scandisce il tempo sempre con lo stesso ritmo, quello che abbiamo nel corpo e nella psiche no.

L'ansia per esempio può avere l'effetto di rallentare o accelerare la nostra percezione dello scorrere del tempo. Quando siamo in ansia spesso il tempo diventa persecutorio e noi acceleriamo il ritmo delle azioni, del discorso e perfino del respiro e del battito cardiaco. Al contrario, quando siamo molto rilassati, come dopo un bel massaggio, il tempo ci è amico, scorre più lentamente, e le nostre azioni, i pensieri, il respiro, si concedono un ritmo tranquillo, pacato e molto più armonioso.

Naturalmente, il trovarsi nell'una o nell'altra condizione, cambia significativamente il nostro modo di comunicare e di conseguenza la relazione con l'interlocutore. Quando siamo in ansia è più difficile concedergli e concederci quel tempo che sapremmo dare a entrambi se, al contrario, fossimo rilassati. Ma se essere consapevoli del nostro stato d'animo è importante, lo è altrettanto interrogarsi su quello dell'interlocutore e chiedersi in quale condizione fisica si trovi, di che umore sia, se sia impegnato in qualcosa di importante o urgente.

Mi rendo conto che non possiamo porci queste domande tutte le volte che stiamo per interagire con qualcuno. Ma possiamo almeno farlo tutte le volte che un incontro è decisivo per noi.

Immaginate questa scena. È venerdì, sono nel mio ufficio e sto lavorando a una relazione che mi ha impegnata per buona parte della settimana. Sono molto concentrata sull'obiettivo di concluderla per potermi godere il week-end. Bussano alla porta ed entra un collega per sottopormi un problema. Per varie ragioni non posso rifiutare di esaminare con lui la questione.

Vediamo come si svolgerà la comunicazione in questo caso.

Il suo obiettivo di coinvolgermi nell'esame del problema e nella valutazione delle possibili soluzioni si scontra con il mio desiderio di liberarmi velocemente di lui per tornare alla mia relazione. La mia disponibilità allo scambio di idee è limitata, il mio ascolto è intermittente: a tratti, mentre lui parla, penso alla relazione. Il collega percepisce la mia impazienza e questo gli rende più difficile espormi con calma e chiarezza il suo pensiero. L'incontro si svolge e si conclude in modo insoddisfacente per entrambi. Sarebbe stato ben diverso se il mio collega fosse stato più fortunato, o più abile, nella scelta del momento in cui venire a parlare con me.

Un altro esempio: da qualche settimana sento che nel rapporto con il mio partner c'è qualcosa che non va. Ho intenzione di affrontare l'argomento, ma aspetto di concludere prima il progetto al quale sto lavorando da tempo e che assorbe tutta la mia energia. Una sera torno a casa e il mio partner mi spiazza, anticipandomi. Vuole parlare di quello che non va tra noi. Io non mi sento pronta a farlo e tergiverso, prendo tempo, cerco di cambiare argomento. Il mio partner si irrita per il mio comportamento, io mi irrito per la sua insensibilità e così finiamo col discutere animatamente, aggravando le nostre difficoltà. Anche in questo caso il problema nasce dalla scelta del momento.

Il mio collega e il mio partner hanno scelto il momento in cui parlarmi, tenendo conto dei loro bisogni più che dei miei, ma in questo modo hanno compromesso in partenza l'esito della comunicazione.

Pensiamo a quelle volte in cui siamo stati noi il collega inopportuno o il partner insensibile, e a come abbiamo fallito nella comunicazione per il solo fatto di aver scelto il momento sbagliato.

Ogni buon negoziatore sa che le proposte che verrebbero bocciate al mattino, possono invece passare nel pomeriggio, oppure che un attacco alla controparte può funzionare a condizione che venga sferrato nel momento giusto. Per questo credo che, nella comunicazione interpersonale, il non prestare sufficiente attenzione alla scelta del momento sia una delle più frequenti cause di insuccesso, e credo quindi che imparare a chiedersi se quello è il "momento giusto", non solo per noi ma anche per l'altro, sia un'ottima abitudine per accrescere i nostri successi relazionali. So che non sempre è facile, a volte non abbiamo scelta, altre volte non conosciamo i bisogni o gli stati d'animo dell'altro, altre volte ancora il nostro bisogno di dire qualcosa è più forte di qualunque considerazione razionale.

La chiave per accedere alla capacità di scegliere il momento giusto è il Rispetto. Imparare ad avere rispetto per i bisogni e i tempi, nostri e dell'altro, apre una porta verso il raggiungimento dei nostri obiettivi e la costruzione di relazioni più sane e armoniche.

Il tempo "dell'uomo bianco"

Anni fa ho letto un prezioso libricino che mi ha fatto riflettere sul tema del tempo. Vi si racconta l'esperienza di Tuiavii, un saggio capo indigeno delle isole Samoa, venuto a contatto con l'uomo bianco, il "Papalagi", come egli lo chiama. Durante un viaggio in Europa Tuiavii aveva osservato gli usi e i costumi dell'"uomo bianco" traendo, da tale osservazione, importanti riflessioni sulla vita dei "Papalagi" da comunicare al suo popolo, per metterlo in guardia dal fascino del mondo occidentale.

Papalagi, così s'intitola il libricino, è una sorta di trattato etnologico al contrario, dal momento che, rovesciando la prospettiva dei trattati occidentali, un intellettuale samoano osserva e valuta i costumi della "tribù" dei bianchi. Un testo illuminante per noi occidentali. Lascio quindi che siano le sagge parole di Tuiavii a concludere questo capitolo.[12]

> Il Papalagi ama, sopra ogni cosa, ciò che non si può afferrare e che pure è sempre presente: il tempo. Sebbene non ce ne sia mai più di quanto ne può stare fra il levarsi e il cadere del sole, il Papalagi è sempre scontento del suo tempo e si lamenta con il Grande Spirito perché non gliene ha dato abbastanza. Così si rovina ogni gioia tormentandosi con il pensiero: "non ho tempo di essere contento". Il tempo è lì ma, con tutta la buona volontà, lui non lo vede [...]. Il Papalagi impiega tutte le sue energie e consuma tutti i suoi pensieri per rendere sempre più pieno il suo tempo, dà ali alle sue parole, sempre per avere più tempo.
>
> E perché tutta questa gran fatica?
>
> Che cosa ne fa alla fine il Papalagi del suo tempo?
>
> Non sono mai riuscito a capirlo del tutto [...]. Io credo che il tempo gli sfugga come una serpe sfugge da una mano bagnata, proprio perché lui cerca di tenerlo così stretto. Gli sta appresso e gli dà la caccia con le mani tese, non gli consente alcuna sosta [...]. Il Papalagi non ha compreso il tempo, non lo riconosce per quello che è, e perciò lo maltratta in quel modo con i suoi rozzi costumi. Ma il tempo è silenzioso e ama la pace e la calma e lo stare distesi su una stuoia [...]. O miei cari fratelli! Noi non ci siamo mai lamentati del tempo, non ce ne occorre più di quanto ce n'è dato e ne abbiamo sempre quanto basta [...]. Dobbiamo liberare il povero, smarrito Papalagi dalla sua follia, dobbiamo ridargli il suo tempo. Dobbiamo distruggere la sua piccola macchina del tempo e annunciargli che dal levarsi al calare del sole c'è molto più tempo di quanto un uomo può aver bisogno.

3

Chi comunica

La scienza ha dimostrato che non siamo gli unici esseri viventi dotati della capacità di comunicare. Gli animali, le piante e perfino i microrganismi comunicano tra loro e con il loro ambiente.

Gli etologi, con i loro studi, hanno accertato la presenza di precise forme di comunicazione tra animali della stessa specie e hanno addirittura decodificato alcuni linguaggi. Ogni specie ha un suo linguaggio, le formiche per esempio comunicano tra loro lasciando sul terreno una sostanza chimica che funge da messaggio-traccia, che le altre devono seguire per allontanarsi o ritornare al formicaio. Le api comunicano alle altre, attraverso una sorta di danza, la distanza e la posizione del cibo individuato. Alcuni primati poi, utilizzano gesti, posture e movimenti molto simili a quelli umani. Senza comunicazione sarebbero impensabili attività complesse e coordinate, come la caccia in branco praticata dai predatori, o il trasferimento di comportamenti funzionali alla sopravvivenza della prole nei mammiferi e negli uccelli.

Esiste comunicazione non solo all'interno di una stessa specie animale, ma anche tra specie diverse, basti pensare ai messaggi, talvolta estremamente espliciti, che riceviamo dal nostro cane o dal nostro gatto.

Anche le piante, dicono i botanici, comunicano tra di loro e chi le cura e le conosce bene sa che sono dotate di una certa sensibilità nella relazione con gli esseri umani, proprio come se ne ricevessero i messaggi.

Insomma tutto lo studio degli esseri viventi ha dimostrato che i processi che legano un sistema vivente al suo ambiente, e ne garantiscono la sopravvivenza, sono essenzialmente processi di comunicazione e che la comunicazione è quindi indispensabile alla vita.

E gli oggetti inanimati comunicano?

Di un quadro, una scultura, una fotografia spesso diciamo che trasmettono emozioni, sensazioni, idee. Ma un posacenere, una bottiglia, un letto, un tavolo, possono comunicare?

È possibile sostenere che anche da un posacenere sporco riceviamo l'informazione che qualcuno ha fumato, da una bottiglia vuota che qualcuno ha bevuto, e così un letto disfatto e un tavolo in disordine possono veicolare informazioni precise, a condizione che ci sia qualcuno che li osservi e ne colga il significato.

È evidente, tuttavia, che la comunicazione di un oggetto inanimato non è assimilabile a quella di un essere vivente in quanto l'oggetto, pur essendo portatore di significati, è comunque passivo. Un oggetto non può avere un comportamento, cioè non può modulare il suo essere, muovendosi in una gamma di alternative possibili, come fa invece un essere vivente; subirà, è vero, delle modificazioni nel suo rapporto con l'ambiente, ma queste non potranno che essere quelle previste dalla materia di cui è composto. Un oggetto non ha intenzionalità, non ha alternative, non può utilizzare il feedback, non può essere attivo nella comunicazione, come invece può fare un essere umano.

Tutti gli uomini comunicano, ma gli stili di comunicazione sono tanti quanti sono gli esseri umani sulla terra. Le differenze individuali infatti si manifestano proprio nel diverso modo di comunicare. Così come ognuno ha un volto, un corpo, una voce, uno sguardo che, in quanto unici, lo caratterizzano e lo rendono riconoscibile nel rapporto con gli altri, allo stesso modo ognuno ha una modalità peculiare e unica di entrare in comunicazione, di muoversi, di parlare, di esprimere i pensieri, di manifestare le emozioni. Che se ne sia consapevoli o meno, nel comunicare noi riveliamo anche la nostra personalità.[1] Ciò che ci caratterizza rendendoci unici caratterizza anche, per molti aspetti, l'andamento e l'esito delle nostre interazioni comunicative.

L'attenzione che viene prestata all'interlocutore, il peso che viene attribuito alle sue parole, i significati che man mano vengono condivisi con lui variano in funzione della sua identità. Basti pensare a tutte le volte in cui siamo stati influenzati da un discorso o da un'idea solo perché a sostenerla era qualcuno da noi ritenuto credibile.[2] La credibilità deriva dal riconoscere all'interlocutore doti di competenza ed affidabilità: una persona è considerata credibile, e quindi degna di fiducia, se dimostra di possedere delle conoscenze sull'argomento trattato e se la si percepisce come sincera.

Spesso il "*chi* lo ha detto" rende più o meno attendibile o condivisibile il "*cosa* ha detto." Possiamo per esempio discutere dell'andamento della borsa con molte persone, ma il peso che daremo a ciò che l'altro dice, cambia se a parlare è uno stimato agente di borsa, o il nostro vicino di casa, noto per la sua spregiudicatezza finanziaria. La ricerca nel campo della comunicazione persuasiva[3] ha confermato che le caratteristiche attribuite a colui che trasmette un messaggio si ripercuotono sul contenuto trasmesso, ostacolandone o facilitandone l'accettazione. È questa la ragione per cui in pubblicità si fa grande uso di personaggi noti come *testimonials*.

Il puzzle dell'identità

L'andamento di uno scambio comunicativo e il suo risultato non possono prescindere dall'identità dei due interlocutori.[4]

Nella formazione dell'identità e del modo di comunicare un ruolo rilevante è giocato dalle appartenenze culturali. Per appartenenze culturali s'intende non solo l'appartenere a una razza o a una nazione, ma anche a un gruppo sociale, a una famiglia, a un ceto professionale.

L'essere umano, infatti, impara a comunicare in contesti ambientali caratterizzati da linguaggi e forme proprie di comunicazione che lo portano a sviluppare stili di interazione secondo regole tipiche del proprio contesto ambientale. E questo spiega perché il modo di comunicare di un africano è diverso da quello di un europeo ed entrambi differiscono da quello di un giapponese o di un americano.

L'appartenenza a un ceto sociale, inoltre, comporta a volte notevoli differenze nella capacità di esprimersi efficacemente. Così un italiano colto manifesterà la sua provenienza sociale in quanto avrà una competenza linguistica ed espressiva maggiore di un connazionale meno istruito.[5]

Anche l'appartenenza di genere comporta notevoli differenze negli stili comunicativi. Le donne, per ragioni culturali, sono di solito più orientate alla relazione di quanto non lo siano gli uomini. Tannen, una sociolinguista americana che ha studiato le differenze di stile comunicativo tra uomo e donna, sostiene che: "sebbene ogni stile sia valido se considerato singolarmente, le differenze possono suscitare incomprensioni [...]. Il fatto di conoscere le differenze di stile, non le elimina, ma può eliminare la confusione di idee e il rimprovero reciproco".[6] Da alcune ricerche[7] risulta che nella comunicazione le donne vedono un'occasione per instaurare e mantenere legami non gerarchici e che per questo il loro stile comunicativo è di solito più emotivo e coinvolgente. Essendo orientate alla condivisione di esperienze, esse prediligono un modo di comunicare che tende a minimizzare le differenze e questo fa sì che la comunicazione femminile, più spesso di quella maschile, sia caratterizzata dal confronto e dall'intimità. Anche gli uomini desiderano stare in relazione ed evitare l'isolamento ma sono meno concentrati delle donne su questo obiettivo. Per gli uomini la comunicazione rappresenta soprattutto una sorta di terreno di prova su cui misurarsi con l'interlocutore, stabilendo una relazione di tipo gerarchico. Per questa ragione lo stile comunicativo maschile è più orientato a esercitare un controllo sull'altro e ad affermare il proprio status attraverso la dimostrazione di competenze e abilità. Gli uomini hanno una visione più strumentale che relazionale della comunicazione e in genere la usano per scambiare informazioni, risolvere problemi e sostenere le proprie idee, più che per creare condivisione e complicità. Per questo lo stile comunicativo maschile è di solito più assertivo, competitivo, razionale. La competizione per gli uomini non preclude l'amicizia, ma può addirittura essere un sistema per creare relazione e coinvolgimento. Secondo Tannen

> [...] uomini e donne potrebbero trarre beneficio dall'apprendere gli stili dell'altro. Molte donne potrebbero imparare dagli uomini ad accettare conflitti e differenze, senza interpretarli come una minaccia all'intimità, e molti uomini potrebbero imparare dalle donne ad accettare l'interdipendenza, senza considerarla una minaccia alla loro libertà.[8]

La famiglia in cui si cresce, poi, ha un ruolo rilevante nel plasmare il modo di manifestare le emozioni e la capacità di leggere quelle degli altri.[9] È soprattutto nel rapporto con i familiari, infatti, che acquisiamo lo stile emotivo e relazionale che ci accompagnerà per tutta la vita. Da adulti riproduciamo le modalità di relazione che abbiamo appreso nel rapporto con genitori e fratelli. Un bambino abituato a dissimulare stati d'animo come la tristezza o la rabbia, per esempio, spesso diventa un adulto incapace di manifestarle e di riconoscerle negli altri. In questo senso l'imprinting familiare gioca un ruolo primario nella formazione dell'identità che caratterizzerà poi il suo modo di comunicare.[10]

Ma cosa s'intende per identità?

Lo studio dell'identità ha impegnato per lungo tempo antropologi, psicologi e psicoanalisti nel tentativo di dare una risposta a domande quali "perché le persone sono come sono?"; "cosa è che rende una persona unica e diversa da tutte le altre?". Occupandosi della persona nella sua unicità ed interezza, gli studiosi hanno cercato di comprendere come si correlino in un tutto coerente i diversi aspetti del funzionamento individuale. Come accada, in pratica, che un'insieme di caratteristiche individuali si combini in un'organizzazione stabile, dando luogo a modi unici e involontari di relazionarsi con l'ambiente.

Da quando hanno cominciato a interrogarsi sull'argomento, gli studiosi[11] hanno prodotto diverse teorie, alcune delle quali hanno centrato l'attenzione sul mondo interno al soggetto, isolandolo dal contesto. Tuttavia, negli ultimi decenni, è diventata sempre più evidente l'inadeguatezza di quelle teorie che non tengono conto che l'individuo è comunque immerso in una rete di relazioni, dalle quali non si può prescindere nello studio dell'identità.[12] Insomma molti studiosi[13] oggi concordano sul fatto che l'identità si sviluppa all'interno di un sistema di relazioni, in cui gli altri svolgono un ruolo rilevante.

L'identità è considerata l'essenza della persona, il concetto interiore di sé come individuo e coincide con la percezione che ogni individuo ha di sé come essere unico, differente da tutti gli altri esseri umani.[14] Il concetto di sé costituisce la dimensione privata del proprio essere, legata ai ricordi e alle esperienze vissute, definita sulla base dei punti di vista, dei gusti, delle motivazioni che costituiscono il vissuto personale. Costruire e sviluppare una propria identità consente all'individuo di accedere alle proprie potenzialità, proiettandosi verso la realizzazione del proprio progetto di vita.

Ciascuno ha un senso della propria identità, che esprime mille volte al giorno dicendo: "*Io penso che*", "*Io amo la musica*", "*Io non amo viaggiare*", "*Io non sopporto il freddo*" ecc.

Ma quando diciamo "Io", a cosa ci riferiamo? Al nostro corpo o alla mente? Al carattere o alla nostra storia? Alle nostre emozioni o alle abitudini? È difficile rispondere perché siamo tutto questo e molto di più.

Per illustrare il concetto di identità si può ricorrere a una metafora.

Immaginate l'identità come un puzzle, fatto di tanti pezzetti diversamente colorati che, combinati insieme, formano un quadro, un'immagine. La differenza con i puzzle che si trovano in commercio, è che l'identità è un puzzle dinamico: nel tempo alcuni pezzetti cambiano la forma o il colore, altri si scoloriscono, altri ancora si aggiungono, così tutta l'immagine si trasforma assumendo nuove forme e nuovi colori.

C'è un paradosso nel concetto di identità che dipende dall'angolazione da cui la si guarda: l'identità è insieme qualcosa di stabile e qualcosa di mutevole.

Immaginiamo di guardare noi stessi da una prospettiva storica: da questo punto di vista c'è qualcosa di stabile, di permanente, c'è una continuità che ci fa pensare di essere la stessa persona presente nei diversi momenti del passato e in quelli del futuro. Non a caso la radice semantica di identità è la stessa dell'aggettivo "identico". Ma se guardiamo a noi stessi da un altro punto di vista, in un'ottica più immanente per esempio, allora tutto cambia. È proprio vero che la persona che sono oggi è la stessa persona di ieri o di domani? Direi di no. Non posso dirlo rispetto al futuro, ma so che oggi i miei pensieri, le abitudini, i gusti, il mio modo di affrontare la vita, non sono più gli stessi di qualche anno fa. Io oggi sono diversa pur essendo sempre la stessa persona. E credo sia così anche per voi.

Il senso di sé si sviluppa lentamente e gradualmente, nel corso della esistenza, attraverso le esperienze e le relazioni significative. Un bambino appena nato non distingue se stesso dalla propria madre ma continua, per un certo tempo, a vivere nello stato fusionale nel quale ha vissuto prima della nascita, seguitando a sentirsi un tutt'uno con lei. Ci vogliono alcuni mesi prima che impari a percepirsi come qualcosa di diverso e distinto dalla madre.[15]

Nel tempo il bambino inizia a formarsi un'identità sulla base di come gli "altri significativi" (genitori, fratelli, nonni) lo definiscono: "*È vivace*", "*È capriccioso*", "*È dolce*" e così via.[16] Crescendo poi, il bambino potrà adattarsi o ribellarsi alla definizione che gli altri hanno dato di lui. Potrà sforzarsi di assomigliare a quello che nonni e genitori dicono sia, o tentare di strappare da sé quell'identità che gli è stata attribuita, sviluppando il suo "vero sé" e portando gli altri ad accettarlo. Quali che siano le vicende successive, è chiaro che la sua identità non potrà mai essere completamente astratta da quella che gli "altri significativi" gli attribuiscono o che lui ritiene che gli attribuiscano. Ed è in questo senso che l'identità si forma e si modifica nella relazione con altri individui, in un gioco circolare di influenzamenti reciproci. Le interazioni sociali rappresentano per l'individuo una sorta di specchio attraverso il quale risulta possibile conoscere parti di sé, e sviluppare il senso della propria identità grazie alla differenziazione dagli altri individui.[17] Nel corso degli anni l'identità si rafforza e l'influenza degli altri diminuisce.

Il processo di costruzione dell'identità si accompagna e, per certi versi, si realizza grazie allo sviluppo di potenti meccanismi di difesa, volti a proteggerla e a conservarla rendendola così anche più rigida.

> Con il tempo, il sé diventa più rigido, proprio come le nostre articolazioni. Diventa più inflessibile, più pesante, meno poroso, chiuso alle nuove idee e al cambiamento. Corazze di ogni genere, sia fisiche che mentali, si accumulano nel corso degli anni, finché non diventiamo una specie di ingombranti cavalieri medievali ricoperti di corazze arrugginite.[18]

Le corazze di cui si parla sono il portato dei meccanismi difensivi messi in atto per proteggere il vero sé. I meccanismi di difesa sono processi inconsci che si concretizzano in modi ingannevoli di percepire la realtà. L'autoinganno, per esempio, porta a sdoppiare l'identità in una vera e una falsa, al punto che può diventare difficile stabilire un contatto ed una comunicazione autentica con se stessi e con gli altri.

Spesso i meccanismi di difesa sono finalizzati a mantenere integra l'autostima cioè la valutazione di sé e delle proprie capacità. L'autostima è correlata all'importanza che da ciascuno viene attribuita alle diverse aree della propria vita: se si riesce bene nelle aree a cui viene attribuita maggiore importanza, l'autostima sarà più elevata rispetto a una buona riuscita in aree ritenute meno importanti.

A tal proposito, quanto è importante per voi saper comunicare?

Gli altri ci fanno da specchio

Le caratteristiche che gli altri ci attribuiscono, implicitamente o esplicitamente, giocano un ruolo decisivo anche nell'autopercezione e autovalutazione delle nostre qualità, e quindi dell'autostima. Il feedback che riceviamo dalle altre persone è indispensabile per valutare noi stessi: senza questo feedback avremmo difficoltà a elaborare un giudizio sulle nostre capacità. Il solo fatto di risultare graditi agli altri è una delle fonti principali della valutazione positiva che ci attribuiamo. Per questo quanto più nutriamo dubbi sulle nostre reali capacità tanto più andiamo alla ricerca di persone che possano apprezzarci. La simpatia da parte degli altri è così preziosa, quando la nostra autostima è bassa, che ci impegniamo in vari modi a conquistarla anche con gratuite o esagerate attestazioni di stima nei loro confronti.

L'autostima ha un'influenza rilevante sul modo di agire e di comunicare. Persone dotate di un buon livello di autostima, risultano più rilassate nel rapporto con gli altri e più efficaci nella comunicazione, in quanto meno vincolate dalla preoccupazione di salvaguardare il loro concetto di sé.

È vero che gli altri ci fanno da specchio e che noi tendiamo a vederci come ci vedono loro, ma è altrettanto vero che i nostri interlocutori sono decisamente influenzati da ciò che noi pensiamo di noi stessi. Una persona convinta di essere intelligente e capace, si porrà in un modo tale per cui gli altri difficilmente la percepiranno come sciocca e incompetente. Il potere che ha la nostra autopercezione di influenzare l'immagine che gli altri hanno di noi, non si limita alle nostre caratteristiche intellettuali e quindi "invisibili", ma può estendersi perfino a quelle fisiche e visibili.

Io e i miei figli ci divertiamo spesso a ricordare una loro baby-sitter, piuttosto bruttina, che essendo però convinta di essere una sorta di top model, aveva un codazzo di corteggiatori che la trattavano, con nostra grande meraviglia, proprio come se si trattasse di una modella di Valentino. E può succedere anche il contrario. Una persona con un bel corpo, ma convinta di essere grassa, si vestirà e muoverà in modo tale da risultare in sovrappeso e goffa agli occhi dei più.

Ogni essere umano ha bisogno di soppesare le proprie capacità per sapere se è in grado di far fronte alle richieste dell'ambiente di riferimento. Per questo siamo continuamente portati a riflettere su noi stessi e le nostre azioni: tutto quello che facciamo o diciamo viene, consapevolmente o meno, sottoposto a una lettura valutativa che risponde al bisogno di sapere "se" e "quanto" valiamo. Ci valutiamo in relazione a persone reali o a canoni ideali, ci valutiamo rispetto a un compito preciso o alla vita in generale, guardando al passato o al futuro.

Ovviamente ognuno desidera piacersi e stimarsi quanto più possibile e per raggiungere questo scopo spesso è disposto a impegnarsi e a sacrificare parti di sé. Tutti vorremmo essere più coraggiosi, determinati, competenti, sicuri, sereni, per riuscire meglio in quello che ci proponiamo di fare.

La valutazione che diamo di noi stessi, sia essa positiva che negativa, è un'esperienza affettiva molto forte, e può essere molto dolorosa. Per questo siamo tutti fortemente motivati a proteggerci dal dolore provocato da una scarsa autostima, e lo siamo a tal punto da essere portati a volte a sopravvalutarci, perdendo in realismo ed obiettività. Che se ne sia consapevoli o meno, gran parte della nostra sofferenza ha a che fare con il livello dell'autostima. Molte delle emozioni che ci fanno soffrire sono correlate al giudizio che diamo di noi stessi. Il senso di colpa, la vergogna, il sentimento di umiliazione, il senso di inferiorità o di inadeguatezza sono emozioni molto dolorose, proprio perché correlate alla valutazione che diamo di noi e delle nostre qualità. Queste emozioni ci rendono fragili e vulnerabili nelle relazioni. La disistima è un sentimento sottile e penoso, annidato nelle zone più remote della mente, che si manifesta attraverso pensieri del tipo: "*Io valgo poco*", "*Gli altri valgono più di me*". Quando pensiamo di valere poco siamo pronti a fare di tutto pur di convincere gli altri a pensare che valiamo quanto loro, se non più di loro.

Il valore che una persona si attribuisce ha perciò un'influenza decisiva sul suo modo di comunicare[19] e quindi sulla relazione che stabilirà con gli altri.

Il concetto di sé non è un concetto stabile e definitivo ma oscilla tra reale e ideale, positivo e negativo, passato e futuro, ed è articolato in diverse dimensioni, legate alle nostre diverse appartenenze e ruoli sociali, quelli familiari, professionali, politici, culturali ecc.

Nel rapporto con noi stessi ci sono momenti in cui attribuiamo un peso maggiore ad alcune dimensioni piuttosto che ad altre, così ci può accadere di enfatizzare le abilità professionali, sottovalutando le nostre difficoltà familiari. Oppure possiamo essere centrati sul passato, sul "chi eravamo ieri" perdendo di vista "chi siamo oggi", come quando ci percepiamo fragili e indifesi come bambini, dimenticando che ormai siamo adulti.

Le oscillazioni che subisce il concetto di sé sono legate da un lato alle diverse circostanze della vita, dall'altro agli stati d'animo e alle emozioni del momento. Naturalmente queste oscillazioni si riflettono nel nostro modo di presentarci agli altri.

La presentazione di sé

Di volta in volta nell'interazione con l'altro presentiamo alcuni aspetti della nostra identità e ne celiamo altri, in funzione della relazione che vogliamo instaurare. Nel selezionare gli aspetti da mostrare siamo guidati dall'intento, più o meno consapevole, di influenzare la condotta dell'interlocutore nei nostri confronti. Il nostro modo di porci nella relazione e di comunicare è in gran parte dovuto al tentativo di orientare le aspettative e, di conseguenza, il comportamento dell'altro nella direzione da noi desiderata.

Di solito, nel presentarci, tendiamo a dare un'immagine di noi che riflette più che la nostra identità reale, il "chi siamo", quella ideale, il "chi vorremmo essere". Il fenomeno di cui sto parlando è stato studiato e descritto brillantemente da Goffman,[20] un sociologo canadese che, con i suoi studi sull'interazione "faccia a faccia", ha rivelato la natura strategica, cioè orientata allo scopo, della comunicazione interpersonale.

Goffman ha osservato e descritto gli incontri quotidiani e le relazioni interpersonali come se fossero delle rappresentazioni teatrali. Secondo la sua teoria tutti noi, nell'incontro con l'altro, ci comportiamo come attori professionisti che interpretano dei ruoli: cerchiamo di produrre un'immagine pubblica di noi stessi che corrisponda al modo in cui vogliamo che gli altri ci vedano.

A seconda della situazione, noi possiamo desiderare che gli altri ci stimino o ci temano; possiamo voler mostrare, celare o dissimulare i sentimenti che abbiamo nei loro confronti; possiamo volerli affascinare, respingere o ingannare oppure possiamo voler suscitare in loro un'immagine di noi sfumata, non ben definita.

Il nostro comportamento in pubblico, dunque, soprattutto nei primi incontri, raramente è del tutto spontaneo, di solito è orientato ad avere un controllo sulla condotta dell'altro e in particolare sul suo modo di relazionarsi con noi. Ecco perché, soprattutto all'inizio di una relazione sociale per noi importante, come un nuovo lavoro o l'ingresso in un nuovo ambiente, poniamo molta attenzione a come ci vestiamo, a come ci muoviamo, a come parliamo, ben sapendo che questi segnali forniscono agli altri un'immagine di noi che condizionerà la loro condotta nei nostri confronti. Insomma, di solito, nel presentarci agli altri abbiamo qualche buon motivo per comportarci in modo da suscitare in loro una determinata impressione. Ma questo comportamento, spesso finisce per renderci meno autentici e spontanei, cosa che, come vedremo, può ridurre l'efficacia comunicativa.

Per illustrare la sua teoria, Goffman riporta un episodio molto divertente, in cui il personaggio di un romanzo, Preedy, inglese in vacanza, fa la sua prima apparizione sulla spiaggia dell'albergo in una località di villeggiatura della Spagna:

> [...] Per prima cosa doveva mostrare chiaramente a quei potenziali compagni della sua vacanza che essi non lo interessavano minimamente. Guardava attraverso, intorno, sopra a loro, con lo sguardo perso nel vuoto: la spiaggia avrebbe potuto essere deserta. Se per caso una palla veniva lanciata nella sua direzione, sembrava stupito; poi faceva vagare sul suo volto un sorriso divertito (che gentile quel Preedy!), si guardava attorno sorpreso di accorgersi che *c'era* gente sulla spiaggia, rilanciava la palla sorridendo a se stesso e non alla gente, e riprendeva quindi con indifferenza il suo disinvolto studio dello spazio. Era ora di fare un po' di messa in scena, la messa in scena di un Preedy Uomo Ideale. Con complicati maneggi dava modo a chiunque ne avesse voglia di leggere il titolo del suo libro – una traduzione spagnola di Omero, perciò un classico, ma non troppo – e anche di tono cosmopolita; poi riuniva l'accappatoio e la borsa in un'ordinata costruzione impenetrabile alla sabbia (che saggio e metodico quel Preedy!), si alzava lentamente per stirare meglio la sua enorme corporatura (che gattone quel Preedy), e infine gettava via i sandali (dopo tutto anche spensierato quel Preedy!).[21]

È evidente che Preedy si preoccupa in modo eccessivo di produrre una certa impressione sugli altri, al punto che viene da pensare che la sua recita venga colta come tale, suscitando quindi un'impressione opposta a quella che voleva produrre. Quando ci si sforza di presentare agli altri una immagine falsa, o solo in parte corrispondente alla realtà, si hanno reazioni e comportamenti esagerati, teatrali appunto, che vengono facilmente, anche se non sempre consapevolmente, notati. Ecco perché, quando la presentazione di sé è falsa e teatrale, finisce con il fallire il suo scopo.

Di solito chi vuole apparire sicuro di sé, è una persona che ha bisogno di mostrarlo, nel tentativo di compensare come si sente realmente. Spesso dietro comportamenti arroganti o supponenti c'è un intimo senso di impotenza e fragilità. Le persone che hanno di sé un concetto positivo, non sentono il bisogno di mostrarsi per quello che non sono, né di proteggere la propria immagine presentando un "falso sé".

Alla base della tendenza a mascherarsi c'è la paura di essere giudicati, criticati, non accettati per come si è realmente.

Nella psicologia di un bambino, gli intenti educativi di genitori e insegnanti spesso si traducono in una sollecitazione a essere diverso da ciò che è, piuttosto che nell'invito a mettere in atto comportamenti nuovi, generando così la mortificante sensazione di un rifiuto della propria vera identità. Un bambino pensa che verrà accettato solo se si mostrerà diverso da quello che è, comportandosi come gli altri desiderano da lui. Sentirsi accettato è vitale per un bambino che crede di poter ottenere, solo così, la protezione e l'amore di cui ha bisogno. Questo vissuto infantile può non venire mai del tutto superato con la crescita e, sia pure a livello inconscio, può permanere in età adulta, riattivandosi ogni qual volta non ci si sente accettati. Quando si teme che il bisogno di essere accolti per quello che si è non venga soddisfatto, si tende a mascherarsi presentando un falso sé.

Ma quando si indossa questo genere di maschere, si fa perché non ci si rende conto che, in realtà, la rivelazione della propria insicurezza attira benevolenza e simpatia più di quanto si possa immaginare. Le persone piene di sé o quelle che esibiscono grande sicurezza raramente suscitano simpatia. Troviamo invece molto più gradevoli e simpatici coloro che sono capaci di sorridere dei propri limiti e di fare dell'autoironia. Mostrando di non prendersi troppo sul serio, queste persone creano nella relazione un clima disteso, nel quale risulta possibile mostrarsi per quello che si è davvero.

Quando incontriamo una persona autentica e spontanea sentiamo istintivamente che non sta cercando di ingannarci e che possiamo fidarci: possiamo cioè comunicare anche noi in modo più spontaneo e veritiero. E da questo la comunicazione e la relazione non possono che trarne giovamento.

Non sempre tuttavia la presentazione di sé è un comportamento studiato e controllato consapevolmente, a volte si attiva un meccanismo semiautomatico che ci fa atteggiare in un certo modo non appena ci troviamo in presenza di determinate persone.

Scrittori, poeti, drammaturghi hanno più volte descritto questo fenomeno in modo brillante. Cito per tutti Pirandello che in *Il piacere dell'onestà* fa dire a un suo personaggio:

> Ecco, veda, signor marchese: inevitabilmente, noi *ci costruiamo*. Mi spiego. Io entro qua, e divento subito, di fronte a lei, quello che devo essere, quello che posso essere – *mi costruisco* – cioè, me le presento in una forma adatta alla relazione che debbo contrarre con lei. Ma, in fondo, dentro queste costruzioni nostre messe così di fronte, dietro le gelosie e le imposte, restano poi ben nascosti i pensieri nostri più segreti, i nostri più intimi sentimenti, tutto ciò che siamo per noi stessi, fuori delle relazioni che vogliamo stabilire. Mi sono spiegato?

Il personaggio di Pirandello si spiega benissimo e ci fa capire come ciascuno di noi, nel presentarsi agli altri, si rivela solo in parte, celando il resto dietro maschere socialmente desiderabili, ma che altro non sono che difese erette a protezione di sé. Il rischio che comporta l'indossare delle maschere è quello di perdere il contatto con la verità del nostro essere, con ciò che ci rende unici, diversi da tutti gli altri. Anche se non è sempre possibile fare a meno delle maschere, l'importante è non identificarsi con esse rimanendone intrappolati.

A protezione di sé

Noi desideriamo far sì che le persone con cui ci relazioniamo pensino bene di noi e dunque ci accettino o addirittura ci ammirino, ritenendo che, se otterremo la loro stima e ammirazione, tenteranno di piacerci a loro volta evitando, così, di ferirci. Ci preoccupiamo così tanto dell'impressione che diamo agli altri, per poter esercitare un controllo sul comportamento messo in atto da loro nei nostri confronti, e quindi proteggerci dalle ferite, che sono sempre in agguato nelle relazioni.

Quando poi ci si sente insicuri, il concetto che si ha di sé è talmente subordinato alle reazioni altrui che può capitare, nello stesso periodo e perfino nello stesso giorno, di sentirsi attraenti o non attraenti, competenti o incompetenti, a seconda delle reazioni degli interlocutori. Cosa che rivela quanto, in quel momento almeno, si sia dipendenti dal giudizio altrui.

Indipendentemente dall'intenzione di ottenere vantaggi specifici, il fatto stesso di essere approvati dagli altri è di per sé fonte di gratificazione. La ricerca di questo genere di gratificazione dipende dal nostro bisogno di approvazione che può essere più o meno elevato, a seconda della persona che abbiamo di fronte o del momento che stiamo vivendo. Ai nostri colleghi per esempio non mostreremo la stessa faccia che mostriamo agli amici più intimi. Così come, se stiamo attraversando un momento in cui siamo particolarmente soddisfatti di noi stessi, saremo più disposti a rivelarci per quello che siamo realmente, che non quando invece sentiamo di avere qualcosa da rimproverarci.

Nella comunicazione interpersonale, una forte dipendenza dal giudizio altrui se da un lato può aiutare nell'instaurare una relazione, dall'altro presenta dei rischi. Primo fra tutti quello di renderci meno autentici, facendoci così perdere di vista i nostri obiettivi ultimi.

Mi spiego meglio: il desiderio di compiacere l'altro ci spinge a cercare di indovinare le aspettative e i desideri che lo animano, per adeguare a essi il nostro comportamento e questo può favorire la relazione. Ma quando il desiderio diventa *bisogno* di compiacere, si finisce con l'alterare i comportamenti o addirittura i pensieri, arrivando ad appiattire talmente le differenze con l'interlocutore da rendere finto, noioso o privo di interesse lo scambio comunicativo.

Mi vengono in mente due miei amici.

Sandro è particolarmente suscettibile all'idea di essere osservato e giudicato, si preoccupa molto di non contraddire nessuno, e quindi corregge il tiro delle sue affermazioni non appena queste contrastano con quelle del suo interlocutore. Andrea invece non sembra troppo interessato al giudizio degli altri, sostiene le sue idee anche quando queste non coincidono con quelle della maggioranza, ed essendo attento alle sue emozioni, si comporta in base a ciò che ritiene giusto.

Se è vero che con Sandro ci sono minori occasioni di incomprensione o di conflitto, è anche vero che con Andrea è più interessante e costruttiva la comunicazione, con lui non smetterei mai di chiacchierare mentre con Sandro a volte mi annoio al punto da chiedermi chi me lo ha fatto fare di cenare insieme.

Il bisogno di compiacere rischia di trasformarci in interlocutori falsi e non autentici oltre che noiosi e poco stimolanti.

Ripercorrendo rapidamente il cammino compiuto in questo capitolo, arriviamo a delle prime conclusioni circa la competenza comunicativa.

Personalità e identità sono elementi rilevanti nella comunicazione interpersonale. Esse influiscono in molti modi sull'andamento del processo comunicativo che, come vedremo meglio in seguito, non va considerato un mero scambio di informazioni ma un processo di influenzamento reciproco.

Il nostro modo di presentarci agli altri è motivato dal bisogno che tutti sentiamo di proteggerci dalle ferite e salvaguardare la nostra autostima. L'autostima, come componente rilevante della personalità, gioca un ruolo non di poco conto rispetto alla competenza comunicativa, al punto che si può sostenere che un buon comunicatore di solito possiede un buon livello di autostima.

Ma attenzione, un buon livello di autostima non significa sopravvalutarsi o attribuirsi qualità e capacità che non si possiedono: un'autostima fondata sulla sopravvalutazione delle proprie qualità è quanto mai fragile e precaria. Avere un buon concetto di sé significa invece essere consapevoli sia delle proprie qualità sia dei propri limiti sapendoli accettare, significa non pretendere da se stessi una perfezione impossibile da raggiungere.

Tutto questo presuppone Consapevolezza, intesa come contatto con se stessi, con le proprie idee ed emozioni, e Responsabilità, intesa come la capacità di accettare e sostenere le proprie idee e le proprie emozioni. Ma per potersi permettere di essere consapevoli e responsabili verso se stessi bisogna imparare ad avere Rispetto del proprio pensare e del proprio sentire.

Torneremo più avanti su questi temi. Ora vi propongo di intraprendere un'altra tappa del viaggio dedicata alla riflessione sull'interlocutore e su come ci relazioniamo con lui.

4

Con chi si comunica

Dopo aver riflettuto sul soggetto che comunica e su ciò che influenza il suo modo di comunicare, vorrei condurre la vostra attenzione sull'altro protagonista della comunicazione, l'interlocutore, e sul modo in cui ci relazioniamo con lui.

Il tema di questo capitolo porta con sé una serie di domande quali:

- Chi è per noi l'altro?
- Come lo vediamo?
- Che cosa ci aspettiamo da lui?
- Come ci avviciniamo a lui?
- Come ci influenza?

Questi interrogativi ci conducono a una delle tappe più importanti nel viaggio che stiamo facendo verso una migliore qualità del modo di comunicare.

Vorrei iniziare questo cammino da quello che va considerato, tanto per il proprio equilibrio emotivo che per la qualità dei rapporti, l'interlocutore più importante, cioè noi stessi.

Vi propongo di soffermarci sulla comunicazione che si svolge al nostro interno perché il comportamento manifesto, e quindi il modo di comunicare, riflette sempre, in una certa misura, ciò che accade in quel momento dentro di noi. Già a livello espressivo, quando una persona è convinta delle idee che esterna, quando queste corrispondono al suo sentire autentico, allora si esprime in modo fluido, convincente ed efficace. Se, al contrario, il succedersi delle idee incontra dentro di lei degli ostacoli, o se ciò che sta dicendo non è in sintonia con le sue emozioni autentiche, la comunicazione risulterà lenta, impacciata, ambigua e di conseguenza poco efficace. Quando si è in preda a confusione, dubbi, incertezze, o quando si oscilla tra idee in contrasto tra loro, è facile che si proceda in modo disordinato o caotico, comunicando inevitabilmente la propria confusione.

Ma anche la qualità delle relazioni che instauriamo dipende dalla qualità del dialogo interno, da quanto si è consapevoli e capaci di ascoltare e integrare le istanze diverse e a volte conflittuali che parlano dentro ciascuno di noi. Come potremmo cogliere, comprendere e accettare stati d'animo o difficoltà delle persone con cui interagiamo, se non siamo capaci di farlo con noi stessi? La riuscita della comunicazione con gli altri dipende dalla qualità del rapporto che abbiamo con noi stessi. Ecco perché è necessario soffermarsi prima di tutto sulla comunicazione che avviene dentro ciascuno di noi.

Già a livello fisiologico, nell'essere umano si svolge un'intensa attività di comunicazione. Il nostro corpo, per esempio, è tenuto in vita da una fitta rete di impulsi neuronali che trasmettono informazioni dal cervello agli organi periferici e viceversa. I processi chimici ed elettrici che rendono possibile il funzionamento del nostro organismo sono oggi studiati come processi di comunicazione tra i diversi organi. Il comportamento di ogni singola cellula costituisce un messaggio per il funzionamento delle altre. Lo stesso flusso sanguigno, con la sua rete capillare, rappresenta una sorta di rete telefonica per le comunicazioni interne al corpo. Il nostro corpo insomma vive e funziona grazie a un'incessante attività comunicativa, fatta di segnali bioelettrici e biochimici.

Questa intensa attività di comunicazione è il riflesso fisiologico di quella che intercorre tra il corpo e la mente: le sensazioni fisiche, per esempio, altro non sono che messaggi che il corpo trasmette alla mente. Così come emozioni e sentimenti hanno valore di messaggi rivolti all'interno di ognuno di noi, prima ancora che all'esterno. Non a caso le emozioni si riflettono nel corpo non solo attraverso segnali evidenti agli altri, come il rossore o il sudore, ma anche attraverso segnali non evidenti, come accelerazioni cardiache o contrazioni muscolari.

Il valore di messaggio interno di un'emozione viene così descritto da D'Urso, una delle più attente studiose della materia: "la funzione di comunicazione interna dell'emozione sarebbe quella di un segnale ad altissima priorità, che trasmette rapidamente un contenuto semplice di grande valore per l'individuo".[1]

Un parlamento dentro di noi

La ragione per cui tendiamo a ignorare la comunicazione al nostro interno è che siamo abituati a pensare a noi stessi come a un tutto unico, a un monolite. In realtà non siamo così monolitici come crediamo, perché dentro ciascuno di noi vi sono parti diverse in dialettica e a volte in conflitto tra loro.

Sigmund Freud è stato il pensatore moderno che più ha contribuito a evidenziare la compresenza di forze diverse, e spesso in conflitto, che agiscono all'interno dell'essere umano e ne determinano il comportamento.

Da Freud in poi gli studiosi hanno continuato a esplorare e a studiare quell'universo così complesso e articolato che è la psiche umana, arrivando così a chiarire che in ogni individuo sono attivi, in misura diversa, tutti gli istinti e le passioni, le debolezze e le virtù, le facoltà e le difficoltà che caratterizzano l'essere umano.

Per illustrare meglio questo concetto mi servirò di una metafora.

Provate a immaginare che dentro ogni essere umano vi sia un parlamento composto da diversi partiti. Ogni partito rappresenta interessi diversi, e a volte contrastanti, che devono in qualche modo conciliarsi per poter dar luogo a un governo coerente del comportamento.

Di solito, proprio come dentro un parlamento, c'è una maggioranza che governa e un'opposizione che cerca di contrastare le decisioni del governo, tutelando i propri interessi. Pensiamo per esempio a tutte le volte in cui, di fronte a una decisione da prendere, ci siamo sentiti come spezzati in due:

"*Mi piacerebbe accettare quel nuovo, interessante, lavoro... ma mi dispiace lasciare questo e rinunciare ai vantaggi che offre.*"

Oppure: "*Vorrei tanto dirgli che cosa penso di lui... ma ho paura delle conseguenze di questa mia sincerità.*"

Ognuno può trovare nella propria esperienza momenti come questi, in cui, alla fine, scelte e comportamenti sono stati il risultato di una supremazia o, nel migliore dei casi, di un accordo tra istanze interne diverse.

> Ogni individuo ha dentro di sé tutte le alterità del mondo. A ogni individuo spetta la scelta cruciale di connettere e far coevolvere le molteplici voci che ha dentro di sé o di soggiogarle al punto di vista e all'esigenza di volta in volta dominante.[2]

Definendoci "persone emotive" dimentichiamo altre parti di noi, quella razionale per esempio, riducendo la nostra identità alla sola parte emotiva. E questo perché ci è stato insegnato, fin da piccoli, a distinguere la ragione dall'emozione e a considerarle reciprocamente escludentesi.

Il pensiero binario, tipico della cultura occidentale, porta a classificare le esperienze in coppie di opposti bipolari: cognizione-emozione, pensiero-sentimento, ragione-passione. Razionalità ed emotività sono state collocate all'interno di una gerarchia di valori che definisce la prima come superiore in quanto obiettiva, ordinata, guidata dalla logica, e la seconda come inferiore poiché soggettiva, caotica, guidata dal corpo. La cultura occidentale ha dato un'enfasi eccessiva all'affidabilità della mente razionale nel guidare le nostre scelte. Per questo scelte e decisioni sono considerate valide se "ragionevoli". Eppure oggi sono molti coloro che ritengono le emozioni fondamentali nei processi decisionali, in quanto orientano nella direzione in cui poi la logica razionale si dimostrerà utilissima.[3] Nell'essere umano affettività e razionalità "non sono funzioni autonome e separate, ma in costante dialogo e interazione. I processi affettivi sono modellati dai contenuti cognitivi dell'esperienza, tanto quanto l'attività razionale è influenzata dagli stati affettivi".[4]

Studi recenti[5] si sono occupati di identificare le diverse intelligenze di cui disponiamo, mettendo in crisi il concetto classico di Quoziente Intellettivo ed evidenziando la presenza di un tipo particolare di intelligenza, "l'intelligenza emotiva". Daniel Goleman, che ha divulgato questi studi, sostiene che "abbiamo due menti, una che pensa, l'altra che sente. Queste due modalità della conoscenza, così fondamentalmente diverse, interagiscono per costruire la nostra vita mentale".[6] La sfera affettiva interagisce costantemente con la dimensione cognitiva della psiche ed è da questa dinamica che scaturisce il nostro modo di essere e di entrare in comunicazione con l'ambiente. La logica razionale si muove all'interno di rigide alternative bipolari: vero/falso, giusto/sbagliato, prima/dopo, mentre in quella delle emozioni prevalgono i contrasti, le sintesi, le sfumature. Nella maggior parte dei casi le due menti si integrano e collaborano per guidare comportamenti e azioni, ma ci sono anche casi in cui una delle due prende il sopravvento sull'altra, con conseguenze non sempre desiderabili. E questo di solito avviene proprio quando il dialogo interno non procede come dovrebbe.

Grazie agli studi sulle intelligenze multiple e alla psiconeuroimmunologia,[7] oggi è innegabile che il cervello emozionale sia coinvolto nel ragionamento quanto quello razionale. E se è vero che, a volte, emozioni forti possono interferire con i processi logici provocando, con la loro voce prepotente, "disturbi" nel ragionamento, è anche vero che queste voci vengono da una parte di noi che reclama di essere ascoltata, perché ha qualcosa di molto importante da farci sapere. C'è una logica, una saggezza, nelle nostre emozioni che scaturisce dalle esperienze del passato, nostre e delle generazioni che ci hanno preceduto. Per questo, lasciarsi guidare dalla pura razionalità, senza il contributo della saggezza emotiva può rivelarsi sterile e avventato.

> L'uomo possiede due centri: cuore e cervello – sentimento e pensiero. L'uomo del nostro tempo e della nostra civiltà ha sviluppato in misura particolare le forze cerebrali ed è quindi in costante pericolo di trascurare il suo secondo centro, il cuore. Non è però il caso di demonizzare il pensiero, la ragione e la testa: non è questa la soluzione. L'uomo non deve scegliere tra l'uno e l'altro – deve restare in equilibrio.[8]

La pratica psicoterapeutica ha reso evidente che la maturazione psichica e il raggiungimento di un equilibrio emotivo ed esistenziale dipendono proprio dall'esercizio dell'autoconsapevolezza e dall'integrazione di ragione ed emozione.

La voce delle emozioni

"Il cuore ha ragioni che la ragione non conosce" diceva Pascal.[9] Spesso accade che la voce delle emozioni rimanga sopita, inascoltata, coperta da quella della ragione. Le istanze emotive che rimangono sotto la soglia della consapevolezza possono avere un impatto potente e indesiderato sul nostro modo di agire e di reagire verso gli altri, anche se non ce ne rendiamo conto. Lapsus verbali, atti mancati,[10] reazioni indesiderate rappresentano il modo attraverso il quale queste istanze fanno sentire la propria voce, manifestando qualcosa che chi li compie non intendeva affatto comunicare, ma tenere per sé. È stato Freud che per primo ha studiato la funzione espressiva e comunicativa di quelle che, fino a quel momento, venivano ritenute sbadataggini, azioni casuali.

> Nel metodo psicoterapeutico di cui mi servo per risolvere ed eliminare i sintomi nevrotici, si pone soventissimo il compito di rintracciare un pensiero contenuto nei discorsi e nelle idee apparentemente casuali del paziente. Questo pensiero tenta di occultarsi ma non può fare a meno di tradirsi inavvertitamente in svariatissimi modi. A tale tradimento si prestano egregiamente i lapsus verbali.[11]

Razionalità ed emotività sono solo due delle diverse parti in cui si articola il nostro "io", ma possiamo individuarne altre, per esempio il maschile e il femminile. Così come a livello biologico coesistono nel corpo umano ormoni maschili e femminili, ed è solo la loro proporzione che determina la nostra identità di genere, allo stesso modo, a livello psicologico, coesistono caratteri maschili e femminili, più o meno sviluppati nelle loro potenzialità a seconda del sesso a cui apparteniamo. A determinare lo sviluppo di tali potenzialità non è solo il genere sessuale, ma anche circostanze socio-culturali, come dimostra la "mascolinizzazione" della donna che lavora e la "femminilizzazione" dei giovani papà. La componente maschile è rappresentata dalla capacità di agire, di affermarsi nell'ambiente, di intervenire per modificare le cose, mentre quella femminile è rappresentata dalla capacità di accettare, di donarsi, di accogliere e custodire dentro di sé le impressioni del mondo circostante. Ciascuno di noi è potenzialmente dotato di tutte queste capacità a prescindere dal genere di appartenenza.

L'emotivo e il razionale, il maschile e il femminile, l'attivo e il pigro, il timido e l'audace, il tollerante e l'intollerante sono tutti partiti rappresentati nel nostro parlamento interno. Questa molteplicità, anche se dà adito a conflitti, non deve spaventare, perché rappresenta la ricchezza e la complessità di noi esseri umani.

Se ci percepiamo come razionali, maschili, attivi, audaci e magari intolleranti, è perché questi partiti si sono coalizzati ed hanno il governo dei nostri comportamenti. Ma stiamo forse dimenticando l'opposizione o sottovalutandone l'influenza nell'insieme della nostra condotta. In ogni caso governare un sistema – e noi siamo un sistema – opprimendone o semplicemente ignorandone delle parti non è un atteggiamento sensato.

Rimuovere o non tener conto di una istanza interna, un bisogno, un'emozione, non la fa sparire ma, paradossalmente, la nutre e la fa crescere, rendendola più forte. Il rifiuto di confrontarsi con una parte del parlamento interno non porta affatto allo sperato successo, al contrario le parti rifiutate finiscono con il costringerci a occuparci di loro in modo particolarmente intenso.

Jung ha coniato il concetto di "ombra" proprio per indicare l'insieme di tutte quelle parti di sé che l'uomo non vuole vedere e accettare. "La figura dell'ombra impersona tutto ciò che il soggetto rifiuta di riconoscere e tuttavia continuamente – in modo diretto o indiretto – gli si impone, dunque, per esempio, tratti inferiori del carattere e altre tendenze incompatibili."[12]

L'*ombra* rappresenta una dimensione psichica, presente in tutti gli esseri umani, che condensa in sé tratti e caratteristiche non compatibili con le norme etiche e morali codificate.

Due psicologi americani, gli Stone,[13] ispirandosi al concetto junghiano di ombra, sostengono che la personalità sia un aggregato di diverse sub-personalità non necessariamente coerenti tra loro. Il fatto che solo alcune agiscano a livello cosciente è dovuto all'approvazione che determinati tratti riscuotono nell'ambiente socioculturale in cui si è cresciuti. Il bisogno di approvazione che ciascuno di noi nutre da bambino ci porta a rinnegare quelle parti che vengono disapprovate dagli adulti di riferimento. Per questo i tratti culturalmente censurati, e quindi criticati o puniti, vengono rinnegati, pur continuando a esistere e a lavorare a livello inconscio.

Nelle relazioni che instauriamo sono presenti tutte le sub-personalità, anche quelle rinnegate che di solito interferiscono inopportunamente, dando origine a processi comunicativi disfunzionali. Spesso i *sé rinnegati*, come li definiscono gli Stone, vengono proiettati sugli altri agendo positivamente o negativamente sulla relazione che instauriamo con loro. È possibile che le persone che suscitano in noi sentimenti forti di repulsione o di ammirazione, siano quelle sulle quali, per motivi non sempre facili da individuare, abbiamo proiettato quelle qualità che non siamo capaci di riconoscere in noi stessi.

Solo se entriamo in contatto con la nostra ombra e diventiamo consapevoli di averla proiettata sull'altro possiamo recuperarla e renderla disponibile per noi. I lati ombra della nostra personalità non dovrebbero spaventarci, in quanto non sono necessariamente negativi. Anche Jung sosteneva che:

> Se fino a ora si è pensato che l'ombra umana fosse la sorgente di ogni male, ormai, a un'indagine più accurata, si può scorgere che l'uomo inconscio, cioè l'ombra, non consiste solo di tendenze moralmente riprovevoli, ma mostra anche un certo numero di buone qualità, cioè istinti normali, reazioni opportune, percezioni fedeli alla realtà, impulsi creativi e così via.[14]

È molto utile prendere coscienza della propria ombra e integrarla invece che rimuoverla o reprimerla, dal momento che è una parte vitale di sé che ha senz'altro una buona ragione di esistere. Integrarla vuol dire permetterle di esprimersi e di contare, vuol dire lasciare che, nel governo dei propri comportamenti, se non è possibile una reale integrazione, almeno prevalga ora l'una ora l'altra forza politica, a seconda delle circostanze e della particolare configurazione che, in quel momento, assume il proprio parlamento interno.

È proprio questa molteplicità che comporta l'esistenza di un continuo, anche se non sempre consapevole, dialogo interiore. Queste parti parlano dentro di noi, sempre, e diventa particolarmente importante saperle ascoltare quando stiamo per prendere decisioni critiche per il nostro futuro, perché ognuna di loro fornisce informazioni e punti di vista diversi, ma tutti altrettanto autentici, se corrispondenti ad aspetti della nostra personalità. Accettare un'offerta di lavoro interessante ma rischiosa, scegliere se avere o non avere un figlio, comprare o meno quella casa, sono tutte decisioni che vanno prese tenendo conto delle diverse voci che parlano dentro. Dare spazio al dialogo interiore è in questi casi utilissimo, per consentire di prendere, grazie alle informazioni ricevute e ai diversi punti di vista, decisioni non solo più adeguate alla realtà esterna, ma soprattutto più in sintonia con la propria realtà interna.

Curare la comunicazione con noi stessi imparando ad ascoltare tutte le voci interiori, oltre che aiutarci a raggiungere e mantenere una condizione di equilibrio esistenziale e di benessere emotivo è il prerequisito del buon comunicatore, perché è proprio da una genuina comunicazione con se stessi che dipende, in primo luogo, l'efficacia della comunicazione con l'altro.

Noi, un pianeta al centro di tante relazioni

Ma vediamo ora cosa accade nella comunicazione con l'altro.

Ogni volta che entriamo in *inter-azione* con qualcuno, anche soltanto per pochi minuti, nasce una *rel-azione*. Ogni relazione ha una sua evoluzione, una sua storia, scandita da fasi diverse, corrispondenti ai suoi diversi stadi di sviluppo. Quindi ogni singolo episodio comunicativo è caratterizzato dallo stadio in cui si trova la relazione che si sta sviluppando: quello che normalmente caratterizza la fase iniziale di un rapporto è diverso da quello che caratterizza una fase più evoluta. Di solito al primo incontro non sveliamo facilmente tutti gli aspetti della nostra storia o del nostro carattere. Così come, dopo mesi di conoscenza e frequentazione, possiamo dare per scontato che il nostro interlocutore abbia già una serie di informazioni su di noi. Se all'inizio a un nuovo collega non riveliamo le nostre idee politiche, dopo mesi di vicinanza, se non le abbiamo dichiarate apertamente, le avrà comunque dedotte dalle nostre affermazioni.

Con il tempo ogni relazione, evolvendosi, inizia ad acquisire una sua specifica configurazione: tra noi e l'altro si stabilisce una qualche forma di legame, che può mantenersi debole o acquisire forza e importanza nella nostra esistenza. In genere una relazione acquista importanza in base al grado di coinvolgimento dato dall'affinità di valori e atteggiamenti, dalla complementarietà dei bisogni, dal grado di autorivelazione. In ogni caso la nostra vita sociale può essere descritta come una rete di legami, alcuni più stretti, altri meno, ma tutti altrettanto importanti e significativi nel contribuire a disegnare il quadro della nostra vita relazionale.

Possiamo visualizzare noi stessi come una sorta di pianeta intorno a cui ruotano una miriade di satelliti, con l'aspetto dei nostri numerosi legami. Alcuni si avvicinano in determinate ore della giornata, altri in momenti diversi; alcuni appaiono al nostro orizzonte solo una volta o due in un mese o in un anno, ma questo non vuol dire che il legame che abbiamo con loro sia più debole di quello che abbiamo con chi ci ruota intorno più volte alla settimana.

Ovviamente, se ci mettiamo dal punto di vista dei nostri satelliti, sono loro il pianeta e noi il satellite della loro vita sociale.

Ogni relazione è influenzata dalle altre che abbiamo attualmente o abbiamo avuto in passato e da quelle dei nostri partner in interazione, anche se viviamo di solito nella convinzione che ognuna sia indipendente dalle altre. In realtà ogni nostra relazione può cambiare la sua natura se uno dei due partner entra in una nuova relazione, come pure alcune relazioni sopravvivono solo grazie alle altre in cui siamo coinvolti.[15] Può succedere per esempio di continuare a frequentare qualcuno che non ci interessa, solo perché fa parte del nostro stesso gruppo di amici.

Ma proviamo a riflettere su cosa accade quando un nuovo satellite entra nella nostra orbita. La prima fase di un'interazione consiste nella percezione che ciascuno ha del nuovo interlocutore. La psicologia sociale ha prodotto molti studi sulla percezione sociale dai quali è emerso che, perché si realizzi un'interazione riuscita, occorre essere capaci di percepire nel modo più corretto possibile la persona con cui si è entrati in contatto.[16]

Quando ci troviamo per la prima volta in presenza di un'altra persona, di solito cerchiamo di farci un'idea del tipo di rapporto che si svilupperà, di ciò che possiamo aspettarci da lei e di ciò che essa si aspetta da noi. Perché l'idea sia il più possibile aderente alla realtà occorrono una serie di informazioni sull'interlocutore. Così, più o meno consapevolmente, ci chiediamo qual è il suo status socio economico, quale la sua personalità, com'è il suo carattere, se si tratta di una persona affidabile o meno, osservando il suo atteggiamento nei nostri confronti e nei confronti della situazione che stiamo per vivere insieme. Desideriamo chiarirci le idee su questi aspetti, per fare delle previsioni sull'andamento dell'interazione in corso, oltre che per superare quel leggero stato d'ansia che si prova di fronte a ogni novità.

Tuttavia è raro che tutte le informazioni che vorremmo siano subito a nostra disposizione, per questo cerchiamo di inferirle da una serie di indicatori quali per esempio l'aspetto fisico, gli *status symbols*, la condotta, il linguaggio. Il processo di inferenza è un meccanismo cognitivo che si basa sull'ipotesi per cui, una volta stabilito un legame, sulla base di schemi sia individuali che culturali, tra certe caratteristiche personali e altre, conoscendo le prime sia possibile risalire alle seconde. Nella percezione sociale attiviamo quindi un processo d'inferenza che ci porta a ipotizzare una corrispondenza tra le caratteristiche visibili e i tratti di personalità, e fra questi e il tipo di relazione che si svilupperà. Naturalmente non è affatto facile identificare, sulla base di pochi indizi, i tratti stabili della personalità di un individuo, mentre è relativamente più semplice farsi un'idea della sua condizione emotiva del momento. Del resto a volte è più importante sapere se, in quel momento, il nostro interlocutore è teso o rilassato, sereno o preoccupato, che non sapere se si tratta di una personalità irascibile o accomodante.

Come vedremo meglio in seguito, noi manifestiamo le nostre emozioni attraverso il linguaggio verbale e quello non verbale; per questa ragione, più o meno consapevolmente, ciascuno dedica attenzione tanto all'aspetto fisico che alle parole del nuovo interlocutore. Tuttavia nella maggior parte dei casi, riusciamo a farci un'idea degli stati d'animo di una persona, e soprattutto delle sue aspettative e intenzioni in quel momento, dall'osservazione del suo comportamento e delle sue azioni, molto di più che limitandoci a osservarne soltanto l'aspetto fisico e ad ascoltarne le parole.

Spesso però le convinzioni, gli atteggiamenti, le emozioni dell'altro, restano fuori dai limiti spaziali e temporali dell'interazione o meglio, pur essendo presenti, non sono evidenti. Per questo noi tendiamo a dedurle dalla percezione che abbiamo di lui o di lei.[17] Ecco perché quando due persone entrano in contatto per la prima volta, le reciproche percezioni concorrono, in modo decisivo, a definire la relazione successiva. La prima impressione, come tutti ben sappiamo, è talmente cruciale, che tutto quello che vedremo o sentiremo in seguito, anche se raramente ce ne rendiamo conto, verrà filtrato attraverso di essa, determinando il corso dell'interazione che si svilupperà. Quando rimaniamo impressionati favorevolmente da qualcuno, è certo che tenderemo a valutare in maniera positiva anche ciò che farà o dirà in seguito, a meno di clamorose smentite. È stato dimostrato che le impressioni negative sono più resistenti al cambiamento di quelle positive. Per questo è importante riuscire a suscitare subito una buona impressione: non abbiamo una seconda possibilità di dare una prima impressione.

Ogni interazione dunque ha la sua origine nella percezione dell'altro, e ciò non è privo di conseguenze dal momento che tale percezione non è mai neutra, ma è una costruzione parziale e individuale in quanto influenzata da categorie, motivazioni, pregiudizi soggettivi. Noi percepiamo il nostro ambiente nei termini delle categorie che utilizziamo per descriverlo.

Uno psicologo sociale, Kelly, ha formulato una teoria che sostiene che ogni individuo organizza le proprie esperienze creando dei *costrutti cognitivi* che lo orientano nella percezione dell'ambiente. "L'uomo guarda il suo mondo attraverso modelli o forme trasparenti che crea e successivamente tenta di adattare alle realtà di cui il mondo è composto."[18] I costrutti di cui parla Kelly sono appunto categorie, molto personali, anche se influenzate dalla cultura di appartenenza. Una volta sviluppato un sistema di costrutti, ogni individuo è portato a integrare le nuove esperienze nel sistema, cercando di confermarlo.

Dal momento che la nostra mente può concentrarsi solo su una piccola quantità delle informazioni provenienti dall'ambiente, l'attività percettiva oltre a essere un processo inferenziale, è anche un processo selettivo. Ciò che percepiamo è quello che la nostra mente ha selezionato in base a concetti e categorie interpretative che ci sono proprie. La nostra percezione del mondo non è dunque una sua copia fedele, ma un processo attivo e costruttivo nel quale le nostre conoscenze ed esperienze precedenti possono avere un peso maggiore delle caratteristiche effettive di ciò che percepiamo. Nella selezione delle informazioni infatti tendiamo a privilegiare ciò che conferma le nostre attese e a sottovalutare ciò che è incongruente con esse. Insomma la percezione è una sorta di compromesso tra ciò che ci aspettiamo di percepire e ciò di fronte a cui effettivamente ci troviamo.

Gli studi condotti nel campo della percezione sociale hanno individuato un'attitudine della mente umana che consiste nell'andare oltre l'informazione data, associando caratteristiche personali conosciute con altre non conosciute.

Due psicologi sociali, Bruner e Tagiuri,[19] hanno dimostrato che ogni individuo si costruisce una *teoria implicita della personalità* che utilizza quotidianamente, senza esserne consapevole, per cercare di immaginare e di prevedere aspetti della personalità dei propri interlocutori, a partire dagli aspetti che già conosce. Tali teorie sono il risultato dell'insieme di ipotesi basate sulle esperienze e le idee che abbiamo accumulato circa il modo in cui i tratti della personalità sono organizzati. Esse forniscono una griglia di interpretazione che stabilisce una relazione di causa effetto tra i tratti di una persona e i comportamenti che necessariamente ne deriveranno. Normalmente ci basiamo sulla nostra teoria implicita della personalità per stabilire a quali attributi, non visibili, sono associate le caratteristiche che abbiamo osservato in una persona. Per questo può accadere che, quando in una persona riconosciamo un tratto di simpatia, siamo portati a sottovalutarne i tratti negativi e ad attribuirle altre caratteristiche positive, come bontà, intelligenza, generosità ecc. Questo meccanismo, non a caso definito "effetto alone",[20] è lo stesso in base al quale le persone dotate di un aspetto piacevole vengono valutate in modo più positivo delle altre.

> Si può pensare che tali effetti alone riflettano una "teoria implicita della personalità" universale, che tutti condividiamo – e cioè la convinzione che le caratteristiche positive in genere siano associate più facilmente ad altre caratteristiche positive piuttosto che negative.[21]

In ogni caso il meccanismo dell'effetto alone può portarci a formulare, sulla base di pochi elementi iniziali, giudizi sull'altro che, pur privi di fondamento, influenzeranno l'interazione successiva.

È quello che accade anche quando ci lasciamo guidare da pregiudizi e stereotipi. I *pre-giudizi* ci portano a formulare una valutazione prima ancora di avere sufficienti elementi per farlo, mentre gli stereotipi ci offrono una serie di opinioni, condivise culturalmente, circa le caratteristiche personali e comportamentali di una classe di individui.[22] Pregiudizi e stereotipi sono meccanismi mediante i quali tendiamo a collegare, in maniera arbitraria, caratteristiche oggettive e di appartenenza sociale con caratteristiche psicologiche e personali. È pur vero che, nella vita sociale, la classificazione delle persone in categorie è inevitabile, dal momento che la mente umana non è in grado di accogliere e trattare l'infinita varietà e complessità di sfumature che caratterizza la diversità degli esseri umani. Questo limite della nostra mente ci induce a operare generalizzazioni e a creare categorie che fissano le somiglianze e annullano le differenze, rispondendo così alla necessità di economia cognitiva. Una volta costruito un sistema di categorie, cioè di tipologie di persone con caratteristiche simili, ogniqualvolta incontriamo una persona nuova tendiamo a valutarla secondo gli attributi della categoria nella quale l'abbiamo inserita, semplificandoci in questo modo il compito di giudicarla. Categorie e generalizzazioni possono aiutarci a prevedere alcuni comportamenti tipici, ma possono anche indurci in errore. Infatti se un certo grado di generalizzazione permette, soprattutto in assenza di altre informazioni, di formulare comunque delle previsioni circa le caratteristiche e i comportamenti di una persona appena conosciuta, un livello eccessivo impedisce di cogliere le sfumature individuali, o la non corrispondenza dell'individuo reale ai tratti tipici della categoria.[23] Ognuno di noi, come abbiamo visto, ha infatti sviluppato la propria identità sulla base di esperienze significative e di diverse appartenenze quali l'etnia, la religione, la classe sociale, la famiglia. Dunque ogni persona è diversa dalle altre e i suoi comportamenti non possono essere previsti e classificati con certezza. E qui sta la differenza tra il ricorso alla categorizzazione, come strumento economico di sostegno al difficile compito di classificare il nostro ambiente, e il suo uso distorto, come nel caso di stereotipi e pregiudizi che sono l'inevitabile conseguenza di un uso rigido delle categorie.

Le percezioni influenzate da uno stereotipo sono molto difficili da modificare perché, una volta inserita una persona all'interno di uno stereotipo, piuttosto che disconfermare la nostra classificazione, siamo portati a percepire selettivamente le informazioni che la confermano e a non vedere o distorcere quelle che la contraddicono.

Gli inganni della percezione

Alcuni psicologi[24] hanno formulato una teoria che spiega perché alcune persone più di altre si lascino guidare, nella relazione con gli altri, da *pre-giudizi* e stereotipi. In questa teoria si postula un rapporto tra lo stile cognitivo di chi procede per ipersemplificazioni e rigidi stereotipi e le relazioni improntate ad autoritarismo e rigidità vissute nell'infanzia. Questo tipo di persone ha particolare difficoltà a sopportare l'ambiguità e conserva il bisogno infantile di distinzioni nette e precise tra bene e male, giusto e sbagliato, buono e cattivo.

In ogni caso tutti tendiamo a ricorrere agli stereotipi ogni volta che la situazione richiede una valutazione rapida che non lascia il tempo di riflettere. Il problema allora non sta tanto nell'eliminazione di stereotipi e pregiudizi, quanto nella consapevolezza della loro esistenza e nella disponibilità a una correzione dei nostri giudizi. Malgrado l'emettere giudizi sia così ricorrente e rilevante nella vita sociale, difficilmente ci si sofferma a riflettere sulla validità del processo mediante il quale formuliamo la valutazione delle persone che incontriamo.

Negli ultimi anni la psicologia sociale ha realizzato numerose ricerche[25] per studiare il modo in cui si formano le impressioni sulle persone, analizzando i processi mentali in base ai quali mettiamo insieme singoli indizi per giungere a un'impressione complessiva e coerente. Dall'insieme di queste ricerche emerge che i fattori implicati nella formazione delle impressioni sono innumerevoli e che altrettanto lo sono gli errori di valutazione che commettiamo a causa di fattori emozionali e ambientali.

Può accadere per esempio che l'impressione che ci formiamo di una persona appena conosciuta o di un nuovo collega, e di conseguenza il modo di porci nei suoi confronti, sia influenzata da quante somiglianze o differenze percepiamo tra noi e lui. Gli studi in proposito[26] hanno dimostrato che tendiamo ad attribuire caratteristiche positive a persone che sentiamo affini, e caratteristiche negative a persone che ci appaiono molto diverse da noi. Senza rendercene conto, siamo portati a simpatizzare con chi ci appare simile molto più spesso di quanto lo facciamo con coloro che percepiamo diversi da noi. A volte può bastare l'aver colto, inconsapevolmente, nel nostro interlocutore una leggera somiglianza fisica, o del modo di parlare, o di altre espressioni della nostra personalità, per rendere una conversazione desiderabile e rilassata. Sull'attendibilità delle impressioni incide anche il nostro stato d'animo, tanto che la persona di buon umore è portata a individuare con maggiore facilità caratteristiche positive nell'interlocutore, rispetto a una persona di cattivo umore.[27] Ancora una volta la letteratura offre esempi di fenomeni come questi. Ecco cosa scrive Goethe in uno dei suoi libri più famosi, *Le affinità elettive*:

> Sedettero a cena. Presero a giudicare le persone che avevano avuto in visita quel giorno. Edoardo, eccitato dall'amore, parlava bene di tutti, rispettando sempre, spesso approvando. Carlotta, non perfettamente del suo parere, rilevò scherzando quella disposizione d'animo che lo rendeva così mite e indulgente, lui così sempre pronto a criticare tutti con molta severità, appena usciti dalla porta. Edoardo rispose con fuoco e sincera convinzione: "Basta amare *un solo* essere con tutto il cuore, perché tutti gli altri ci sembrino degni d'amore!".[28]

Esiste poi un altro interessante meccanismo psicologico che influisce sulla formazione delle impressioni, quello descritto dalla teoria della "dissonanza cognitiva".[29] Secondo questa teoria tutte le volte che riceviamo informazioni contrastanti su una persona o un avvenimento, proviamo uno spiacevole senso di disorientamento, che ci fa sentire il bisogno di ridurre la dissonanza, ristabilendo una concordanza tra le informazioni.

L'esistenza simultanea di due informazioni che non concordano ci induce a sforzarci di farle concordare, anche a costo di alterare una delle due. Così che, se due caratteristiche che percepiamo di una persona sono in contrasto tra loro, faremo in modo da cancellare una delle due, o da alterarla in modo da renderla compatibile con l'altra.

Come abbiamo visto la percezione degli altri, su cui tanto ci basiamo nell'impostare la relazione e nell'emettere giudizi, è soggetta a vari tipi di distorsione. Eppure, in ognuno di noi è presente, a livello non sempre consapevole, l'egocentrico assunto che la nostra percezione sia quella corretta, tanto da sentirci a disagio nei casi in cui ci troviamo ad avere a che fare con percezioni diverse dalla nostra o a essere addirittura smentiti.

Il buon esito di un'interazione comunicativa è dunque molto legato alla capacità di percepire, quanto più correttamente possibile, caratteristiche e comportamenti dell'interlocutore: letture distorte inducono infatti aspettative e previsioni che possono fuorviare la comunicazione in corso. Le distorsioni percettive, a cui inevitabilmente siamo soggetti, possono quindi avere l'effetto di diminuire, se non addirittura di compromettere, la riuscita della comunicazione con gli altri.

Allora, che cosa possiamo fare per impedire che ciò accada?

Anche in questo caso sono d'aiuto Consapevolezza e Responsabilità. La consapevolezza che la propria e l'altrui percezione non sono così attendibili e obiettive come si vorrebbe, perché la formulazione di giudizi corretti sulle persone comporta molte più difficoltà di quanto si sia abituati a credere. Per questa ragione dovremmo essere più prudenti e responsabili nel formulare giudizi, considerando che le nostre valutazioni potrebbero essere errate, dal momento che spesso si basano su nostre categorie e stati d'animo oltre che su aspetti esteriori che non possono certo esaurire la complessità della personalità di chi abbiamo di fronte.

Accettare di potersi avvicinare alla realtà solo in parte è il primo passo da compiere per evitare che distorsioni percettive o errori valutativi interferiscano in modo fuorviante sulla relazione con gli altri.

Che cosa mi aspetto da te

Tra i fattori che influiscono sulla formazione delle impressioni ve n'è uno che va considerato di particolare rilevanza: si tratta delle aspettative che nutriamo nei confronti dei nostri interlocutori.

"Quasi sempre abbiamo sentimenti, emozioni, atteggiamenti o aspettative sulle persone che incontriamo, che interferiscono col semplice trattamento dell'informazione."[30] Se, per esempio, vediamo un collega come possibile amante, tenderemo a leggere le sue parole gentili come un manovra di seduzione, se invece lo percepiamo come una persona competitiva, allora decodificheremo le stesse parole come un tentativo di inganno.

Tutti gli studiosi di comunicazione concordano sul fatto che, nell'avvicinarsi agli altri, non si è mai del tutto liberi da ipotesi e aspettative circa il loro comportamento o il tipo di relazione che si svilupperà, basate sia sulle proprie esperienze precedenti che sulla condivisione di opinioni diffuse nel proprio ambiente socioculturale. Le informazioni che man mano raccogliamo nel corso dell'interazione dovrebbero poi portarci a confermare o a smentire ipotesi e aspettative di partenza. In realtà, una volta formulata una certa ipotesi e attivata l'aspettativa corrispondente, risulta particolarmente difficile cambiarle. Accade dunque che le informazioni che confermano le ipotesi vengano recepite rapidamente, mentre quelle che ne smentiscono la validità vengano ignorate, dimenticate o considerate irrilevanti. Ed è così che le aspettative, spesso formate sulla base della prima impressione, influiscono sul nostro modo di rivolgerci all'altro. Si è più facilmente aperti e rilassati con chi ci si aspetta disponibile e comprensivo, tesi e impacciati con chi si immagina critico e intransigente.

Alla formazione di aspettative contribuisce non solo la percezione dell'altro, ma anche l'auto-percezione. Una persona che ha di sé un'immagine positiva, è portata ad aspettarsi dagli altri un comportamento benevolo nei suoi confronti, molto di più di chi, non confidando nelle proprie capacità, tende a non aspettarsi la stima altrui.

Le nostre aspettative possono determinare "profezie che si autoavverano".[31] Se per esempio ci aspettiamo che il nostro interlocutore sia scortese o aggressivo, può succedere che questo lo diventi realmente proprio perché reagisce al nostro comportamento difensivo nei suoi confronti. Insomma, le aspettative giocano un ruolo rilevante rispetto a come si svilupperà la relazione, perché è facile che gli altri si rapportino a noi proprio come ci attendiamo che facciano.

Acquisire consapevolezza di questi meccanismi relazionali può aumentare la competenza comunicativa: possiamo per esempio scoprire che nutrire aspettative positive nei confronti dell'altro, può indurlo a rispondere alle nostre attese con un comportamento a noi gradito.

Eppure di solito non si è coscienti di quanto le proprie e le altrui aspettative influiscano sull'andamento della relazione, anche perché normalmente queste sono implicite e spesso inconsce, e ci si rende conto della loro presenza solo quando vengono disattese, provocando sensazioni di fastidio, irritazione, delusione. Pur non avendole espresse siamo portati a pensare che l'altro debba conoscerle, condividerle e soddisfarle per il solo fatto di essere in relazione con noi. Quando questo non accade si generano fraintendimenti che possono portare a blocchi della comunicazione o a conflitti nella relazione. È possibile evitare che questo accada se si presta attenzione a ciò che avviene nella fase iniziale di una relazione quando, in genere, si svolge un processo implicito di definizione dei rispettivi ruoli e delle regole che governeranno la comunicazione successiva. In questa fase può essere utile manifestare le proprie aspettative, almeno quelle consapevoli, mettendo in atto comportamenti che rendano l'altro cosciente delle nostre attese, e orientino la sua condotta nella direzione da noi desiderata. "Questa possibilità tuttavia diminuisce col tempo, crescendo la rigidità causata dalla strutturazione del rapporto in seguito al processo circolare di autorinforzo delle regole."[32]

Come abbiamo visto nel capitolo precedente, una delle aspettative più frequenti che abbiamo è quella di utilizzare la relazione con l'altro per confermare o modificare la nostra auto-percezione. La relazione di ogni essere umano con i propri simili è caratterizzata dal desiderio di ricevere conferme dagli altri e, contemporaneamente, dalla possibilità che ognuno ha di dare conferme ai propri simili.

Tutti noi tendiamo a indurre negli altri aspettative coerenti con l'immagine che abbiamo di noi o con quella del tipo di persona che vorremmo essere. Di solito ci piacciono le persone a cui piacciamo, dal momento che l'attrazione che provano per noi è una implicita conferma del nostro valore. Ciò che proviamo per l'altro dipende, in gran parte, da come la relazione che abbiamo con lui ci fa sentire nei confronti di noi stessi. E allora, possiamo anche spenderci molto nel tentativo di piacere a qualcuno e di fare in modo che pensi bene di noi, ma in realtà è come lui si sentirà in nostra compagnia a fare la differenza.

È la prospettiva di essere capiti che ci spinge ad avvicinarci all'altro. Ed è per questo che proviamo più frequentemente sentimenti amichevoli verso quelle persone che hanno avuto esperienze analoghe alle nostre. L'aver vissuto nella stessa città o nello stesso paese lontano, l'essersi battuti per lo stesso ideale, l'aver sperimentato il dolore della perdita del posto di lavoro o di una persona cara, sono tutte esperienze che, se condivise, possono avvicinare molto due persone e rendere la comunicazione tra loro più desiderabile e intensa. Questo fenomeno è stato spiegato da Heider,[33] che ha formulato una teoria secondo la quale noi preferiamo quelle persone che ci permettono di mantenere la nostra visione del mondo. Per questo scegliamo come amici le persone che, in base a esperienze simili o a una formazione analoga alla nostra, hanno sviluppato credenze e atteggiamenti nei quali ci riconosciamo.[34]

Dal momento che le aspettative degli altri nei nostri confronti ci influenzano significativamente, una volta suscitate, ci sforzeremo di comportarci di conseguenza.

Se una persona si vede come aperta e disponibile tenderà a presentarsi agli altri in modo tale da indurre in loro l'aspettativa di trovare in lei apertura e disponibilità. A quel punto le aspettative che lei stessa ha attivato, la porteranno a comportarsi in modo da soddisfarle, tanto che sarà per lei difficile rivendicare il diritto di non essere disponibile, nel caso non ne abbia la possibilità o l'intenzione. D'altra parte, gli altri sono portati a leggere i suoi comportamenti come dimostrazioni di apertura e disponibilità, al punto che una condotta diversa li lascerebbe disorientati o dispiaciuti. La persona in questione, a sua volta, avrà aspettative nei confronti dei suoi interlocutori che influenzeranno i loro comportamenti, complicando ulteriormente la situazione.

Come vedete il gioco delle reciproche aspettative è espressione della circolarità della comunicazione, un gioco complicato, anche se ineluttabile, nel quale è necessario imparare a districarsi se non si vuole rimanerne prigionieri.

Quanto detto finora descrive il fenomeno dell'influenzamento reciproco che, in ogni processo comunicativo, si verifica tra gli interlocutori.[35]

Come abbiamo visto, nei processi comunicativi, ogni nostro comportamento, consapevole o inconsapevole che sia, provoca una reazione da parte del nostro interlocutore, che a sua volta ne genera una nostra. C'è insomma una circolarità ricorsiva negli scambi comunicativi di cui non siamo abituati a tenere conto. Mentre tendiamo a percepire i nostri comportamenti come influenzati da quelli dell'altro, facciamo più fatica a considerare i suoi comportamenti come una reazione ai nostri. Questo dipende dalla propensione, comune a tutti gli esseri umani, ad attribuire a cause esterne i propri comportamenti e a cause interne quelli degli altri.[36] Ecco come per esempio descriviamo una interazione conflittuale: "*Io ti sto aggredendo per difendermi dalle tue aggressioni. Ma tu mi aggredisci perché sei un violento*"; oppure: "*Io ti ho mentito per non ferirti. Ma tu ti sei offeso perché non hai capito le mie buone intenzioni*".

Questi modi di descrivere la situazione rispondono a una necessità difensiva che ci porta a sottovalutare il peso che i nostri comportamenti hanno sugli altri. Tutti abbiamo esperienza di che cosa voglia dire essere influenzati dall'interlocutore o saperlo influenzare. Il grado in cui tale influenza si realizza dipende da quanto il suo comportamento nella situazione specifica, o il suo atteggiamento nei nostri confronti, mutano in relazione ai messaggi che inviamo. In ogni caso può rivelarsi molto utile aver presente la nostra possibilità di esercitare un'influenza sulla relazione che instauriamo con gli altri.

Chi nutre sentimenti di simpatia per il prossimo, riscuote più facilmente simpatia, perché crea una corrente positiva tra sé e gli altri che facilita la relazione. Chi invece tende a essere diffidente, ostile, difeso, innesca più frequentemente relazioni difficili o conflittuali, non ottenendo così dagli altri le conferme di cui pure ha tanto bisogno. Le persone che tendono a criticare e a trovare difetti negli altri, sono persone che non favoriscono la comunicazione ma che, al contrario, inducono gli interlocutori a difendersi o a evitare lo scambio. Anche questi fenomeni trovano una spiegazione nella teoria di Heider, secondo la quale esiste una tendenza a preferire relazioni equilibrate per cui, quando sentiamo che una persona prova simpatia nei nostri confronti, sviluppiamo automaticamente un'inclinazione positiva verso di lei e viceversa. Naturalmente queste reazioni automatiche di reciprocità valgono soprattutto nelle fasi iniziali di una relazione perché, una volta che la relazione diventa più stabile e profonda, intervengono altri fattori a condizionare la qualità dello scambio.

Accrescere la propria competenza comunicativa significa non solo diventare più consapevoli di queste dinamiche, ma, come vedremo meglio più avanti, significa anche assumersi la responsabilità dei propri comportamenti e delle proprie reazioni e imparare a rispettarle, rispettando anche quelle dell'altro.

5

Che cosa si comunica

Nel viaggio che stiamo compiendo all'interno della comunicazione interpersonale, abbiamo finora esplorato i luoghi del tempo e attraversato i territori relativi ai protagonisti della comunicazione. Con questo capitolo entriamo nel tema dei contenuti.

I contenuti della comunicazione variano a seconda dei contesti, degli interlocutori, dei ruoli che ricoprono e degli obiettivi che sono impegnati a raggiungere. Negli scambi reali vengono comunicate informazioni, valutazioni, idee, opinioni, emozioni, sensazioni, tutte mescolate in uno stesso discorso. Nel modo di trasmettere un'informazione vi è spesso contenuta anche un'opinione in merito e nel modo di esprimere un'idea si comunicano anche delle emozioni. Qual è allora il contenuto? L'informazione o l'opinione? L'idea o l'emozione? E cosa raggiunge e influenza maggiormente l'interlocutore? Non è possibile dirlo in astratto, perché ogni episodio comunicativo si realizza all'interno di situazioni specifiche che contribuiscono alla definizione del contenuto, come vedremo meglio più avanti.

Perché allora interrogarsi su "che cosa si comunica"?

La ragione è che, normalmente, si è portati a dare per scontato che il contenuto della comunicazione coincida con quello delle proprie parole. Si è abituati a pensare che le proprie intenzioni comunicative si traducano in messaggi chiari e inequivocabili per l'interlocutore. In realtà, come tutti sappiamo, il mondo della comunicazione interpersonale è costellato di insuccessi comunicativi: incomprensioni, equivoci, malintesi che dimostrano l'esistenza dello scarto che spesso si verifica tra ciò che viene detto e ciò che viene compreso.

Chi non ha provato la spiacevole sensazione di non essere stato compreso, malgrado i propri sforzi? E a chi non è capitato di equivocare le parole dell'interlocutore? Quante volte si è vittime o protagonisti di fraintendimenti e *gaffes*?

Quando non ci si capisce è perché qualcosa nella comunicazione non ha funzionato e quando la comunicazione non funziona, nessuno degli interlocutori raggiunge il proprio scopo. Interrogarsi su cosa si comunica vuol dire porsi il problema dell'efficacia del proprio modo di comunicare, vuol dire chiedersi se si sia davvero riusciti a trasmettere ciò che si voleva al proprio interlocutore o se questi abbia ricevuto un messaggio diverso, e quale.

Come mai a volte accade che ciò che viene comunicato non coincida con quello che s'intendeva realmente comunicare? Volevamo essere gentili e l'altro reagisce come se lo avessimo deriso. O al contrario, volevamo manifestare il nostro dissenso e l'altro si comporta come se gli avessimo dato ragione. Può capitare di arrivare alle dieci a un appuntamento e aspettare un'ora perché l'amico sostiene che si era detto alle undici. Oppure può succedere di dire adirati al nostro partner: "*Non ti avevo chiesto di portare la macchina dal meccanico questo pomeriggio?*"; e sentirci rispondere: "*Ma se mi hai detto che l'avresti portata tu!*".

La frequenza nella vita quotidiana di episodi come questi prova che, spesso, ciò che si crede di aver comunicato non corrisponde a quanto ricevuto dal proprio interlocutore.[1] Eppure, come abbiamo visto, è proprio il significato attribuito alle nostre parole che costituisce il punto di partenza per lo scambio successivo. Uno degli aspetti più difficili da accettare è che il contenuto della comunicazione non va considerato tanto ciò che viene detto, quanto ciò che viene compreso. Per questo, se si vuole comunicare efficacemente, non ci si può permettere di ignorare il modo in cui l'altro ha recepito le nostre parole. Solo così si ha la possibilità di intervenire a correggere eventuali distorsioni del significato e quindi a evitare ulteriori incomprensioni. Secondo le più recenti teorie[2] i significati si formano, nel corso dell'interazione comunicativa, attraverso processi di negoziazione. Bisogna sposare l'idea che la comunicazione è un processo interattivo in cui i significati emergono dalla cooperazione tra gli interlocutori.

Ma vediamo perché può accadere che le proprie parole vengano recepite in modi diversi dalle proprie intenzioni.

Ciascuno di noi quando parla utilizza forme espressive originali, creative, diverse da quelle di chiunque altro. Si può esser certi che difficilmente due persone si esprimeranno allo stesso modo, anche se formulano lo stesso concetto in un codice linguistico comune. Inoltre, molte delle parole che utilizziamo possiedono un "alone semantico", cioè un certo grado di ambiguità, e possono quindi assumere vari significati anche in base al contesto in cui vengono pronunciate. Pensiamo, per esempio, a parole astratte come "capacità", "autorità", "ruolo", "potere": ciascuno può dare di queste parole un'interpretazione un po' diversa, in funzione degli schemi di riferimento personali e culturali.

Tra le tante variabili che contribuiscono a formare gli schemi mentali che portano ad attribuire alle parole significati diversi, vi è la differenza di genere. Alcuni terapeuti familiari sostengono, per esempio, che la parola "problema" viene tendenzialmente decodificata dalle donne come "minaccia", mentre dagli uomini come "situazione da affrontare".

Tuttavia non sempre l'insuccesso comunicativo è dovuto a un fraintendimento semantico di cui è possibile rendersi conto e che può essere chiarito. A volte si esce da uno scambio comunicativo con la precisa sensazione di non essersi capiti, anche se non si sa dire il perché. Bisogna tener conto che, negli scambi reali, le persone devono interpretare non singole parole o frasi, ma interi discorsi dotati di proprie regole strutturali che contribuiscono alla formazione dei significati. Ciò che si comunica non è semplicemente una serie di concetti o informazioni, ma appunto un insieme di significati. Inoltre, qualsiasi contenuto venga comunicato non arriva al destinatario così come è stato emesso, ma attraverso un filtro rappresentato dal sistema di valori e dagli schemi cognitivi di riferimento di ciascun individuo. La frase "*Posso farlo*", può essere intesa come "*Sono capace di farlo*", o come "*Ho il diritto di farlo*", o ancora come "*Sono pronto a farlo*". Il modo in cui verrà decodificata dipenderà dalla combinazione di variabili soggettive e di contesto. Ogni parola, ogni concetto che formuliamo attiva infatti nell'altro una personale catena associativa con parole, simboli e concetti legati alla sua particolare storia, alle convinzioni precedenti, allo stato d'animo del momento. Accade insomma che il contenuto di una frase si combini, nella mente di chi la riceve, con una serie di altri contenuti rappresentati dalle categorie culturali, dalle precedenti esperienze, dalle associazioni personali con fatti, persone, sentimenti.[3] Tutto ciò si organizza in schemi cognitivi, si struttura in modelli mentali che regolano l'interpretazione della realtà. L'interpretazione di un messaggio è quindi guidata da tali schemi, che danno luogo ad aspettative circa i significati. Ecco perché persone diverse possono interpretare in modo diverso una stessa affermazione e questo accadrà tanto più facilmente quanto più sarà vasta la sua area di ambiguità. Una persona che si aspetta di essere gratificata dai propri interlocutori e di ricevere conferme interpreterà la frase: "*Non ho mai incontrato nessuno come te!*" come un'attestazione del proprio valore e unicità. Al contrario, una persona preoccupata del giudizio degli altri o che teme di non essere accettata, interpreterà la stessa frase come una critica e un giudizio negativo. Due interpretazioni esattamente opposte!

La relazione cambia il contenuto

Per comprendere cosa accade nelle interazioni comunicative, bisogna esser consapevoli che i contenuti trasmessi all'interno di un'interazione vengono interpretati anche in base alla relazione esistente tra gli interlocutori. Sono stati gli studiosi di Palo Alto[4] a chiarire che in ogni comunicazione è presente, insieme al contenuto manifesto, un aspetto relazionale che imprime il vero significato al contenuto trasmesso. Secondo questi studiosi, in ogni episodio comunicativo esistono più livelli di informazione e di significato, e uno di essi si riferisce sempre alla relazione nella quale la comunicazione si sviluppa.

In pratica, quando parliamo con qualcuno mandiamo contemporaneamente due tipi di informazioni strettamente connesse: informazioni sul contenuto e informazioni sulla relazione, trasmettiamo cioè un contenuto il cui significato è indissolubile dalla natura della relazione esistente o da quella che vogliamo instaurare. Ogni contenuto esplicito acquista quindi un significato in rapporto a uno implicito, che si riferisce alla relazione tra gli interlocutori e al modo in cui ciascuno vede se stesso, l'altro e la relazione in atto. In sostanza, di qualunque argomento due persone stiano parlando, contemporaneamente e inevitabilmente parlano anche della relazione che li lega. Nel comunicare infatti definiamo implicitamente, e spesso inconsapevolmente, noi stessi e l'altro come membri di una relazione che connoterà il significato attribuito a quel dato messaggio.[5]

Come vedremo più avanti, non sempre la parte più rilevante di una comunicazione è il contenuto vero e proprio, a volte lo è invece proprio la definizione implicita della relazione. Se per esempio il proprio partner dice "*Lascia che me ne occupi io*", in termini relazionali la frase potrebbe significare: "*Tu hai bisogno di me*", o "*Tu non ne sei capace*", o ancora "*Desidero esserti utile*".

Si può veicolare lo stesso contenuto formulandolo in un'infinità di modi differenti. Una frase o un comportamento equivalenti nel contenuto possono produrre effetti diversi, a seconda di come vengono espressi e quindi di come viene definito il rapporto con colui al quale sono rivolti. Per esempio si può dire:

"*Vai a prenotarmi il volo per New York!*"
"*Vorrei che tu prenotassi per me il volo per New York!*"
"*Ho bisogno che tu vada a prenotarmi il volo per New York!*"
"*Chissà se riuscirai a prenotare per me il volo per New York?!*"

Ognuna di queste formulazioni, pur veicolando lo stesso contenuto, definisce in modo diverso la relazione con l'interlocutore. Si potrebbe fare il gioco di immaginare, per ogni frase, “chi la dice a chi”. La punteggiatura, che nel linguaggio scritto indica l’intonazione, la scelta del verbo e la sua coniugazione possono far risalire alla natura del rapporto. A parlare sono un padre e un figlio? Una moglie e un marito? Un capo e un collaboratore? O due amici? E qual è la natura della relazione tra loro? Qual è il significato implicito veicolato dalle diverse frasi?

Il contenuto infatti avrà significati diversi a seconda del tipo di rapporto all’interno del quale viene formulato. Si possono fare delle ipotesi leggendo contemporaneamente il messaggio di contenuto e il messaggio di relazione:

Messaggio di contenuto	*Messaggio di relazione*
“Vai a prenotare per me il volo per New York!”	“Io ho il potere di farti fare qualcosa per me.”
“Vorrei che tu prenotassi per me il volo per New York.”	“Io desidero che tu faccia qualcosa per me.”
“Ho bisogno che tu vada a prenotare per me il volo per New York!”	“Io ho bisogno che tu faccia qualcosa per me.”
“Chissà se riuscirai a prenotare per me il volo per New York?!”	“Io dubito che tu sia capace di fare qualcosa per me.”

I messaggi di relazione costituiscono una sorta di comunicazione sulla comunicazione, in letteratura definita “metacomunicazione”. La metacomunicazione fornisce indicazioni sul modo in cui va inteso un messaggio e ciò comporta inevitabilmente una definizione delle rispettive posizioni all’interno della relazione. L’aspetto metacomunicativo generalmente informa su come chi comunica si autodefinisce in quella particolare relazione e su come definisce l’altro e il tipo di rapporto che li lega.

A volte metacomunichiamo in modo esplicito attraverso il linguaggio verbale, come quando, dopo una frase aggressiva, diciamo: “*Guarda che sto scherzando!*”. Più spesso però lo facciamo con il linguaggio non verbale: il sorriso può rovesciare un significato altrimenti minaccioso, l’espressione del volto può rendere ostile una frase cordiale, l’intonazione della voce può qualificare un’affermazione come conciliante o come ironica.[6]

Esistono poi casi in cui il messaggio di relazione viene indirettamente veicolato attraverso il contenuto. Quando si dice: “*Lo faccio per te*”, si può voler dire che si ha piacere a fare qualcosa per l’altro, ma anche

che non si ha nessuna voglia di fare quella certa cosa e che ci si sta sacrificando per lui.

"La capacità di metacomunicare in modo adeguato non solo è la *conditio sine qua non* della comunicazione efficace, ma è anche strettamente collegata con il grosso problema della consapevolezza di sé e degli altri."[7] Saper comunicare significa essere consapevoli della presenza di questi due livelli in ogni interazione e saperli distinguere, a partire dal prestare attenzione verso l'altrui e la propria metacomunicazione. Se si vuole migliorare la propria competenza nel comunicare, è necessario sviluppare consapevolezza e sensibilità verso la metacomunicazione e i suoi molteplici significati. Saper cogliere i significati relazionali permette infatti di occuparsi della relazione con l'interlocutore che, come si è chiarito, è fattore decisivo per la riuscita del processo comunicativo.

Non siamo d'accordo

Come abbiamo visto, la comunicazione interpersonale è un processo circolare in cui entrambi i soggetti sono attivi nell'invio di messaggi, nella costruzione di significati e nella definizione implicita della relazione. Ognuno dei membri di un rapporto, che sia affettivo o professionale, tende a fornire una propria definizione della relazione che l'altro potrà accettare o meno. Molte delle difficoltà che si incontrano nelle fasi iniziali di un rapporto nascono proprio dai tentativi di pervenire a una definizione comune della relazione. Questa di solito viene costruita gradualmente, man mano che si sviluppa l'interazione, a partire da quanto ciascuno accetta o rifiuta le proposte dell'altro. Il processo di definizione della relazione comporta infatti un progressivo aggiustamento del ruolo di ognuno rispetto all'altro. Pervenire a una definizione comune significa concordare sul modo in cui ciascuno si comporterà in rapporto all'altro.[8]

Ma cosa accade se due interlocutori non sono d'accordo sul contenuto o sulla natura della relazione?

Il fenomeno del disaccordo fra interlocutori è un ottimo campo di analisi per comprendere i disturbi comunicativi dovuti alla confusione fra il piano del contenuto e il piano della relazione. In ogni episodio comunicativo si può verificare accordo o disaccordo sul piano del contenuto, e intesa o non intesa sul piano della relazione: due risultati molto diversi anche se le parole con cui vengono designati appaiono simili. È infatti possibile che due persone, pur essendo in disaccordo sui contenuti, s'intendano sul piano relazionale o viceversa che, pur essendo d'accordo sui contenuti, non lo siano su quello della relazione. Quando il disaccordo è relativo al contenuto è più facile che gli interlocutori trovino un'intesa, sia pur accettando di avere opinioni diverse. A volte è sufficiente un'azione di chiarimento a livello linguistico per risolvere fraintendimenti relativi all'uso o al significato attribuito a determinate parole o frasi. Cosa che può essere fatta anche soltanto dicendo: "*Se ho capito bene, stai dicendo che...*".[9]

La situazione è più complicata quando il disaccordo si verifica sul piano della relazione, anche perché questo è per lo più implicito, spesso inconsapevole, e non è quindi facile riconoscerlo. La divergenza di opinioni su un argomento può non coinvolgerci in maniera profonda, non mettendo in discussione la percezione di noi e dell'altro in quel contesto relazionale. Ma quando la divergenza si riferisce alla relazione, il contrasto rischia di coinvolgerci più profondamente dal momento che la percezione che abbiamo di noi e dell'altro, in quel particolare contesto, viene rifiutata o messa in discussione dall'interlocutore.[10]

Tuttavia, le osservazioni sperimentali in campo clinico[11] hanno dimostrato che spesso, quando esiste un disaccordo sul piano della relazione, questo viene manifestato attraverso una disputa sul contenuto. Tutti abbiamo assistito a una discussione accesa tra due persone che, ai nostri occhi, stavano dicendo la stessa cosa. I due contendenti discutono come se avessero opinioni diverse, non si ascoltano, non si capiscono. In realtà non è il contenuto a dividerli, ma il tipo di relazione che ciascuno pensa o vuole avere con l'altro. Spesso non si tratta di un conflitto di opinioni, ma di un conflitto di potere, in cui ciascuno vuole avere l'ultima parola. Molte volte ci si trova intrappolati in manovre perverse come "negare ciò che si è appena affermato" o "sostenere qualcosa solo per contrapporsi all'altro".[12] Ciascuno può rintracciare nella propria memoria spirali comunicative disfunzionali in cui si è trovato coinvolto nel rapporto con partner e figli, con amici, capi o colleghi. Così come è esperienza comune il costo psicologico di relazioni interpersonali competitive o di problemi provocati da una lotta per il potere.

Nella comunicazione interpersonale la dimensione del potere riveste una grande importanza perché spesso le persone, nelle interazioni, sono motivate a esercitare un'influenza e un controllo sugli altri. Dietro la competizione per il potere di solito si nascondono bisogni di amore e attenzione che non sono stati soddisfatti. Tuttavia tale dimensione raramente è oggetto esplicito della comunicazione, per questo è frequente che la negoziazione relativa alla distribuzione del potere nella relazione avvenga al livello del contenuto.

Gli studi in campo sistemico relazionale[13] hanno messo in evidenza che quanto più una relazione è spontanea e condivisa tanto più l'aspetto relazionale recede sullo sfondo, rendendo possibile concentrarsi sul contenuto e sugli obiettivi da raggiungere insieme. Viceversa, relazioni problematiche o "malate" sono caratterizzate da una lotta costante per definire la natura della relazione, e la distribuzione del potere al suo interno, mentre l'aspetto di contenuto diviene sempre meno rilevante. Una lotta che può durare anche un'intera esistenza.

Avendo chiaro che il buon andamento e il buon esito di un'interazione dipendono, in maniera prevalente, da un accordo sul piano relazionale, è a questo che va prestata maggiore attenzione, almeno tutte le volte che si è motivati alla riuscita di una data interazione.

Ma che cosa significa prestare attenzione alla relazione?

Significa, innanzitutto, saper cogliere le differenze nella reciproca definizione, significa quindi chiedersi: "*Il modo in cui io mi vedo e vedo l'altro, in questo momento, è accettato da entrambi?*", "*E io, a mia volta, accetto il modo in cui si vede e mi vede l'altro?*".[14] Se la risposta a queste domande è affermativa si può contare di più sulla riuscita della comunicazione. Se, al contrario, non si è in grado di dare una risposta o la risposta è negativa, se cioè la metacomunicazione, il non verbale, dice che non si è d'accordo sulle reciproche posizioni relazionali, allora si sa di essere in una situazione a rischio. È facile che prima o poi sorgano conflitti o incomprensioni che si manifesteranno come disaccordi sull'argomento che si sta affrontando. In sintesi, due persone in disaccordo sul merito ma che si intendono sul piano personale daranno vita a un'interazione che avrà buone possibilità di successo. Viceversa, due persone in accordo sul merito, ma in difficoltà nell'instaurare una relazione personale correranno il rischio di andare incontro a incomprensioni e insuccessi comunicativi.

Cosa fare in quest'ultimo caso?

Un buon sistema è quello di spostare l'attenzione dal piano del contenuto a quello della relazione e affrontare, nel modo più semplice e diretto, il problema della divergenza su quel piano. Piuttosto che insistere sulle proprie posizioni per avere ragione, è meglio sospendere lo scambio sui contenuti e avviarne uno sulla relazione. Certamente questo è più facile a dirsi che a farsi, essendo gli aspetti relazionali impliciti e spesso inconsapevoli, ed essendo quindi difficile coglierli e ancor più riuscire a parlarne. Ma è proprio questa la strada migliore da percorrere se la situazione lo permette. Rendersi conto dell'esistenza di un problema di relazione permette di aiutare l'interlocutore a fare altrettanto, per affrontarlo insieme e poter riavviare una comunicazione costruttiva.

Non dimentichiamo che comunicare con successo significa raggiungere i propri obiettivi. E per far questo è necessario mantenere aperta la possibilità di dialogo e di comprensione con l'altro, è necessario quindi costruire e mantenere una buona relazione, rendendo esplicite, per quanto possibile, le proprie idee in merito.

Un patto di fiducia

Certamente non tutti i pensieri possono essere comunicati così come si presentano alla mente. Non si può certo dire a una collega: "*Ma che brutto vestito ti sei messa oggi?*"; o al capo: "*Che fastidio mi dà la sua voce!*". Né si può dire ad alta voce a un cliente: "*Io di lei non mi fido!*". Il più delle volte è necessario operare in tempo reale una selezione o trasformazione dei propri pensieri in funzione della situazione. Di fronte a molti pensieri scattano automaticamente censure, si attivano regole comportamentali che impongono di non verbalizzarli o quanto meno di modificarli, rendendoli più accettabili socialmente. Per questo ciò che si afferma non è tutto ciò che si pensa, ma solo quella parte ammessa dalle convenzioni sociali e compatibile con la situazione relazionale e la convenienza personale. Questo genere di selezione varia a seconda degli individui e delle circostanze. Esistono persone particolarmente riservate e prudenti, altre particolarmente aperte e spontanee. Qualcuno è abituato a dire tutto quello che pensa, qualcun altro lo fa di rado. Così come ci sono circostanze in cui non è opportuno esprimere tutto quello che si pensa e altre in cui al contrario non ha senso tacerlo.

Anche se non si può dire sempre tutto quel che si pensa, bisogna chiedersi che cosa accade quando si evita di esprimere un pensiero al proprio interlocutore o quando si dice qualcosa di diverso da ciò che in realtà si ha in mente. Normalmente crediamo che l'altro non se ne renda conto, e a volte è vero, ma non sempre è così: molto dipende dalla natura del pensiero. Certo è facile che l'altro non si accorga che stiamo pensando: "*Devo ricordarmi di portare la macchina dal meccanico*", ma se il pensiero riguarda proprio lui, o la comunicazione in corso, è possibile che intuisca che gli stiamo nascondendo qualcosa, o che stiamo falsificando il nostro vero pensiero. Come vedremo meglio tra poco, se possiamo tacere o mentire con le parole, non sempre possiamo farlo con gli occhi o con il volto. Il fatto che l'altro intuisca la presenza di un pensiero non espresso o falsificato, mina il patto di fiducia implicito che accompagna qualunque scambio comunicativo riuscito. Mi spiego meglio.

All'inizio di un'interazione possono essere presenti due ipotesi che si escludono reciprocamente. La prima è che ciascuno renda esplicito e manifesto tutto ciò che pensa rispetto all'altro e all'oggetto della comunicazione, la seconda è che venga manifestata solo una parte dei propri pensieri o che non tutti quelli manifestati siano autentici. Se nel corso dell'interazione si conferma la prima ipotesi, allora la comunicazione fluisce e progredisce aprendo ulteriori possibilità di scambio e intesa e rafforzando il patto di fiducia su cui si basa una comunicazione costruttiva. Se invece, durante lo scambio, prende corpo la seconda ipotesi, e inizia a venir meno la fiducia reciproca, allora gli interlocutori saranno indotti a difendersi o a chiudersi sempre di più, fino a scadere in uno scambio formale e stereotipato.

Nascondere alcuni pensieri, o fingerne di diversi, se da un lato salva le convenzioni sociali e protegge dai conflitti, dall'altro intacca la fiducia reciproca che è un presupposto essenziale della vera comunicazione. È vero che bisogna saper distinguere tra ciò che si può dire e ciò che è meglio tacere, ma questo in genere ce lo hanno insegnato fin da bambini e la maggior parte di noi lo sa fare benissimo. Il vero problema è un altro: è quello di evitare di inquinare la fiducia con il proprio interlocutore e questo comporta scegliere "se" e "quanto" esplicitare, tacere o dissimulare il proprio pensiero, senza tuttavia urtarne la sensibilità.

Come si fa, per esempio, a manifestare insofferenza o disaccordo senza con questo irritare l'altro?

In questi casi i valori a cui riferirsi sono quelli della Responsabilità e del Rispetto. Vediamo perché. Se pensiamo di non essere d'accordo con quanto sta dicendo il partner, perché non assumersi la responsabilità di un tale pensiero? Assumersi la responsabilità di esplicitare il proprio punto di vista presenta aspetti sia positivi che negativi. Quelli positivi consistono nel beneficio che la propria autoimmagine riceve dal riconoscersi il diritto di dire ciò che si pensa. E non è certo da sottovalutare! Mentre gli aspetti negativi sono dovuti all'eventuale costo della reazione dell'interlocutore.

Indubbiamente esprimere apertamente il proprio pensiero può comportare dei rischi: se non altro quello di essere giudicati poco diplomatici o inopportuni. Spesso non lo si fa perché si teme di attivare un conflitto, e i conflitti spaventano, o semplicemente si teme facciano perdere tempo ed energia. Così si pensa che non ne valga la pena e che sia meglio tacere o dissimulare il proprio dissenso. Può darsi che in alcuni casi questa sia la strategia giusta da adottare ma, come abbiamo visto, in questo modo si va verso una comunicazione futile e scontata.

Qual è allora l'alternativa per esprimere il proprio punto di vista in modo autentico? Sono convinta si possa dire qualunque cosa, a patto di saperla dire. Spesso non sono i nostri pensieri o le nostre opinioni che offendono l'altro ma è il modo in cui li manifestiamo. L'errore che spesso si commette quando non si è d'accordo con l'interlocutore è di passare dal giudicare la sua opinione al giudicare lui come persona. Piuttosto che pensare semplicemente: "*Non sono d'accordo con il suo punto di vista su questo argomento*", si pensa: "*Lui non capisce niente*". Ed è ovvio che esplicitare in questi termini il proprio pensiero può scatenare un conflitto. Chi di noi è disposto a sentirsi dire una cosa del genere senza reagire? Ma si può provare a guardare la situazione in un modo diverso. Se non siamo d'accordo con il nostro interlocutore, questo non vuol dire necessariamente che non meriti il nostro apprezzamento come persona, vuol dire semplicemente che vediamo le cose da un punto di vista diverso dal suo. Quanto più saremo capaci di fare questa distinzione, tanto più sapremo manifestare il nostro dissenso senza attivare un conflitto. E alla base di questa capacità c'è il Rispetto per noi e le nostre opinioni insieme a quello per l'altro e le sue opinioni, anche quando divergono dalle nostre.

In sintesi, la coerenza tra ciò che si pensa e ciò che si afferma rende più efficace il modo di comunicare. Ma tale coerenza è possibile solo a patto che ci si assuma la Responsabilità dei propri pensieri e che si impari a comunicarli mantenendo il Rispetto di sé e dell'altro. La qualità della comunicazione non è dovuta solo a "cosa diciamo", ma anche a "come lo diciamo". Di questo continueremo a occuparci anche nei prossimi capitoli.

6

Come si comunica

Come abbiamo scoperto nelle tappe precedenti del viaggio, qualità ed efficacia della comunicazione dipendono in gran parte dal modo in cui vengono formulati i messaggi, quindi dal modo in cui viene articolato il linguaggio.

Quando si pensa alla comunicazione tra esseri umani, di solito istintivamente si pensa a uno scambio di parole, dato che il linguaggio verbale è ciò che rende la comunicazione umana unica e diversa da quella di qualunque altra specie. È vero peraltro che la vita quotidiana è scandita dalle parole e resa possibile dall'esistenza di una lingua condivisa.

Avete mai pensato a come sarebbe la nostra vita se non ci fosse il linguaggio verbale? E a come faremmo a produrre, a consumare, a imparare, a insegnare?

La scienza, il progresso, la civiltà sono impensabili senza il linguaggio verbale. Ma se si vuole comprendere la realtà della comunicazione interpersonale si deve tener presente che le parole si intrecciano con i gesti e i movimenti del corpo, che il linguaggio verbale e quello non verbale sono entrambi manifestazioni dello stesso processo espressivo.

Anche se nella realtà della comunicazione interpersonale linguaggio verbale e linguaggio non verbale sono intimamente connessi, per poterne analizzare le diverse caratteristiche è necessario distinguerli temporaneamente. Dunque in questo capitolo ci soffermeremo sul tema dei due linguaggi, sul loro rapporto con i significati e sul modo in cui vengono adoperati.

Il potere delle parole

Nelle relazioni umane le parole hanno un grande potere. Con le parole si può *se-durre*, nel senso letterale del termine di condurre l'altro a noi, e lo si può allontanare; si può ferire e curare, si può influenzare, convincere, manipolare. Le parole hanno il potere di attivare o di alleviare la paura, il dolore, la gioia, la tristezza. Per questa loro facoltà i greci paragonavano le parole a ciò che per loro era il "farmaco", cioè medicina benefica o veleno mortale.

Con le parole costruiamo e interpretiamo i nostri ruoli sociali, con le parole affermiamo la nostra forza o riveliamo la nostra debolezza. Il linguaggio è uno strumento di potere, ma esiste anche il potere di chi si afferma con il silenzio. "C'è il potere di vanificare il discorso dell'altro attraverso il proprio discorso o attraverso il proprio silenzio."[1]

Con le parole si compiono vere e proprie azioni relazionali, come quando dicendo "*ti prometto*" ci si impegna a fare o non fare qualcosa o dicendo "*scusami*" si compie un'azione di riappacificazione.[2] Con le parole si compiono atti che hanno valore giuridico, come quelle del prete che unisce in matrimonio o del giudice che assolve o condanna. Ed è per questo potere che le parole spesso sono temute, perché una volta pronunciate ciò che prima era solo possibile diventa reale e, per certi versi, irreversibile.

Il linguaggio verbale dunque non è uno strumento neutrale, ma un mezzo duttile ed efficace per influenzare gli altri e raggiungere i propri obiettivi. Tuttavia non sempre le frasi che formuliamo sono l'espressione diretta di intenzioni comunicative coscienti. Non sempre la scelta dei termini o della sintassi è guidata da precise intenzioni cognitive: la forma del discorso spesso si organizza quasi a nostra insaputa. Ma quanto ne siamo consapevoli?

Spesso, con eccessiva leggerezza, adoperiamo termini forti, esasperati, esagerati se applicati alla realtà di ciò che pensiamo o sentiamo davvero, come quando definiamo "*terribile*", "*devastante*", "*catastrofico*" quello che magari è solo un fastidioso contrattempo. Nel linguaggio giovanile poi, vengono usati con disinvoltura aggettivi come "*mitico*", "*magico*", "*stratosferico*", magari riferiti a un computer o a un concerto, o addirittura a un semplice paio di jeans. Termini forti, eccessivi come questi, abbondano nei discorsi di giovani e adulti con l'effetto pericoloso di allontanare il linguaggio dalla realtà. In casi come questi dimostriamo di non essere consapevoli del potere che le parole rivestono nell'evocare sensazioni ed emozioni. Ma quando le parole del nostro partner, per esempio, ci feriscono per la loro durezza, allora ci accorgiamo del potere che hanno e ci lamentiamo della leggerezza con cui sono state pronunciate.

In realtà siamo tutti responsabili del modo in cui viene usato e deformato il linguaggio, per questo ognuno di noi dovrebbe diventare più consapevole di come lo adopera e più responsabile rispetto all'effetto che hanno sugli altri le parole che sceglie. Non è sempre vero che "*verba volant*". Certe parole non volano, perché sono pesanti, perché s'imprimono nel cuore dell'altro, lasciando una ferita duratura, a volte indelebile.

Per questo è importante fermarsi a esplorare il vasto e affascinante territorio di quella capacità che più di tutte caratterizza e differenzia la specie umana dalle altre, che è appunto il linguaggio verbale. L'essere umano appartiene infatti alla specie che ha creato il più articolato sistema di segni codificati con cui veicolare informazioni, nessun'altra specie ha sviluppato linguaggi che siano paragonabili, per complessità ed espressività, al linguaggio umano. Come abbiamo visto anche gli animali comunicano e alcune specie sono in grado di emettere suoni simili a parole: basti pensare ai pappagalli che riescono ad apprendere e riprodurre parole vere e proprie, senza per questo essere in possesso del linguaggio.[3]

Ma come è possibile produrre e intendere un numero potenzialmente infinito di frasi, magari mai pronunciate prima? E come è possibile, da bambini, acquisire spontaneamente questa capacità?

Il noto linguista Noam Chomsky[4] ha risposto a queste domande sostenendo che, alla base della capacità di usare il linguaggio e di quella dei bambini di acquisirla, c'è una facoltà mentale specifica, che è patrimonio genetico della specie umana: i nostri antenati preistorici che non sviluppavano la competenza linguistica erano destinati a morire e quindi a non riprodursi. Per questo gli esseri umani sono gli unici esseri viventi predisposti geneticamente all'acquisizione del linguaggio verbale.

Il linguaggio è un'abilità estremamente complessa che può essere definita come la capacità di associare suoni e significati, mediante regole grammaticali. E anche se non è ancora del tutto chiaro come e perché questa capacità si sia sviluppata, è grazie a essa che siamo in grado di produrre e di comprendere frasi mai prodotte o ascoltate prima.[5]

Il linguaggio verbale, la più grande "invenzione" della specie umana, è ciò che ha impresso la direzione determinante alla sua evoluzione, ciò che ha maggiormente contribuito all'emancipazione progressiva dell'uomo dal dominio della natura e all'instaurarsi del dominio della cultura.[6] È stato infatti lo sviluppo del linguaggio che ha permesso agli uomini di scambiare informazioni sugli oggetti e sugli eventi, nel tempo e nello spazio, assolvendo alla funzione fondamentale per l'evoluzione che è la trasmissione del sapere. È con il linguaggio che vengono trasmessi i modelli culturali, i modi di pensare e di comportarsi, i valori, gli stili di vita, e quelli emozionali.[7] Non a caso il processo di socializzazione di un bambino, dopo la prima fase preverbale, passa attraverso l'apprendimento della lingua. Un bambino cresce ed entra nella comunità sociale, attraverso l'apprendimento del linguaggio che lo aiuterà a completare lo sviluppo cognitivo e socioaffettivo,[8] tanto che le capacità linguistiche vengono utilizzate come indicatori dello sviluppo cognitivo raggiunto da un bambino in un certo momento.

A pensarci bene è sorprendente come i bambini arrivino in modo spontaneo, in un tempo relativamente breve, a impadronirsi di questa abilità così complessa. Sono stati condotti molti studi e formulate molte teorie sull'apprendimento della lingua da parte dei bambini, ma è ormai condivisa l'idea che un bambino non impari la lingua imitando gli adulti, ma che abbia capacità innate che gli consentono di estrapolare dai discorsi degli adulti le regole del linguaggio e di usarle poi creativamente.[9]

Naturalmente fattori sociali e culturali influiscono sullo sviluppo di queste capacità, se non altro perché, a differenza dei bambini delle classi svantaggiate, quelli delle classi medie e alte vengono più stimolati e premiati per i progressi che fanno nell'uso della lingua. Così la capacità di usare la lingua è fortemente influenzata da fattori socio-economici: il sapersi esprimere in modo appropriato dipende in gran parte dal grado di cultura di una persona e dall'ambiente sociale e familiare in cui vive.[10] Per questo siamo portati a valutare una persona anche dal modo in cui adopera il linguaggio, da quanto è ricco e sofisticato il suo vocabolario e dall'eleganza delle costruzioni sintattiche che adopera.

Alcuni studiosi[11] sono partiti dalla constatazione che i bambini imparano a interagire prima di imparare a parlare, si impegnano cioè in scambi interattivi come sorridere, piangere, giocare, prima ancora di aver acquisito l'uso del linguaggio. Sulla base di questa constatazione essi sostengono che si diventa esseri sociali imitando e reagendo ai messaggi relazionali e che quindi la competenza comunicativa è, prima ancora che una competenza linguistica, una competenza relazionale. Dunque, è vero che utilizziamo il linguaggio come strumento per l'interazione sociale, ma in realtà siamo in grado di apprenderlo e di utilizzarlo solo perché prima abbiamo imparato a interagire con gli altri.

Pensiero e linguaggio

La comunicazione sociale, nel senso di scambio di informazioni e costruzione di significati condivisi, non è l'unica funzione del linguaggio. Utilizziamo il linguaggio anche per pensare, per rappresentare e organizzare al nostro interno il mondo che ci circonda. Il linguaggio ha quindi un ruolo di legame tra mondo interno e mondo esterno che consente, oltre che l'evoluzione individuale, anche quella sociale e culturale. È infatti attraverso la simbolizzazione e codificazione linguistica che gli esseri umani hanno potuto scambiare le loro esperienze e trasmettere le conoscenze attraverso le generazioni.

Quello che si verifica quando formuliamo un concetto è la trasformazione di un contenuto psichico in parole. L'espressione linguistica di un pensiero è dunque il risultato finale di tutta una complessa attività interiore pre-locutoria, durante la quale il materiale psichico si organizza per essere poi codificato secondo le regole linguistiche e il vocabolario condiviso.

Da quando esiste il linguaggio scritto, l'uomo ha riempito interi volumi cercando di definire la natura e le caratteristiche dei pensieri. Anche se il nostro viaggio non consente di addentrarsi nell'affascinante territorio della riflessione umana sul "pensiero", vi propongo comunque qualche breve riflessione sull'argomento. È importante infatti conoscere la rappresentazione che noi occidentali abbiamo dell'attività che chiamiamo "pensare", perché questa rappresentazione influenza anche il nostro modo di comunicare.

Per filosofi e psicologi una delle caratteristiche più rilevanti del pensiero è il fatto di connettere, collegare, associare, in pratica di stabilire relazioni fra oggetti o concetti. Nel pensiero occidentale il modo in cui queste relazioni vengono stabilite deve rispondere a principi logici condivisi: il più famoso è il principio aristotelico di non contraddizione, per il quale non possiamo affermare una cosa e il suo contrario, perché qualora lo facessimo verremmo immediatamente contestati dai nostri interlocutori.

Un'altra regola che siamo indotti a rispettare nella formulazione e di conseguenza nella comunicazione dei nostri pensieri, è quella della consequenzialità lineare. Del resto anche il modo in cui sono strutturate la grammatica, la sintassi e il linguaggio nel suo complesso, risponde alla forma lineare. È il linguaggio verbale che ha determinato l'affermarsi del pensiero sequenziale, progressivo, digitale su quello analogico, circolare, ricorsivo, proprio dei popoli primitivi e dell'inconscio umano. Nel pensiero occidentale, la logica predominante è senz'altro quella che isola i concetti e le idee, per poi metterli in sequenza lineare e stabilire tra loro relazioni. In questo senso il nostro pensiero è lineare e progressivo, come lo è la comunicazione verbale, in quanto fatta di pensieri. Solo artisti e poeti possono permettersi il lusso di non rispettare la logica formale e lineare senza essere contestati da chi li ascolta.

Il nome che diamo alle cose

Molti studiosi si sono concentrati sul rapporto tra pensiero e linguaggio elaborando teorie, non sempre in accordo tra loro, ma che comunque postulano l'esistenza di una stretta interdipendenza tra queste due facoltà umane. In questo filone di studi si inserisce anche la teoria della relatività linguistica che considera il linguaggio un prodotto della cultura in cui si sviluppa, che a sua volta contribuisce a perpetuare.[12] E ciò spiegherebbe perché per esempio gli eschimesi possiedono decine di termini diversi per denominare ciò che noi chiamiamo semplicemente "neve", mentre gli arabi hanno nel loro vocabolario seimila parole che si riferiscono al cammello, e i giapponesi utilizzano pronomi personali che permettono una maggiore differenziazione delle relazioni rispetto a noi europei.

Nelle sue estreme conseguenze questa teoria porta a concludere che è il linguaggio a determinare il pensiero e che linguaggi diversi producono universi cognitivi differenti. In pratica persone che parlano lingue diverse percepiscono e vivono la realtà in modo differente.

Pensiamo alle difficoltà di comunicazione nelle società contemporanee sempre più multietniche. Quante di queste difficoltà possono essere spiegate da quanto stiamo dicendo? Europei e africani, arabi e americani non parlano solo lingue diverse, ma pensano in modo diverso, hanno rappresentazioni della realtà che sono diverse.

Se un nuovo collega o il vicino di casa provengono da un paese lontano, non pensate che basti condividere la lingua per potersi comprendere e collaborare con successo. La sua capacità di parlare nella vostra lingua non vuol dire automaticamente che concepisca il mondo, il lavoro e le relazioni come le concepite voi. Le sue categorie mentali si sono formate insieme a una lingua diversa, che rappresenta la realtà in modo diverso. Per comunicare meglio con lui può aiutare essere più consapevoli di queste diversità, imparare a stabilire un confronto e a rispettarle.

Proprio rifacendosi a questa teoria, alcuni movimenti contemporanei si battono per l'adozione di un linguaggio non sessista, proponendo di eliminare le categorie linguistiche che distinguono uomini e donne, per modificare il modo culturale di pensare queste differenze.[13] È difficile dire se questa proposta darebbe davvero i risultati voluti, ma sarebbe comunque interessante sperimentare l'effetto che un cambiamento di categorie linguistiche potrebbe produrre su modelli culturali consolidati.

Quello che qui mi preme sostenere è che, se da un lato è il linguaggio che ci orienta nella selezione e organizzazione dei dati percettivi, dall'altro sono i nomi che diamo alle esperienze che definiscono e orientano il modo in cui le viviamo.

Molto spesso rimaniamo intrappolati nelle formulazioni linguistiche che usiamo per definire le esperienze. È diverso, per esempio, se un furto subito nel mio ufficio lo definisco "*una tragedia*" oppure "*uno spiacevole incidente*". Una volta che l'ho definito una tragedia può essere incredibilmente difficile viverlo in altro modo, magari appunto solo come uno spiacevole incidente. E se definiamo "*irreparabile*" la rottura di una trattativa, come si farà poi a cercare di porvi riparo?

Possiamo dunque concludere che il linguaggio che utilizziamo influenzi la costruzione e la rappresentazione soggettiva della realtà e quindi i nostri pensieri. La consapevolezza di ciò dovrebbe pertanto indurci a essere più responsabili rispetto alle scelte linguistiche che operiamo nel formulare ed esprimere i nostri pensieri.

Tanti, troppi linguaggi

Il linguaggio verbale è dunque una costruzione, una convenzione sociale che viene poi utilizzata in molti modi differenti, tanto che sarebbe più giusto parlare di linguaggi e non di linguaggio. Il mondo moderno è caratterizzato da una pluralità di linguaggi che si sviluppano all'interno di mondi e di attività diverse. Pensate al linguaggio militare o della politica, a quelli della musica, dello sport, dei computer, di internet. Tra ognuno di questi linguaggi c'è un gioco di contaminazioni reciproche: i politici parlano di "*scendere in campo*", i calciatori di "*tattiche e strategie di attacco*", gli stilisti parlano di "*valore della libertà*", e tutti noi utilizziamo nei nostri discorsi termini del linguaggio informatico come "*input e output*". La lingua che usiamo quotidianamente è sempre più una lingua viva, creativa, ricca di neologismi e di contaminazioni reciproche fra tutti i linguaggi che si affermano nella società.

È in aumento la quantità di linguaggi specialistici che rappresentano altrettanti codici conosciuti e condivisi solo all'interno di alcune categorie. Tutti i gruppi sociali hanno in comune la tendenza a creare codici linguistici propri, più o meno specializzati. All'origine di questo fenomeno c'è la condivisione di conoscenze che rende possibile un'economia comunicativa. Una volta che si è formato un linguaggio specialistico, questo svolge la funzione di definire e rinforzare l'identità del gruppo. Solo chi è in grado di comprendere e utilizzare quel dato linguaggio può dirsi realmente membro del gruppo. Così, per esempio, il linguaggio utilizzato dagli avvocati nei documenti legali o quello dei medici, che per molto tempo hanno utilizzato termini latini per definire le malattie comuni, è un gergo che valorizza e simbolizza la conoscenza specializzata di quel gruppo professionale.

In genere, poi, quanto più è stretta una relazione interpersonale, tanto più l'uso del linguaggio diventa specifico. Per esempio, il linguaggio utilizzato tra amici o in famiglia è caratteristico di quel particolare gruppo sociale ed è diverso da quello impiegato tra persone che frequentano la stessa università o lo stesso gruppo di lavoro.

Le ricerche dei sociolinguisti hanno anche evidenziato l'esistenza di una serie di influenze situazionali che determinano il modo in cui adoperiamo la lingua. L'esempio più chiaro è quello delle persone bilingui che di solito utilizzano una delle due lingue nelle situazioni pubbliche e l'altra in famiglia e nelle relazioni affettive. Così come due persone che condividono la conoscenza di due o più lingue utilizzano spesso nello stesso discorso parole o frasi delle diverse lingue, allo scopo di descrivere meglio il loro pensiero o il loro atteggiamento emotivo ed essere così più "comunicative".

Lo sviluppo di linguaggi diversi e condivisi solo all'interno di gruppi particolari comporta non pochi problemi riguardo all'efficacia comunicativa. Una delle condizioni perché si realizzi una comunicazione efficace è infatti proprio la condivisione del codice linguistico tra i due interlocutori.[14]

Avete mai provato a seguire la conversazione di due ingegneri informatici che parlano tra loro di problemi tecnici? Quanto della loro conversazione è stato chiaro anche a voi? Se non siete ingegneri informatici, probabilmente molto poco!

Ma pensiamo a un'esperienza più comune. Quando il medico, nel darci informazioni sul nostro stato di salute, ricorre al linguaggio proprio della sua comunità scientifica, utilizzando termini tecnici e specialistici, noi capiamo ben poco di quello che dice. E se usciamo dal suo studio confusi e insoddisfatti è perché non c'è stata una comunicazione efficace: il medico in questione non si è assunto la responsabilità di rendere comprensibili i suoi messaggi a un interlocutore che non possiede il suo stesso codice.

Per comunicare efficacemente occorre effettuare scelte linguistiche adeguate all'interlocutore, e ciò comporta un'azione di ricodifica. Il pensiero formulato nella nostra mente va ricodificato in funzione delle caratteristiche dell'interlocutore. È quello che spontaneamente facciamo quando parliamo con un bambino. Nel parlare con i bambini, in genere si instaura spontaneamente un comportamento linguistico appropriato: le frasi diventano semplici e ridondanti, il lessico meno sofisticato. Non è soltanto l'età dell'interlocutore, ma la valutazione che istintivamente facciamo delle sue competenze verbali che induce a questo genere di formulazioni.[15]

Adeguare il linguaggio all'interlocutore è importante ma non sempre sufficiente a evitare fraintendimenti. Pur essendo una convenzione condivisa, il linguaggio è caratterizzato da una certa dose di ambiguità strutturale. Ogni parola, ogni frase possiede un alone semantico più o meno vasto, un'area cioè di significati possibili. Come già detto, la frase "*Posso fare questo lavoro*" può significare che "*Sono capace di fare questo lavoro*" ma anche che "*Sono disponibile*", o "*Sono pronto a fare questo lavoro*". Il suo significato dipenderà da una serie di variabili, compreso il contesto in cui viene formulata.

Non solo parole

Per anni gli studi sul linguaggio si sono concentrati sulle sue proprietà strutturali astraendolo, in un certo senso, dalla sua natura sociale e dalla sua funzione comunicativa.[16] Negli ultimi anni invece si è fatta strada sempre di più la consapevolezza che il linguaggio sia un fenomeno essenzialmente sociale e che il rapporto tra lingua e contesto in cui avviene la comunicazione non possa essere ignorato dal momento che il significato di parole e frasi non è assoluto e univoco, ma del tutto relativo al contesto in cui vengono pronunciate. Oggi, quindi, molti studiosi[17] concordano sulla necessità di indirizzare le ricerche sul modo in cui il linguaggio viene concretamente utilizzato dagli individui nelle reali situazioni sociali e culturali, e sugli effetti di questo utilizzo.

Questa nuova prospettiva ha reso ancora più evidente che la comunicazione interpersonale si realizza solo in parte con il linguaggio verbale, in quanto i messaggi inviati attraverso le parole sono inevitabilmente accompagnati e completati da una vasta gamma di segnali non verbali. Pronunciamo le parole con una data intonazione della voce, le accompagniamo con gesti e con espressioni del volto, mentre il nostro corpo assume un particolare atteggiamento posturale e si trova in una data posizione rispetto all'interlocutore. Questo vuol dire che la comunicazione interpersonale si attua attraverso l'uso simultaneo e interdipendente di diversi sistemi espressivi.[18]

Tutti noi, oltre che con le parole, comunichiamo con lo sguardo, le espressioni del volto, la postura, i gesti, il timbro della voce, l'abbigliamento, cioè con tutto quell'insieme di segni che costituisce appunto il linguaggio non verbale. Un linguaggio così espressivo che, in situazioni nelle quali la comunicazione verbale è per qualche ragione difficile o impossibile, come per esempio in presenza di forti rumori di fondo, può essere addirittura sostituita da uno scambio complesso di sguardi, sorrisi, gesti, cambiamenti posturali ecc.

> È vero che vi sono molti gesti locali che causano confusione, ma sono molto più numerosi quelli che non ne causano alcuna. Mettete in una stanza due persone che non parlano la stessa lingua e ben presto esse comunicheranno per mezzo del linguaggio del corpo. Un sorriso, un dito puntato, un'imitazione del gesto del bere, e già si è formato tra i due un legame. Se avessero a disposizione soltanto il linguaggio verbale, non riuscirebbero a sentirsi così vicini. Con il loro comune linguaggio del corpo possono, invece, cominciare a costruire un semplice rapporto umano. È questa caratteristica a rendere il linguaggio del corpo tanto cruciale per il futuro sul nostro pianeta. Per anni la gente ha considerato i gesti come materia di poco conto, secondaria. La linguistica, lo studio della parola parlata e scritta, è stata, invece, osannata come disciplina di grande importanza. Eppure è la lingua parlata che divide il mondo e il linguaggio del corpo che lo unisce.[19]

Una delle domande che ci si è posti, rispetto ai segnali non verbali, è se questi vadano considerati come segnali intesi a comunicare o se si tratti di comportamenti spontanei, che tuttavia gli altri usano per inferire informazioni.[20]

Fino a non molti anni fa, gran parte della ricerca psicologica si è occupata dei fenomeni comunicativi extraverbali studiandoli come risposte dell'organismo, senza tener conto del loro valore interattivo e comunicativo. Le osservazioni sperimentali hanno evidenziato che condizioni di base della persona come emozioni, carattere, impulsi, bisogni, influenzano direttamente il comportamento, a prescindere dall'intenzione di comunicare specifici messaggi.

Oggi la maggior parte degli studiosi ormai concorda sul fatto che i segnali non verbali comunicano significati, anche se chi li emette non ne è consapevole o non ha intenzione di trasmettere informazioni attraverso di essi.[21]

La comunicazione non verbale dunque è un flusso continuo di segnali, per lo più involontario e inconsapevole, che si manifesta con la semplice presenza di una persona e che dà informazioni sul suo conto. Ogni individuo ha espressioni, gesti e modi di atteggiarsi caratteristici e talmente radicati che gli è difficile esserne consapevole.

Sappiamo poco di quali siano le espressioni e i gesti tipici con cui ci esprimiamo nelle diverse situazioni, sicuramente meno di quanto ne sanno i nostri interlocutori. Tanto è difficile cogliere in noi stessi le espressioni non verbali, quanto è facile e immediato cogliere quelle degli altri e trarne informazioni, grazie a un codice implicito che assegna significati ai diversi segnali non verbali.[22]

Ma fino a che punto questo codice è universale? E quanto invece varia da un popolo all'altro, da un individuo all'altro?

Su questo interrogativo si è tenuto un dibattito vivace, tra gli studiosi della materia, che ha diviso per anni chi sosteneva l'origine innata del linguaggio non verbale da chi invece lo considerava un prodotto culturale. Questo dibattito ha dato origine a molte interessanti ricerche a sostegno dell'una e dell'altra tesi. Gli studiosi innatisti[23] basano le loro teorie sul fatto che alcuni aspetti del linguaggio non verbale siano comuni a tutte le culture: tutti i popoli sorridono, piangono, battono le mani, indicano con le dita, delimitano gli spazi. In tutte le culture singoli aspetti del linguaggio non verbale vengono usati per gli stessi scopi: il tono di voce per modificare i significati espressi con le parole, lo sguardo per indicare atteggiamenti interpersonali, il volto per comunicare emozioni. La somiglianza di alcune espressioni facciali dei primati con quelle umane, sono una prova concreta che certi segnali del linguaggio non verbale sono il prodotto dell'evoluzione biologica della nostra specie. Così come lo è il fatto che bambini molto piccoli, o quelli ciechi dalla nascita, esprimono felicità o dolore come tutti gli altri, pur non avendo potuto apprenderlo per imitazione.

D'altra parte molti studi hanno evidenziato forti differenze culturali, soprattutto nell'espressione di emozioni e di atteggiamenti interpersonali. Le culture differiscono molto rispetto al grado in cui le emozioni vengono espresse liberamente o inibite. I giapponesi, per esempio, hanno una mimica facciale ridotta rispetto agli americani, e gli italiani, si sa, controllano la gestualità meno degli inglesi. Gli arabi parlano stando più vicini tra loro e guardandosi di più degli europei, mentre indiani e cinesi evitano qualunque contatto corporeo al di fuori della famiglia, compreso il saluto.

Le molte conferme empiriche alle teorie sia degli "innatisti" che dei "culturalisti" portano a pensare che ci sia un'interazione tra meccanismi espressivi innati e convenzioni culturali e che quindi non vada sposata nessuna delle due posizioni in modo estremo. Il problema è semmai quello di capire in che modo funzioni questa interazione.

Negli ultimi anni uno dei maggiori studiosi dell'argomento, Paul Ekman, ha tentato di conciliare le due posizioni, formulando una teoria che ipotizza l'esistenza di un certo numero di programmi neurofisiologici innati, e quindi universali, che determinano le configurazioni espressive tipiche delle emozioni fondamentali, e ciò spiegherebbe molti dei risultati delle ricerche condotte dagli studiosi innatisti. Ma accanto ai "programmi universali", vi sarebbero chiare influenze culturali, relative da un lato agli stimoli ambientali che suscitano reazioni emotive, e dall'altro alle "regole di esibizione" che ne governano l'espressione nelle diverse situazioni sociali. Regole che, in alcuni casi, sono costanti entro una data cultura e in altri sono specifiche delle diverse subculture e variano a seconda delle classi sociali, del sesso e dell'età. Le "regole di esibizione", che vengono apprese già nell'infanzia, indicano *come* e *in quali circostanze intensificare*, *de-intensificare*, *neutralizzare* (cioè mostrare indifferenza) o *mascherare* una data esperienza emotiva. Lo studio delle regole culturali si è dimostrato il metodo più efficace per approfondire il tema della natura e dei significati del linguaggio non verbale.

Come parla il nostro corpo?

Il linguaggio non verbale ha caratteristiche molto diverse rispetto a quello verbale. Mentre nel codice verbale c'è un rapporto convenzionale tra i segni e i loro significati, il codice non verbale funziona per analogie, i suoi segni, cioè, evocano significati richiamando alla mente esperienze analoghe già possedute. Per esempio, se uso la parola "cavallo", il rapporto tra il termine "cavallo" e l'animale a cui mi riferisco è un rapporto arbitrario, che acquista significato grazie a una convenzione semantica condivisa nella lingua italiana, per cui quella parola indica quel particolare animale. Se invece muovo il corpo come se andassi a cavallo, il rapporto tra i segnali corporei che uso e il significato che voglio esprimere è immediato, in quanto evoca un'esperienza analoga. Tra la gran parte dei segnali non verbali e il significato che essi esprimono c'è dunque una qualche somiglianza, un'analogia appunto, ed è questa che ne rende possibile universalmente la decodifica.

Proprio per il suo particolare modo di produrre significati, il codice non verbale non è in grado di esprimere concetti astratti né relazioni logiche. Non si possono cioè esprimere concetti quali: "se... allora...", "o questo o quello", "né questo né quello".

> Nella comunicazione non verbale non si trovano né qualificatori che specifichino quali fra due significati discrepanti è quello esatto, né indicatori che consentano di distinguere tra passato, presente o futuro – qualificatori e indicatori che invece si trovano sempre nella comunicazione verbale.[24]

Per esempio possiamo declinare il verbo "camminare" al presente, al passato o al futuro, ma se mimiamo l'atto di camminare non possiamo farlo con una declinazione temporale: non possiamo cioè mimare "camminerò" o "camminavo".

Altra caratteristica curiosa del linguaggio non verbale è che non esiste un'espressione che significhi il "non". "I messaggi non verbali asseriscono sempre qualche cosa di positivo e possono implicare una negazione solo asserendo l'opposto."[25] Non possiamo, cioè, esprimere con il non verbale un concetto del tipo "*non mi piace*", possiamo solo esprimere il nostro disgusto.

È interessante il fatto che anche nel linguaggio onirico, come nel linguaggio non verbale, non abbiamo alcun mezzo per rappresentare quelle relazioni logiche che nel linguaggio verbale sono espresse da congiunzioni quali: "se", "perché", "benché", "proprio come" ecc. Questa analogia tra il linguaggio onirico e quello non verbale può forse spiegarsi pensando che entrambi preesistono al linguaggio verbale, sono cioè le prime forme di comunicazione intra-personale e inter-personale che l'essere umano ha sviluppato. Quindi forme di comunicazione, codici, che rispondono a una logica precedente a quella che si è sviluppata con il linguaggio verbale. "Il linguaggio del corpo [...] non è stato toccato dal progresso. Esso sopravvive come una meravigliosa reliquia del passato nel mezzo delle nostre città moderne a garanzia che in una fredda età delle macchine noi rimaniamo umani e caldi."[26]

Proprio per l'assenza degli elementi sopra indicati, la comunicazione non verbale è fondamentalmente ambigua e il suo significato deve perciò essere ricavato dalla relazione con l'espressione verbale o con il contesto in cui ha luogo. Un pianto o un sorriso, un movimento delle mani o l'intensità di uno sguardo, possono avere significati diversi e solamente la conoscenza del contesto o delle parole che li accompagnano può indicare qual è quello reale.

Ma a volte, pur tenendo conto del contesto e delle parole, un gesto, un movimento o un'espressione può prestarsi a più interpretazioni. Per decodificare correttamente il suo significato, ogni singolo segnale non va interpretato isolatamente, ma nella sua associazione con gli altri. Una bocca può sorridere, ma se gli occhi non partecipano al sorriso non saremo del tutto convinti della sua autenticità.

Tutti i segnali non verbali hanno la funzione di specificare il senso delle nostre parole. Essi possono *sottolineare*, *rinforzare*, *modificare*, *smentire*, o addirittura *contraddire* il messaggio verbale. Queste due modalità di comunicazione sono coordinate e si sostengono reciprocamente, come quando i nostri gesti, lo sguardo e il tono di voce enfatizzano le informazioni comunicate con le parole. Ma i due sistemi possono funzionare l'uno in modo indipendente dall'altro e persino trasmettere messaggi contraddittori. Per esempio, un ammiccamento può negare quanto espresso con le parole, indicando che qualsiasi cosa si stia dicendo non deve essere presa sul serio.

Se i due linguaggi sono congruenti, trasmettono cioè significati dello stesso tipo, riceviamo il messaggio con forza e chiarezza. Se, al contrario, sono incongruenti il messaggio risulta meno chiaro. È bene comunque sapere che quando con il linguaggio non verbale contraddiciamo quello verbale, il nostro interlocutore darà più ascolto al primo. Se urlando e stringendo i pugni dicessi "*Non sono affatto arrabbiata*", il mio interlocutore non crederebbe alle mie parole ma al volume della mia voce e ai pugni serrati. Insomma la congruenza convince, anche se non la notiamo consapevolmente, mentre l'incongruenza la notiamo, ci confonde e diminuisce l'effetto persuasivo.

Può sembrare complicato decodificare correttamente il linguaggio non verbale, ma per fortuna l'essere umano ha ereditato geneticamente questa capacità, sviluppata in milioni di anni, e istintivamente se ne serve.

Tuttavia la strutturale ambiguità della comunicazione non verbale, e di conseguenza il fatto che essa si presti a interpretazioni molto diverse, è spesso fonte di equivoci nella comunicazione interpersonale. La possibilità che venga data una lettura dei messaggi non verbali molto lontana dalle intenzioni di chi li emette è piuttosto elevata, e lo è ancora di più quando si ha a che fare con persone che provengono da altre culture. Pare che molti negoziati internazionali incontrino gravi difficoltà, o addirittura falliscano, proprio perché i negoziatori, provenendo da culture molto diverse, non riescono a interpretare correttamente la mimica, i gesti, i toni di voce della controparte e quindi non riescono a reagire in tempi e modi adeguati.[27]

Come abbiamo visto nel precedente paragrafo, i segnali non verbali svolgono la funzione di metacomunicare, di completare cioè il significato delle parole in rapporto alle intenzioni, consapevoli o inconsapevoli. Ecco perché non saper decodificare correttamente la metacomunicazione può creare dei problemi.

Negli scambi quotidiani utilizziamo i due linguaggi per scopi diversi. Tendiamo a usare i messaggi non verbali soprattutto per scopi non facilmente raggiungibili con il linguaggio verbale. Se il linguaggio verbale è adatto principalmente a veicolare informazioni sul mondo esterno, quello non verbale parla soprattutto di noi e del nostro mondo interno, comunicando valori, atteggiamenti e altre reazioni personali e svolgendo per questo un ruolo importante nella vita relazionale.

Perciò utilizziamo il linguaggio verbale per veicolare contenuti cognitivi, mentre quello non verbale per esprimere messaggi di relazione come attrazione, rifiuto, superiorità, sottomissione.

Il fatto che il sistema di comunicazione non verbale abbia le sue radici in periodi arcaici dell'evoluzione umana, fa sì che la sua potenzialità comunicativa sia particolarmente adatta all'espressione di messaggi fondamentali, quali quelli legati alla sopravvivenza o al benessere/malessere, che hanno quindi una forte valenza emozionale. Per questo la sua funzione all'interno del processo comunicativo è una funzione più affettiva che cognitiva. Decodifica e reazioni ai messaggi non verbali tendono quindi a essere più immediate e automatiche. Quando il nostro interlocutore ci sorride, ci guarda fisso o distoglie lo sguardo, la nostra reazione emotiva è istantanea.

I messaggi non verbali sono più potenti nel comunicare atteggiamenti ed emozioni rispetto alle parole, proprio perché vengono inviati e ricevuti molto più velocemente e inconsapevolmente. Noi siamo allenati a leggere nei comportamenti non verbali dei nostri interlocutori i segnali di simpatia o antipatia, di interesse o noia, di disponibilità o di rifiuto. Quanto più è acuta la nostra sensibilità relazionale, tanto più siamo attenti ai messaggi che l'altro ci invia al di là delle parole e siamo pronti a dar loro più credito che non alle parole stesse. E non sbagliamo, perché i segnali non verbali sono più autentici di quelli verbali in quanto soggetti a un minore controllo consapevole, tanto che spesso possono tradire chi parla, rivelando atteggiamenti ed emozioni che potrebbe non voler svelare. Un sentimento può essere espresso con il non verbale al di là del proprio controllo, come nel caso dell'imbarazzo manifestato da un involontario rossore. Se il linguaggio verbale è compatibile con la reticenza, quello corporeo non lo è.

Proprio per il suo essere emesso e ricevuto in modo inconsapevole, il contenuto del linguaggio non verbale finisce quindi con il prevalere su quello verbale che, passando attraverso il filtro della coscienza, può essere manipolato, alterato o rifiutato.

Anche se nelle interazioni i messaggi non verbali sono inviati tramite diversi canali simultaneamente, la ricerca sulla comunicazione non verbale ha studiato i canali separatamente, perciò seguirò tale consuetudine analizzando, di seguito, le varie componenti della comunicazione non verbale secondo l'articolazione suggerita da alcuni dei maggiori studiosi dell'argomento.[28]

La prosodia

Immaginate di partecipare a una riunione o a un convegno su un tema che vi interessa. Ci sono molti relatori competenti, ma ce n'è uno al cui intervento siete interessati più che agli altri. Quando arriva il suo turno vi predisponete a un ascolto attento per non perdere una parola, ma dopo un po' vi accorgete di esservi distratti. Pensate che sia colpa della stanchezza, che l'ascolto degli altri interventi vi abbia affaticato, e provate a concentrarvi di nuovo su quanto il relatore sta dicendo. Niente da fare: continuate a distrarvi. Eppure quando riuscite ad ascoltarlo avete la conferma che sta dicendo cose interessanti e utili per voi. Allora perché non riuscite a seguirlo?

Non è il caso di colpevolizzarsi, il fatto è che il relatore non riesce a catturare la vostra attenzione: parla a voce troppo bassa, con un ritmo troppo lento e un tono piatto e monotono.

Per catturare e mantenere viva l'attenzione di chi ci ascolta non basta dire cose interessanti, occorre anche saper usare le modulazioni della voce, le variazioni di tono e di ritmo, le pause e i silenzi, insomma tutti quegli elementi della comunicazione vocale e non vocale che accompagnano le produzioni verbali.

Tutti questi elementi sono chiamati prosodici o paralinguistici proprio per indicare il loro presentarsi accanto alle parole senza coincidere con esse. "Non esistono parole pure e semplici vi sono soltanto parole con gesti o con tono di voce o qualcosa del genere"[29] sostiene Bateson. Se vi prestate attenzione, nel linguaggio parlato ogni parola viene pronunciata con un certo tono e ogni frase è modulata da variazioni di ritmo, volume e intensità. In ogni conversazione ciò che viene detto con il linguaggio verbale acquista un significato preciso proprio grazie all'associazione con alcuni elementi paralinguistici: se vogliamo dare enfasi ad alcune parole alziamo la voce, se vogliamo fare un inciso acceleriamo o rallentiamo il ritmo.

Un "*sì*" può diventare un "*no*" e viceversa a seconda dell'intonazione che gli diamo. Un "*andiamo*" può significare un ordine, un invito, una domanda, una battuta: molto dipende dal tono con cui viene pronunciato.

Non è quello che diciamo, ma il modo in cui lo diciamo che fa la differenza.

In pratica è la musicalità del linguaggio verbale e l'uso che ne facciamo che aiutano a esprimere meglio le proprie idee e a renderle più comprensibili all'altro. Senza contare che se usiamo un tono affettuoso possiamo far accettare, per esempio a nostro figlio, una critica rassicurandolo nello stesso tempo, implicitamente, sul nostro affetto.

Il tono che usiamo nel pronunciare una frase è così intrinsecamente comunicativo che a volte gli si dà più credito che alle parole, che assumono in confronto un ruolo secondario.

Provate a fare questo esperimento. Nel ricevere a casa un amico ditegli con il solito sorriso e il solito tono affettuoso "*Che dispiacere vederti!*". È molto probabile che il vostro amico non si accorga nemmeno che avete detto "*dispiacere*" invece di "*piacere*". Il messaggio lo ha ricevuto dal tono più che dalle parole, e se anche ha notato la parola "*dispiacere*" avrà pensato a un suo fraintendimento o a un vostro lapsus. Insomma più spesso di quanto si creda è "il tono che fa la musica". Ancora una volta la letteratura ci viene in aiuto con le parole di Camilleri:

> Non erano le parole che dicevano, non erano i gesti che facevano, s'era persuaso l'ingegnere: bisognava invece stare attenti a come dicevano quelle parole, a come facevano quei gesti. Sfumature, increspature, impercettibili mutamenti di ritmo e di intonazione: erano queste le cose che contavano.[30]

Gli elementi paralinguistici non incidono solo sul significato delle parole, ma possono anche fornire informazioni su chi parla, sui suoi stati d'animo, permettendo all'interlocutore di conoscere così anche quegli stati emotivi non espressi esplicitamente.[31]

Un ritmo irregolare e poco fluente per esempio, caratterizzato da esitazioni o pause frequenti, spesso è il risultato di un conflitto interiore tra il parlare e il tacere che viene di solito interpretato come manifestazione di ansia e insicurezza. Al contrario un ritmo regolare e armonico viene letto come segno di sicurezza e di dominanza. Anche il volume può variare a seconda degli stati emotivi: quando si è molto arrabbiati è difficile controllare il volume della voce, più ci chiedono di abbassarlo, più la nostra rabbia sale impedendoci di controllarlo. Alzare il volume della voce di solito nasconde il desiderio di imporsi nello spazio sonoro dell'interlocutore, costringendolo all'ascolto. Altre volte otteniamo lo stesso effetto abbassando improvvisamente il volume in modo da obbligare gli altri al silenzio.

Il volume con cui parliamo dipende anche dalla cultura. Mentre gli inglesi sono abituati a tenerlo basso e a controllarlo, in modo da farsi sentire dall'interlocutore e non dagli estranei alla conversazione, gli americani non si preoccupano di essere uditi da altri perché la loro cultura li porta a dimostrare di non aver nulla da nascondere.

Lo stesso timbro della voce si modifica con le emozioni che proviamo. Così, in situazioni di rabbia o paura la voce si fa più acuta, mentre assume toni bassi quando siamo tristi o dispiaciuti.

Molto di noi viene rivelato dalla nostra voce. La voce è una delle caratteristiche più distintive di una persona, tanto che può capitare di riconoscere la presenza di un amico in un luogo affollato, anche senza vederlo. La voce rivela il sesso, l'età, e a volte la personalità: ci sono voci calde e sensuali, voci fredde e stridenti, voci acute e infantili che rivelano la difficoltà in chi parla di accettare la propria condizione di adulti. La voce è forse il canale non verbale su cui esercitiamo il minor controllo: le sue alterazioni, conseguenza delle emozioni provate, non sono facili da dissimulare.

A chi non è mai capitato di cogliere nella voce dell'interlocutore delle verità non dette? La voce non riesce a mascherare ciò che le parole cercano di nascondere.

La tonalità e il timbro vocale sono in parte modulati da *pattern* culturali, tanto che possiamo riconoscere che un film è degli anni Quaranta, senza vedere le immagini, solo dal timbro delle voci degli attori.

Attraverso l'impostazione e l'accento poi, la voce rivela l'appartenenza etnica, la provenienza geografica, l'estrazione sociale, il livello culturale. Molti gruppi professionali come i medici, gli avvocati, gli attori, gli ecclesiastici sviluppano stili vocali particolari in conformità ai loro ruoli.

C'è poi una gamma di altre vocalizzazioni che da sole sono in grado di comunicare un messaggio: piangere, sbadigliare, ridere, fischiare, sospirare, tossire, oltre a segnalare lo stato fisico o quello emotivo, possono essere usati in modo controllato e convenzionale durante l'interazione.

Ci sono inoltre vocalizzazioni come: "*Mhm*", "*Oh*", "*Ah*", "*Ehm*" ecc., che possono segnalare incertezze o richieste di attenzione. Variazioni di tono, di ritmo, di volume, pause, interiezioni, hanno anche la funzione di regolare i turni nelle nostre conversazioni: usiamo un tono discendente se vogliamo cedere la parola, alziamo il volume o acceleriamo il ritmo se invece vogliamo mantenerla.[32] In genere tutti gli elementi paralinguistici comunicano più di quanto crediamo, tanto che se contraddicono il parlato, difficilmente ci lasciamo ingannare dalle sole parole.

Alcune ricerche hanno studiato l'influenza di questi elementi sulla capacità di persuasione.[33] Ne è emerso che il potere persuasivo di un messaggio cambia al variare di indici paralinguistici come la velocità, l'intonazione, il ritmo e il volume. In genere le persone risultano più persuasive quando parlano con un ritmo pacato, un volume moderato, e variazioni di tono frequenti. Del resto, secondo alcuni studi,[34] quando raccontiamo una bugia la voce assume un tono opaco, perde profondità e diventa più monotona, segnalando che non siamo in grado di esprimerci liberamente.

Altri studi[35] indicano che lo stesso messaggio verbale può avere un potere di accettazione e di persuasione molto diverso, a seconda che venga pronunciato con un accento della classe operaia o di una classe superiore.

Mentre la velocità di base indica il tipo di personalità, le variazioni di velocità segnalano stati d'animo momentanei. In genere più è veloce l'eloquio, più segnala ansia, insicurezza, senso d'inferiorità.

Una ricerca interessante si è occupata del perché si introducono accelerazioni improvvise nel ritmo con cui si parla. Gli autori sono giunti alla conclusione che ci sono sei condizioni principali che ci inducono ad accelerare il ritmo del parlato. Trovo così efficace il modo con cui sono stati descritti questi dati che concludo questo paragrafo riportandoli.

> I "*perché*" delle accelerazioni del discorso:
> *Pirati della strada*: quando crediamo di stare per essere interrotti acceleriamo per prevenire l'interruzione.
> *Patate bollenti*: quando riteniamo che ciò che si sta dicendo sia spiacevole acceleriamo in modo da superare il momento più critico.
> *Fughe*: quando ci rendiamo conto di aver detto qualcosa di spiacevole o di minaccioso per la relazione, acceleriamo per mettere più "terreno" possibile tra noi e l'argomento sgradevole.
> *Cortine fumogene*: quando pensiamo che quel che abbiamo detto potrebbe essere interpretato in modo sbagliato acceleriamo per introdurre nuovi concetti che distolgano l'attenzione da quanto appena detto.
> *Erba più verde*: quando, mentre parliamo ci viene in mente qualcosa di più interessante da dire, acceleriamo per arrivare più in fretta possibile al nuovo argomento.
> *Rimbalzi*: quando improvvisamente ci rendiamo conto che la nostra velocità è troppo lenta per mantenere desta l'attenzione dell'altro, per correggerla parliamo più rapidamente di quanto intendessimo fare.[36]

La gestualità

Vi siete mai scoperti a gesticolare mentre parlate al telefono?

Si è così abituati a sottolineare o enfatizzare con i gesti ciò che diciamo, che continuiamo a farlo anche quando l'ascoltatore non può vederci.

La gestualità è parte intrinseca di un discorso tanto che, quando cerchiamo di tradurre in parole concetti difficili, ne aumentiamo l'utilizzo. Si tratta di movimenti automatici con cui ci aiutiamo a esprimerci più compiutamente.

I gesti sono la manifestazione diretta del discorso interno e dei processi di pensiero. È stato dimostrato che, se a una persona viene impedito di usarli, il suo discorso ne viene pesantemente influenzato: si riduce la ricchezza di produzione verbale e aumentano le pause e le parole che descrivono relazioni spaziali.[37]

La gestualità aiuta non solo a esprimersi più compiutamente e a trasmettere con forza il proprio pensiero, ma anche a catturare l'attenzione di chi ascolta. Non a caso quella di un oratore aumenta o diminuisce in base all'attenzione che riceve dall'uditorio. Se i gesti vengono utilizzati per conquistare l'attenzione degli ascoltatori, quando il coinvolgimento dell'uditorio risulta adeguato, essi tendono a diminuire d'intensità.

Ci sono vari tipi di gesti, alcuni strettamente legati al discorso, emessi consapevolmente, che hanno la funzione di illustrare o completare il contenuto delle parole, specificando relazioni spaziali o disegnando forme di oggetti.[38] Ce ne sono altri invece che utilizziamo per regolare la sincronizzazione del dialogo, segnalando per esempio che desideriamo prendere la parola. Ci sono poi gesti simbolici che hanno una forte connotazione culturale, il cui legame con il significato si è ormai perduto nella notte dei tempi.

In ogni parte del mondo le persone, parlando, ricorrono a gesti e movimenti del corpo. Tutta l'umanità ha in comune un vasto repertorio di movimenti, espressioni e posture che lasciano trapelare gli stati d'animo e le intenzioni fondamentali. Tuttavia la gestualità è l'espressione non verbale che muta di più da una cultura a un'altra, tant'è che ci sono gesti usati in alcune culture che, fuori da queste, non hanno alcun significato.

Eppure ci sono gesti dai significati universali, come minacciare con il pugno serrato, coprirsi il volto per la vergogna, chinare il capo in segno di sottomissione. Alcuni di questi possono essere emersi come "simboli naturali", dovuti alle caratteristiche del corpo umano, come quello che invita a fermarsi o quello di richiamo.

In molti gesti è possibile rintracciare l'antico ricordo di un'azione primordiale, come quando le braccia vengono incrociate a difesa del corpo, come a sventare un possibile attacco. Ma quel legame tra l'azione fisica dell'animale che siamo stati e il gesto attuale si è spezzato e allora l'unica funzione del gesto è rimasta la comunicazione.[39] Dal gesto imitativo del bambino che simula nel gioco la pistola con due dita, a quello simbolico di battere l'indice sulla tempia per indicare una persona stupida, siamo ormai in un ambito squisitamente umano.

La pressione culturale e sociale influenza in modo rilevante l'espressione adulta dei nostri gesti. Le differenze gestuali, sebbene talvolta impercettibili, vengono istintivamente identificate e registrate, tanto è vero che il membro di un gruppo culturale, inserendosi in un altro, può sentirsi a disagio, senza peraltro capirne il motivo, solo perché nel nuovo gruppo le persone si muovono e gesticolano in maniera diversa da lui.

Ogni cultura ha sviluppato un proprio repertorio di gesti, in cui ogni singola azione si differenzia da tutte le altre, permettendo il controllo dell'ambiguità dei messaggi.

Di solito un gesto isolato non permette un'attribuzione di significato univoca, salvo nei casi in cui un gesto sia divenuto talmente abituale che, in una data società, viene immediatamente decodificato.[40] È il caso di quei gesti che in una data cultura hanno sviluppato una "forma tipica", con un grado di variabilità relativamente basso, trasmettendo così messaggi chiari e univoci.

Alcuni gesti sono comprensibili solo agli "addetti ai lavori" perché basati su un sistema formale condiviso dai membri di una specifica comunità:[41] pensiamo ai segni che i subacquei si scambiano tra di loro, a quelli di un arbitro durante una competizione sportiva o ai frenetici movimenti dei *brokers* in borsa.

Ma quanti sono i gesti, tra le migliaia che eseguiamo ogni giorno, di cui siamo realmente consapevoli? Piuttosto pochi.

> Tutti agitiamo un braccio alla stessa maniera, battiamo le mani pressappoco alla medesima velocità, facciamo cenni di richiamo della stessa ampiezza e scuotiamo la testa con lo stesso ritmo. Non si tratta di un processo cosciente. Non facciamo che accordarci alla norma culturale.[42]

Normalmente ci concentriamo talmente sulle parole da dimenticare che anche la nostra gestualità parla un proprio linguaggio. Molti dei nostri gesti sono atti meccanici, automatici o accidentali, che forniscono chiari segnali di personalità e d'umore, di cui non ci rendiamo conto a livello cosciente. E questo non fa che renderli più rivelatori.

Scrive Morris: "È come se ci fosse un sistema di comunicazioni *underground*, operante appena sotto la superficie dei nostri incontri sociali".[43]

Può esserci utile acquisire maggiore consapevolezza del discorso parallelo dei nostri gesti, anche perché "chi non sa rendersi conto dei segnali del proprio linguaggio corporeo è molto probabile che non sia in grado di registrare con precisione i segnali altrui".[44]

La gestualità espressiva è stata studiata come una forma di comunicazione paragonabile al linguaggio parlato.[45] Da tali studi è emerso che, in un'interazione, il flusso di gesti e movimenti corporei è coordinato in maniera sofisticata tra gli interlocutori, formando una vera e propria sincronia interattiva che illumina sul ruolo comunicativo della gestualità.

L'esistenza di tale sincronia è più sorprendente di quanto appaia a prima vista, se si pensa che in una conversazione chi ascolta non deve semplicemente *reagire* ai segnali emessi da chi parla, ma *anticiparli* attivamente, in modo che i loro modelli di movimento siano coordinati anche se vengono messi in atto simultaneamente.[46]

Si è visto che il flusso di gesti e cambiamenti posturali tra gli interlocutori è strettamente legato a intenzioni e strategie relazionali.[47] Un caso emblematico sono gesti e posture che si assumono in contesti amichevoli o informali. Due amici tendono ad assumere posture simili e a sincronizzare facilmente la loro interazione. È anche per questo che si sentono a loro agio quando sono insieme.

Nel corso di un'interazione, mettiamo in atto un'infinità di comportamenti di automanipolazione, apparentemente irrilevanti, come sistemarsi la cravatta, toccarsi i capelli, incrociare le gambe. Comportamenti che di solito vengono eseguiti in momenti critici dell'interazione e possono esprimere interesse, coinvolgimento e comunque un certo grado di tensione. L'automanipolazione è frequente nel corteggiamento. Un gesto che la dice lunga sulle femminili intenzioni seduttive è il passaggio ripetuto delle mani tra i capelli.

A volte preferiremmo tenere sotto controllo, nascondere certe tensioni, ma un gesto ci tradisce, rivela di noi, e forse a noi stessi, qualcosa di insospettato. Morris sostiene che

> [...] un classico segnale di ansietà viene espresso da molti personaggi di rilievo nel momento in cui arrivano a un ricevimento formale e devono attraversare uno spazio aperto per essere salutati dai loro ospiti. Gli uomini lo fanno di solito tormentando un polsino o sistemandosi i gemelli o l'orologio da polso [...]. Le donne importanti che arrivano a questi ricevimenti, non disponendo di gemelli, spesso spostano la borsetta sul braccio, o si assestano qualcosa nel loro abbigliamento, il che magicamente fa alzare il braccio come in una difesa inconscia contro le tensioni del momento.[48]

I gesti "dislocati" sono piccoli movimenti, in apparenza irrilevanti, che si effettuano in momenti di nervosismo e non hanno una vera funzione, se non quella di alleviare la tensione. Una persona che aspetta di essere ricevuta per un importante colloquio di lavoro, può esprimere il suo nervosismo avvicinando di continuo la sigaretta al posacenere e battendola più volte sull'orlo, anche se sulla sigaretta non v'è traccia di cenere. Molti di noi sviluppano abitudini personali di dislocazione, come far tintinnare le monete in tasca o sistemare una pettinatura perfettamente in ordine, ed è raro trovare un individuo che non effettui nessuno di questi gesti.

Ma, in un'interazione, il riconoscimento del significato di un certo gesto è spesso un'illusione, giacché non è possibile stabilire un lessico univoco di significati fissi e definitivi. Ogni nostro gesto è infatti l'espressione di una complessa interazione tra molteplici modelli gestuali acquisiti nel corso della nostra storia personale.[49] Da qui l'impossibilità di decifrare in modo univoco i movimenti dell'interlocutore. Pensiamo a quanti significati può assumere un gesto semplice come toccarsi la bocca: fame, sete, sonno, noia, desiderio di parlare o al contrario invito a tacere.

Ma allora come si fa a riconoscere il significato di un gesto?

Nonostante la gestualità sia dotata di una sua dimensione semantica tanto potente da costituire un sistema di segni autonomo, come nel caso del linguaggio dei sordo-muti, essa è tuttavia leggibile solo in simultaneità con altri codici, verbali e non verbali.[50] È la complementarietà con altri segnali non verbali quindi che può indirizzarci. L'espressione facciale è molto importante per poter decodificare correttamente un gesto. Altrettanto lo è il contesto in cui viene eseguito.[51] Sporgere la lingua può manifestare il disgusto che si prova per qualcosa, ma può veicolare anche un messaggio erotico o di sfida. Dipende appunto dal contesto. C'è poi l'intensità che rende un gesto inconfondibile: solo se scuoto il pugno con una certa forza posso imprimere l'idea della collera. Un gesto fiacco non risulterebbe altrettanto significativo.

La coerenza è essenziale nella comunicazione non verbale: se il discorso può agevolmente nascondere delle contraddizioni, la gestualità spesso invece le rivela. Quando percepiamo un'incongruenza tra i diversi livelli di comunicazione, tendiamo a credere maggiormente al comportamento osservato piuttosto che alle parole udite. Istintivamente conosciamo la facilità di mentire con le parole e la parallela difficoltà, se non impossibilità, di dissimulare con il corpo.

L'ambiguità dei messaggi trasmessi dai nostri interlocutori può diventare evidente con l'osservazione dei movimenti delle mani. Quando si parla, le mani tendono con frequenti gesti a sottolineare o a dare enfasi ai messaggi verbali. Se l'interlocutore ci vuole in qualche modo ingannare, ecco che i gesti delle sue mani vengono drasticamente ridotti, se le sue mani addirittura non finiscono dentro le tasche o si stringono insieme come per essere trattenute.

Lo sguardo

I nostri occhi parlano tanto quanto le nostre labbra, usano un linguaggio silenzioso ma molto eloquente. A volte dicono anche ciò che non vorremmo dicessero: "*Un lampo di rabbia gli attraversò lo sguardo*", "*Lessi nei suoi occhi la vergogna*", "*Il suo sguardo era pieno di amore*". La letteratura è ricca di frasi come queste, scrittori e poeti conoscono bene l'eloquenza silenziosa degli occhi e la descrivono. Anche noi la conosciamo, ma spesso non vi prestiamo attenzione, non la ascoltiamo, o non riusciamo a decodificarne i significati. Eppure per comprendere gli altri è importante prestare attenzione al discorso parallelo dei loro occhi.

Analizziamo il ruolo degli sguardi in una ipotetica situazione di incontro e dialogo.

Immaginiamo di trovarci a un ricevimento o in un locale affollato di sconosciuti. In situazioni del genere siamo propensi a guardare le persone che suscitano la nostra curiosità e colpiscono la nostra fantasia. Lo sguardo è ciò con cui stabiliamo il primo contatto e avviamo una comunicazione silenziosa con alcuni dei presenti.

Guardare una persona è un modo di chiamarla, di richiamare la sua attenzione comunicandole l'interesse e la disponibilità a entrare in relazione con lei. L'esperienza dell'essere guardati è gratificante proprio in quanto ci rassicura sulla nostra capacità di suscitare interesse negli altri.[52] Se però lo sguardo si prolunga oltre un certo tempo, si attiva un conflitto tra il desiderio di continuare a essere gratificati e l'ansia di sentirsi osservati e valutati, da cui nasce l'esigenza di tenere sotto controllo il proprio comportamento per dare di se stessi l'immagine migliore.[53] L'essere guardati può provocare imbarazzo soprattutto se si teme che l'altro possa invadere la nostra sfera privata, violare l'intimità e carpire i nostri segreti. In un certo senso l'essere guardati limita la propria libertà: si sa che l'intimità visiva è incompatibile con l'inganno, perciò si sopporta male lo sguardo su di sé se si ha qualcosa da nascondere.

Il contatto visivo prolungato o ripetuto crea una qualche intimità e comporta un continuo aggiustamento tra gli interlocutori che spinge, per esempio, a diminuire l'intensità del contatto visivo all'aumentare della vicinanza fisica. Si va alla ricerca di un punto di equilibrio che tenga conto sia delle convenzioni culturali e delle caratteristiche dell'interlocutore che della situazione, dell'argomento trattato o di altre condizioni interattive.

Tornando al ricevimento, immaginiamo di decidere di puntare il nostro sguardo su una persona in particolare. La persona guardata potrà reagire contraccambiando lo sguardo e comunicando in questo modo il suo consenso a entrare in rapporto con noi, oppure potrà distogliere lo sguardo comunicando al contrario imbarazzo o disinteresse.

Qualunque sia la sua reazione, c'è già stato tra noi uno scambio di messaggi. Può darsi che l'interazione si concluda dopo il primo scambio di sguardi, ma può anche continuare con il ripetersi del contatto visivo. A volte, infatti, quando il contesto non permette un avvicinamento fisico, l'interazione può comunque continuare attraverso un frequente contatto visivo. Dato che il contatto visivo comporta un'intensità emotiva più alta del contatto verbale, il dialogo muto che si instaura, in casi come questi, può coinvolgere emotivamente persino più intensamente di uno scambio di parole. Possiamo, infatti, considerare lo sguardo come una forma di avvicinamento all'altro, e l'atto di distogliere lo sguardo come una forma di allontanamento.

Ora immaginiamo che la persona che ci ha colpiti e che abbiamo guardato abbia ricambiato il nostro sguardo e si sia instaurato un dialogo visivo che ci autorizza a proseguire nell'interazione. Quindi, se il contesto lo consente, ci avvicineremo e inizieremo a parlare. A questo punto il dialogo visivo si intreccerà con quello verbale, secondo precise regole d'interazione determinate culturalmente, ma di cui si è per lo più inconsapevoli.

Nella conversazione lo sguardo svolge funzioni di regolazione dello scambio verbale.[54] All'inizio di solito con lo sguardo si cerca un accordo per decidere chi prenderà la parola per primo; successivamente si instaura una danza di sguardi calibrata in modo sottile.[55] Da osservazioni sperimentali sappiamo che due persone che conversano si guardano negli occhi in modo intermittente per circa il cinquanta per cento della conversazione e che ogni contatto dura da uno a due secondi. Chi ascolta tende a guardare l'altro un po' più a lungo di chi parla. Mentre chi parla, di solito, guarda l'interlocutore nella fase iniziale per poi allontanare o riportare lo sguardo su di lui in momenti strategici e con precisi significati, come per esempio, quando vuole indirizzare la sua attenzione su alcune parole o raccogliere le sue reazioni a quanto sta dicendo.

Di solito chi parla è facilitato nell'esposizione della sua idea dal sentire che l'altro lo guarda e manda segnali di approvazione con gli occhi. Viceversa non essere guardati dall'ascoltatore può creare disagio e difficoltà a proseguire il discorso. Infine è con lo sguardo che si comunica all'altro di aver concluso il proprio pensiero e di essere pronti ad ascoltare.

Ma che cosa succede se la persona con cui stiamo conversando suscita in noi particolari emozioni? Pare che quando guardiamo una persona che troviamo attraente, si verifichi una dilatazione delle pupille e un aumento impercettibile della quantità di tempo che passiamo a guardarla o a non guardarla, a seconda dell'emozione che ci suscita.

Se troviamo attraente una persona, possiamo cercare di nascondere i nostri sentimenti, ma il nostro sguardo, quando i nostri occhi s'incontrano, tratterrà quello di lei una frazione di secondo in più del normale, rivelando così, in modo subliminale, l'attrazione che proviamo.[56] Al contrario se capita di parlare con una persona il cui aspetto troviamo sgradevole, riveleremo il nostro fastidio con la brevità degli sguardi che le rivolgiamo.

La durata e la frequenza del contatto visivo colorano emotivamente le nostre interazioni. Vi sono casi in cui il comportamento dell'interlocutore provoca fastidio e disagio. Uno di questi è quando il suo sguardo è sfuggente, cioè quando allontana gli occhi in continuazione o per un tempo insolitamente lungo, fissando qualcosa di misterioso sul pavimento, come se non tollerasse di incontrare i nostri occhi.

Questi comportamenti producono in noi una crescente irritazione senza che si riesca a spiegarsene il motivo. In realtà, sia pure senza rendercene conto, intuiamo ciò che l'altro ci comunica e cioè che vorrebbe per qualche ragione allontanarsi da noi, essere altrove. Può darsi che tema il nostro giudizio, che ci trovi sgradevoli o noiosi e tuttavia continui a interagire con noi come se niente fosse. In questi casi a irritarci è la contraddizione fra il suo comportamento manifesto e ciò che segnala inconsapevolmente.

È anche vero che il comportamento visivo è regolato da precise regole culturali che bisogna conoscere per poterlo decodificare correttamente. Per esempio abbassare lo sguardo per un europeo può significare imbarazzo, mentre per un orientale è un segno di rispetto. Al di là delle regole culturali, lo sguardo è uno dei più potenti mezzi espressivi nella comunicazione interpersonale, perciò lasciamo che i nostri occhi parlino per noi e ascoltiamo quello che hanno da dirci quelli dei nostri interlocutori.

La mimica facciale

Incontrate dopo qualche tempo un caro amico e quasi non lo riconoscete. La sua fisionomia è alterata: la bocca è senza sorriso, piegata verso il basso, lo sguardo è cupo ed esprime ansia e disagio, le sopracciglia sono aggrottate e le pieghe della fronte, quelle intorno al naso e alle labbra sono marcate. Il suo volto esprime complessivamente una profonda tristezza. Prima ancora di parlare vi ha già detto del periodo difficile che sta attraversando.

Il volto rappresenta la parte del nostro interlocutore da cui è più facile trarre le informazioni che ci interessano, ecco perché nella comunicazione interpersonale vi prestiamo grande attenzione. Già nei tratti del viso possiamo cogliere gli elementi che caratterizzano la personalità di chi abbiamo di fronte: ci sono volti contratti, che lasciano trasparire i segni della sofferenza accumulata nel corso della vita, e volti distesi, che comunicano un senso di serenità e di apertura.[57] Le espressioni che con maggiore frequenza adottiamo nella vita, con il passare degli anni, lasciano dei segni sul nostro volto. Piccole e grandi rughe testimoniano l'atteggiamento che ha contraddistinto il nostro modo di vivere. Pensiamo alle rughe intorno agli occhi prodotte da sorrisi frequenti o a quelle sulla fronte provocate da un atteggiamento perennemente preoccupato, o ancora ai "solchi del malumore" intorno alla bocca, presenti anche in persone che sembrano non essere affatto di cattivo umore.

Nell'essere umano, più che in qualunque altra specie, si è sviluppata una rete complessa e articolata di muscoli facciali che rendono il volto uno strumento privilegiato per l'espressione di emozioni e atteggiamenti interpersonali.[58] Ogni individuo ha una serie infinita di espressioni che si manifestano con altrettante sfumature, tanto che sarà impossibile trovare due espressioni uguali.

Per molti aspetti il volto rappresenta l'area del corpo più importante sul piano espressivo e comunicativo, dato che, quando si prova un'emozione, i muscoli del volto si attivano automaticamente. Gli occhi, le sopracciglia e la bocca assumono, nel linguaggio espressivo, una rilevanza maggiore rispetto alle mascelle, alla fronte, al naso. Il volto è molto mobile ed è quindi capace di cambiamenti rapidi e significativi: la fronte può estendersi o incresparsi, le sopracciglia si arcuano o si contraggono, gli occhi si allargano o si restringono fino a diventare delle piccole fessure, le narici si dilatano, le guance si distendono o si tendono. Forse è per questo che, quando si guarda il volto del proprio interlocutore, non ci si fissa mai su uno stesso punto, anche se le parti che attraggono di più sono le aree del volto in cui si manifestano le espressioni più marcate, cioè gli occhi e la bocca. È stato osservato che i nostri occhi si muovono incessantemente, con movimenti velocissimi, tra i lineamenti del nostro interlocutore, tracciando una sorta di percorso che parte dagli occhi, va alla bocca, poi agli zigomi per tornare di nuovo agli occhi.[59]

La parte superiore del volto è in genere più espressiva di quella inferiore. Le sopracciglia commentano continuamente i nostri discorsi compiendo diversi movimenti: s'inarcano per l'incredulità, si abbassano per la collera, vengono semiarcate per la sorpresa.[60] La bocca partecipa all'espressività anche attraverso la zona che la circonda. La gamma dei suoi movimenti varia all'interno di due estremi: quando è inarcata verso l'alto esprime gioia o piacere, quando lo è verso il basso esprime tristezza o dispiacere.

I movimenti del volto poi si accompagnano a quelli della testa che può piegarsi in avanti o indietro, può inclinarsi di lato, essere abbassata, sollevata o scossa. Il volto può dare informazioni sul tipo di emozione che si sta provando, se si stanno provando più emozioni contemporaneamente e sulla loro intensità. In più la mimica è in grado di segnalare sfumature emozionali che il linguaggio non riesce a trasmettere. Non sempre è facile parlare di ciò che proviamo, la manifestazione non verbale, l'espressione facciale e quella corporea sono di gran lunga più eloquenti. Molte volte, tuttavia, controlliamo o modifichiamo le nostre espressioni a seconda delle circostanze.

Nei primi anni di vita impariamo a controllare alcune delle espressioni del volto, per nascondere i sentimenti autentici o per fingerne di diversi da quelli che proviamo. Crescendo impariamo così bene le regole di esibizione emozionale tipiche della nostra cultura, da farle diventare abitudini profondamente radicate. Spesso le espressioni spontanee vengono modificate dalle regole di esibizione culturali che per esempio impongono di non manifestare, in certi casi, le emozioni negative. Possiamo attenuare un'espressione di paura, mostrando solo un po' di spavento, o intensificare l'espressione di gioia nel giocare con nostro figlio. Possiamo fingere indifferenza mentre il cuore batte nell'incontrare qualcuno che amiamo, o possiamo fingere che ci piaccia un regalo che in realtà troviamo orribile.

Con il tempo, molte di queste regole che governano la manifestazione mimica delle emozioni entrano in funzione automaticamente, modulando l'espressione del volto senza esserne neppure consapevoli. Così, per esempio, un giapponese è abituato a controllare il volto mantenendolo il più possibile senza espressione o con un sorriso neutro, mentre i popoli latini sono più liberi di manifestare le proprie emozioni attraverso la mimica facciale.

Secondo Darwin la libertà di espressione intensifica l'emozione provata, mentre la soppressione la indebolisce e l'attenua. Ma gli psicoanalisti sostengono il contrario. Su questo punto non c'è ancora accordo tra gli studiosi. Comunque è bene sapere che di solito le espressioni facciali seguono passo passo i movimenti interiori, spesso sfuggendo al controllo, e svelando il vero stato d'animo, anche se in realtà non sempre è possibile decodificare correttamente un'espressione emozionale, perché ci sono espressioni che, pur essendo originate da sentimenti diversi, sono molto simili. Tanto nella felicità che nella paura, per esempio, gli occhi e la bocca vengono aperti più del normale.

Fra le migliaia di espressioni possibili non tutte hanno a che fare con le emozioni provate, molte si riferiscono a "segnali di conversazione", che hanno la funzione di regolare l'interazione. Durante l'interazione comunicativa il volto partecipa attivamente agli scambi interpersonali in stretta combinazione con il linguaggio: quando parliamo accompagniamo le parole con espressioni facciali che hanno lo scopo di sottolineare, enfatizzare, modulare i significati. Chi ci ascolta, a sua volta, esprime le sue reazioni con piccoli e rapidi movimenti delle labbra, delle sopracciglia, della fronte e può così manifestare accordo, disaccordo, perplessità, attenzione, interesse, indifferenza.[61]

Insomma le espressioni del volto da un lato completano e sostengono il discorso e dall'altro forniscono un feedback, per esempio con punti interrogativi ed esclamativi facciali.

La mimica può attivarsi volontariamente o involontariamente. A tutti è capitato di lasciarsi ingannare dall'espressione mimica dell'interlocutore, oppure di accorgersi che le sue parole erano false, proprio grazie a qualche segnale del volto.[62]

Con il volto possiamo mentire e dire la verità anche contemporaneamente, in quanto non tutti i muscoli che producono le espressioni mimiche sono facili da controllare. Anche l'arrossire o l'impallidire possono segnalare la presenza di emozioni che stiamo cercando di dissimulare. Di solito il rossore viene attribuito all'imbarazzo, alla vergogna o al senso di colpa, ma si può arrossire anche per la rabbia, mentre il pallore può essere legato a emozioni molto diverse come la paura o l'attrazione.

Un altro segnale rivelatore della finzione è la durata di un'espressione. La maggior parte delle espressioni autentiche non resta sul volto più di qualche secondo, salvo che in casi limite, come quando siamo presi da una forte rabbia o da una forte angoscia. È raro che un'espressione autentica si mantenga invariata a lungo, quello che si verifica di solito è invece una rapida successione di molte espressioni brevi.[63]

Un'espressione che si mantiene invariata dai dieci secondi in su è di solito un'espressione convenzionale o finta.

Ekman, in uno studio sui segni rivelatori della menzogna, ha individuato fra questi proprio quello delle "microespressioni", che possono fornire un quadro completo dell'emozione che l'individuo sta cercando di nascondere, ma che si manifestano così rapidamente, in meno di un quarto di secondo, che non riusciamo a coglierle consapevolmente, anche se colpiscono comunque la nostra sensibilità, lasciandoci un'impressione di falsità.

Vi è un'altra tipologia di espressioni, di solito più facili da cogliere, le "espressioni soffocate". Ekman le descrive così:

Non appena l'espressione emerge dal viso, il soggetto sembra accorgersi di quello che rischia di manifestare e l'interrompe bruscamente, a volte coprendola con un'espressione diversa. Il sorriso è la copertura o maschera più comune. A volte la soppressione è così rapida che è difficile cogliere il messaggio emotivo che l'espressione interrotta avrebbe comunicato.[64]

A tutti noi sarà capitato di coprire un pensiero triste con un sorriso o di assumere un sorriso di circostanza. In questi casi il sorriso ci mette qualche frazione di secondo in più a raggiungere la sua piena espressione e a scomparire.[65] Il sorriso falso in genere è più asimmetrico degli altri, e non è accompagnato dai movimenti dei muscoli intorno agli occhi, dal sollevamento delle guance, dalle "zampe di gallina" o dal lieve abbassamento delle ciglia, che compaiono nel sorriso autentico. "La mancata partecipazione delle sopracciglia è un indizio sottile ma cruciale per distinguere il sorriso autentico da quello falso."[66]

Il sorriso è l'espressione del volto più evidente e loquace anche se esistono diversi tipi di sorriso non tutti collegati a emozioni positive. Il sorriso può segnalare gioia, piacere, divertimento, ma vi sono anche sorrisi che segnalano disprezzo, tristezza o rabbia.

Morris spiega così l'origine del sorriso:

[...] lo sviluppo di questa espressione ebbe un'importanza vitale. Ai primordi fu necessario per noi, in quanto razza dedita alla caccia, diventare sempre più collaborativi. Solo così potevamo sperare di sopravvivere. Ci occorreva, pertanto, un sistema rapido e facile per segnalare i nostri sentimenti amichevoli ai nostri simili. Il sorriso fu la risposta perfetta. [...] Il largo sorriso umano può essere visto a distanza e, se necessario, può essere sfoderato o spento in un baleno. Può anche essere mantenuto per un certo tempo senza alcuna difficoltà e può subire delle leggere variazioni per trasmettere gradi diversi di amicizia o di amore.[67]

Spesso il sorriso è contagioso. Quello più coinvolgente è quello che scopre i due terzi dell'arcata superiore e lascia solo intravedere i denti inferiori, mentre quello che non scopre i denti risulta meno convincente e ha meno successo.

Vi sono anche sorrisi legati all'interazione comunicativa come quelli che tendono a smussare una critica, e quelli di coordinazione degli scambi verbali che segnalano accordo, comprensione o ascolto.

In ogni caso sorridere è una delle azioni sociali di maggiore efficacia che, segnalando apertura e disponibilità verso l'altro, crea le condizioni per la riuscita dell'interazione.

La postura

Il nostro corpo parla e racconta di noi più di quanto vorremmo. Anche una descrizione minuziosa e ricca di particolari sulla nostra personalità non rivela all'altro quanto il nostro stesso aspetto fisico.

Il nostro corpo può suscitare negli altri emozioni contrastanti: piacere e attrazione, ma anche repulsione o fastidio. Per questo non è sempre facile accettarlo con serenità.

Già negli anni Trenta Reich[68] aveva studiato come il carattere di ognuno si strutturi nel corpo e come le emozioni inespresse vengano imprigionate nella muscolatura, tanto che l'atteggiamento corporeo entra a far parte del carattere, diventa una seconda natura. Tra gli atteggiamenti muscolari e gli stati psichici vi è una sorta di reciproca influenza. Quando ci sentiamo tesi o bloccati, anche la nostra muscolatura è in tensione o è contratta. Viceversa, possiamo essere bloccati a causa di tensioni muscolari continue.

L'assetto della nostra colonna vertebrale subisce nel tempo delle modificazioni profonde in conseguenza delle nostre tensioni emotive. Un trauma, un dolore o una forte rabbia si fissano nel corpo attraverso contrazioni muscolari più o meno stabili, generando rigidità nei movimenti o sofferenze fisiche che mantengono la memoria delle emozioni provate.[69] Oltre a essere causa di dolori, una tensione muscolare cronica incide sulle articolazioni ed ha profondi effetti sulla psiche, tanto da diventare una "corazza" che, limitando i movimenti, impedisce l'espressione dei sentimenti e costituisce una sorta di protezione contro le ferite della vita.

Anche se in genere pensiamo che le nostre tensioni muscolari non siano visibili all'esterno, in realtà vengono colte, sia pure in modo subliminale, dai nostri interlocutori. Dal momento che la postura riflette il tono muscolare dell'individuo ed è un segnale involontario e meno controllabile di altri, può essere considerata un'utile guida per cogliere aspetti della personalità e dello stato d'animo di chi abbiamo di fronte. Una persona eccitata difficilmente assumerà una postura curva o rilassata, viceversa una persona annoiata rivelerà il suo stato d'animo non riuscendo a mantenere a lungo una posizione eretta e vigile. Anche se si sforzerà di farlo, quasi impercettibilmente, la sua schiena si piegherà nella posizione accasciata, tipica della persona annoiata.

La postura varia con il variare dello stato emotivo, lungo un continuum che va dalla tensione al rilassamento.[70] Questo tipo di variazione è particolarmente evidente quando tra i due interlocutori c'è differenza di status. Quando infatti una persona di status più elevato interagisce con una di status inferiore, frequentemente assume una postura più rilassata. Si assumono posizioni rilassate in situazioni informali, quando si è in compagnia di amici intimi, o quando ci si sente dominanti nella relazione e quindi ci si può permettere di non curarsi di ciò che pensano gli altri. Ma attenzione, queste posizioni possono comunicare noia e disinteresse al proprio interlocutore.

Vi sono posture che segnalano l'atteggiamento assunto nella relazione: un atteggiamento dominante può essere rivelato da un portamento eretto, e dalla testa alta o leggermente inclinata all'indietro. Mentre chi si sente in posizione subordinata lo segnalerà con movimenti e assetti posturali opposti ai segni di minaccia e di aggressione. Una persona sottomessa tenderà inconsapevolmente a far apparire il proprio corpo più piccolo possibile, curvando le spalle e abbassando la testa.

Il modo in cui muoviamo il corpo nel corso di un'interazione fornirà la base con cui interpretare gli altri segnali da noi trasmessi.[71] Non lasciamoci ingannare da un volto sorridente e rilassato se si accompagna a un corpo rigido che si muove a scatti. Quando mentiamo il corpo ci tradisce: anche se riusciamo a controllare il movimento delle mani e le espressioni del volto, è difficile sopprimere dei lievi movimenti posturali, che possono essere colti da un osservatore attento.

In ogni cultura esistono modi diversi di stare distesi, seduti o in piedi a seconda dei contesti e delle situazioni.[72] Ma al di là dei codici comunicativi tipici di un dato sistema culturale, la postura che si assume durante un'interazione dice molto del proprio stato d'animo e della relazione con l'interlocutore, influenzandone il comportamento.

Scheflen e Charny[73] hanno studiato i rapporti di congruenza e incongruenza posturali tra due interlocutori e hanno potuto rilevare che l'incongruenza posturale dipende dalla distanza psicologica che si è creata tra loro. Morris invece descrive così il fenomeno opposto:

> Generalmente, quando due amici si incontrano e discorrono in maniera informale, assumono posture assai simili. Se poi sono molto intimi e hanno atteggiamenti identici verso ciò di cui stanno parlando, le posizioni dei loro corpi tendono a diventare ancora più simili, fino ad apparire virtualmente l'uno la copia carbone dell'altro. Non è un processo imitativo volontario. Gli amici in questione stanno automaticamente indulgendo a quella che è stata chiamata "eco posturale" e lo fanno in maniera inconscia, come parte di una naturale esibizione fisica di cameratismo.[74]

In pratica il corpo trasmette un messaggio silenzioso ma eloquente del tipo: "*Vedi, sono proprio come te!*". Certo non si è consci di quello che si sta comunicando, né l'amico recepisce consciamente il messaggio, quello che si prova è che ci si sente a proprio agio quando si sta insieme.

Può anche capitare che, se siamo tesi e di cattivo umore, l'interlocutore, cogliendo il nostro stato d'animo, abbia difficoltà a entrare in rapporto con noi. Mentre se il nostro stato d'animo consente di abbandonare ogni rigidità muscolare, di sincronizzarsi con i movimenti e gli assetti posturali dell'altro, si verificherà un apparentemente inspiegabile facilità di comunicazione.

È molto interessante quello che accade in un gruppo durante una discussione collettiva. Alcuni studiosi hanno filmato situazioni del genere e le hanno analizzate con il rallentatore, rilevando l'esistenza di una "microsintonia" di lievissimi movimenti del capo o del tronco fra persone impegnate in un'interazione intensa. Se alcuni membri del gruppo non sono d'accordo con gli altri, è facile che si creino dei sottogruppi di persone che tendono ad assumere le stesse posture e a compiere gli stessi movimenti. È perfino possibile accorgersi che una persona sta cambiando posizione rispetto alla discussione, perché il suo corpo comincia ad assumere le posture del sottogruppo avversario. Anche se il ritmo straordinario di questa microsintonia può essere rilevato solo grazie alle riprese filmate, sembra che il cervello umano possa recepirne il significato portando le persone a reagire in modo appropriato a quanto trasmesso.

In conclusione, senza saperlo, noi affidiamo al nostro assetto posturale il compito di manifestare all'esterno le nostre emozioni e la nostra personalità, per questo essere poco consapevoli di ciò che comunichiamo con il corpo significa avere un controllo solo parziale sull'andamento delle nostre relazioni.

La prossemica

Vi sarà certamente capitato di entrare nella sala d'attesa di un medico o di un avvocato e di trovarvi un solo altro cliente in attesa. Potendo scegliere dove sedervi certamente non avrete occupato la poltrona immediatamente accanto a lui, ma nemmeno quella più distante. È possibile prevedere che il cliente che entrerà dopo di voi nella sala d'attesa avrà un comportamento analogo al vostro, scegliendo di sedersi né troppo vicino né troppo lontano da chi è già nella stanza. Questo genere di comportamento del tutto inconsapevole è dettato da precise regole di condotta spaziale a cui tutti istintivamente ci uniformiamo.[75] Da esperienze sociali come questa si possono trarre considerazioni interessanti su come, nelle interazioni, viviamo e utilizziamo lo spazio che ci circonda.

Ogni interazione si svolge necessariamente in un luogo che può possedere o meno un confine ben definito. Ma all'interno dei confini fisici in cui hanno luogo le interazioni sociali ciascuno è portatore di un territorio invisibile.

> Ognuno di noi si porta sempre con sé, dovunque vada, un territorio mobile chiamato "spazio personale". Se i nostri simili invadono questo spazio, ci sentiamo minacciati. Se ne restano troppo lontani, ci sentiamo respinti. Il risultato è una sottile serie di adattamenti spaziali, di solito effettuati del tutto inconsciamente, che portano a un compromesso ideale tra l'invasione e la distanza eccessiva, quando questo è possibile.[76]

Lo spazio personale, quell'invisibile "bolla territoriale" che ci si porta sempre dietro, è un vero e proprio ampliamento del proprio corpo, la cui ampiezza varia da persona a persona. Secondo Hall,[77] il più importante studioso di questi fenomeni, l'ampiezza della "bolla" personale varia nei diversi contesti sociali e il suo rispetto o la sua violazione, influenzano notevolmente il successo delle interazioni sociali. Tutti ci muoviamo nell'ambiente in base alla percezione che abbiamo dello spazio occupato dalla nostra "bolla territoriale", e in relazione a questa stabiliamo i rapporti spaziali con gli altri nell'ambiente che ci circonda.[78]

Lo spazio personale che, nella nostra cultura, coincide con la lunghezza dell'avambraccio è una necessità vitale per l'essere umano che non può essere ignorata senza creare un qualche tipo di problema. Invaderlo può mettere a disagio il suo "abitante" provocando un'immediata tensione.

Se consideriamo la vista come un prolungamento del corpo, il proprio territorio personale può essere invaso anche da una semplice occhiata, tanto che molte tensioni interpersonali possono essere interpretate come la conseguenza di intromissioni visive non autorizzate.[79] Questo spiega come mai, quando ci si trova in situazioni in cui è impossibile sottrarsi a una stretta vicinanza fisica, come in ascensore o in autobus, si senta il bisogno di ripristinare la distanza evitando di incontrare lo sguardo del vicino e riconoscendo così a entrambi il diritto a uno spazio personale.

L'aumento o la riduzione dello spazio concesso agli altri dipendono, oltre che dal contesto in cui ci si trova, anche dalla stabilità del proprio sentimento di sicurezza. Ed è per questo che l'invasione del proprio spazio può essere vissuto come una minaccia alla propria sicurezza interiore.

Gli studi sull'organizzazione dello spazio come sistema di comunicazione hanno dato origine a una vera e propria disciplina, la prossemica, che si occupa appunto di analizzare i significati della distanza e dell'orientazione tra i soggetti in un rapporto sociale. L'angolo secondo cui le persone si situano nello spazio l'una rispetto all'altra costituisce un elemento che fornisce molte informazioni sugli atteggiamenti interpersonali. L'orientamento del corpo e la sua inclinazione spesso segnalano le relazioni di potere o di intimità tra le persone.[80] Nel corso di un'interazione possiamo assumere diversi angoli di orientazione. Ci disponiamo "fianco a fianco" per ascoltare insieme qualcuno o per collaborare in attività come leggere e scrivere, mentre la disposizione "faccia a faccia"[81] viene maggiormente utilizzata in interazioni come insegnare o conversare, ma anche litigare. Volgersi le spalle è la posizione che più di qualsiasi altra segnala il rifiuto della relazione, tanto che, se siamo costretti ad adottarla, siamo soliti pronunciare la frase "*Scusate le spalle*", per correggerne il significato.

Nelle relazioni interpersonali lo spazio segnala quanta vicinanza e unione o lontananza e separazione c'è tra due persone e quale tipo di relazione li lega. Vogliamo vicine le persone che ci piacciono o quelle che ci fanno sentire a nostro agio, e lontane le persone che non ci attraggono o da cui ci sentiamo minacciati. Per questo in un'interazione assume significato il modo in cui ognuno si muove e utilizza l'ambiente, rispetto alla distanza e all'orientazione reciproca. Si possono avere molte informazioni sulla natura dei rapporti che legano gli individui all'interno di un gruppo di amici, soltanto osservando il modo in cui si dispongono intorno al tavolo di un ristorante o in un salotto.

Purtroppo, non essendo abituati a leggere i modelli di utilizzo dello spazio, spesso attribuiamo le emozioni suscitate dalla sua violazione ad altre cause. E invece è molto importante saper osservare il modo in cui noi e gli altri ci muoviamo nell'ambiente in cui si svolge l'interazione. Ci sono individui che non sopportano una distanza ravvicinata quando gli si parla, mentre altri tendono a ridurre la lontananza dall'interlocutore.

Tutti cerchiamo in vari modi di assecondare il nostro bisogno di giurisdizione su un territorio. Un bisogno che ha origine nella storia ancestrale della specie umana e che condividiamo con le altre specie animali. Morris sostiene che:

> Uno dei sistemi più semplici adottato dagli animali per ridurre l'aggressività è quello di creare dei territori. Si tratta di spazi protetti entro i quali i proprietari si sentono forti e gli intrusi deboli. [...] I proprietari hanno l'assoluto dominio all'interno dei loro confini e ciò li porta a rispettare i territori altrui.[82]

I confini dei territori in cui ci troviamo, anche di quelli temporanei, vengono delimitati da parametri visivi, vocali, olfattivi e tendono a mantenersi costanti. Per delimitare il nostro territorio usiamo vari stratagemmi, allo scopo di escludere gli intrusi. Nei luoghi pubblici tentiamo di difendere il territorio di preferenza lasciando oggetti di nostra proprietà, per contrassegnare l'occupazione di quello spazio. Si è visto che l'efficacia di tali oggetti come "marcatori territoriali"[83] è legata al loro carattere più o meno personale: una giacca è più efficace di un giornale per segnalare che quel posto è occupato.

Quando ci si trova in uno spazio che ci è familiare si prova un senso di sicurezza che rende più facile fronteggiare le difficoltà, ed è per questo che, in alcune circostanze, si preferisce incontrare gli altri nel proprio territorio, che sia la casa, l'ufficio o il circolo di cui si è soci. L'essere nel proprio territorio ci fa sentire in una posizione di predominio rispetto all'ospite e ci rende più liberi. Nei territori altrui, infatti, si sente il bisogno di chiedere il permesso per fare cose che nel proprio sono considerate un diritto.

Come per gli altri aspetti del comportamento non verbale, anche in questo si può rinvenire una traccia del nostro passato ancestrale, per esempio nella riluttanza a scegliere posizioni centrali quando si mangia in pubblico, preferendo quelle più vicine alle pareti. La serenità e concentrazione necessarie nel momento del pasto ci orienta, istintivamente, verso posizioni spaziali più protette e sicure. Tale scelta consente di avere una visuale più ampia, un maggior margine di fuga e di controllo dello spazio personale.

Normalmente, la nostra percezione dello spazio è legata agli aspetti dinamici: viviamo l'ambiente spaziale più in relazione a come ci possiamo muovere al suo interno che non in relazione alle sue prospettive visive. Per questo, a livello emotivo, è particolarmente importante l'effettiva possibilità di movimento che si ha all'interno dell'ambiente in cui ci si trova. Di solito non siamo pienamente consapevoli che il nostro corpo senta il bisogno di un certo spazio a disposizione per muoversi liberamente, e che la sensazione di disagio provata in alcune circostanze sia dovuta proprio alla limitazione della libertà di movimento. Quando la condizione di sovraffollamento supera un certo limite, aumenta il livello di stress. Una prolungata esposizione a queste condizioni può perfino provocare turbe psicologiche e indebolire i meccanismi di difesa naturali del corpo, rendendo gli individui più vulnerabili alle malattie.

Esiste una stretta correlazione tra comportamento umano e ambiente fisico in cui si vive o si lavora. La grandezza di una stanza, la sua luminosità, le linee dei mobili e la loro disposizione sembrano influire sulla capacità di concentrarsi nell'elaborazione delle informazioni e creano le condizioni emotive necessarie per lo sviluppo della creatività.[84] Per questo la disposizione dello spazio nei luoghi di lavoro è così importante. Negli uffici ogni individuo tende a utilizzare lo spazio nei modi a lui peculiari e di solito i colleghi, registrando inconsciamente questa preferenza, finiscono con il rispettare questo suo "territorio". I comportamenti e le preferenze nei luoghi di lavoro sono fortemente influenzati anche dall'apprendimento culturale. Si ritiene, per esempio, che la consuetudine degli inglesi di mettere in comune lo spazio nell'età infantile possa influenzare il comportamento spaziale dell'adulto, che non ricerca il possesso assoluto di un luogo privato in cui svolgere il proprio lavoro.[85]

L'organizzazione dello spazio nelle interazioni è un fattore talmente cruciale che se ne tiene gran conto nei negoziati. Pare che per definire la posizione dei capi di stato, in un trattato di pace, ci siano voluti otto mesi di discussioni solo per decidere dove e come posizionare i membri che vi avrebbero partecipato.[86]

Le ricerche sull'utilizzo umano dello spazio sembrano indicare che il comportamento spaziale sia strettamente condizionato sia dalla struttura fisica dell'ambiente che da fattori culturali e socio-emozionali.[87]

Dal momento che la natura e la tipologia degli elementi presenti nello spazio di interazione variano notevolmente a seconda della cultura, la ricerca sui comportamenti spaziali è stata sostanzialmente indirizzata allo studio delle norme culturali e del loro funzionamento nei contesti d'interazione.

I popoli latinoamericani e gli arabi, per esempio, tendono a stare in piedi o seduti molto vicini, e con un'orientazione faccia a faccia, mentre gli anglosassoni si tengono maggiormente a distanza e preferiscono una posizione più obliqua.[88] Queste differenze culturali implicano che uno stesso comportamento spaziale, come tenere per esempio una distanza di sessanta centimetri, abbia un significato decisamente differente per un arabo o per un inglese.

Anche la conformazione e l'uso dello spazio nelle abitazioni variano in base alla cultura. Per esempio,

> [...] gli arabi trovano le abitazioni americane assolutamente non rispondenti al loro sentimento dello spazio: si sentono oppressi dai soffitti troppo bassi e dalle stanze troppo piccole, trovano l'intimità della casa troppo poco protetta dall'esterno e lamentano la mancanza di panorama. [Di contro negli spazi pubblici del Medio Oriente gli americani si sentono] pressati e sommersi dagli odori [...] mentre nelle case arabe sono spesso spinti a girarsi intorno confusi e sconcertati sentendosi troppo esposti e come fuori posto per il troppo spazio.[89]

Date le considerevoli variazioni culturali rispetto al comportamento spaziale nelle relazioni, quando individui appartenenti a culture con concezioni diverse del territorio personale e pubblico si incontrano, tenderanno a stabilire un rapporto spaziale che si adatti a entrambi.

Sono i soggetti in interazione a stabilire le posizioni da assumere nello spazio, basandosi sulle proprie abitudini culturali, su come "sentono" il loro rapporto e sul contesto d'interazione. Spesso lo spazio che percorriamo con il nostro corpo può essere letto nei termini di avvicinamento o di allontanamento da qualcuno.[90] Nel corteggiamento tutto ciò è molto evidente. L'avanzare e il farsi vicino è di solito segno di attrazione che può causare un allontanamento dell'altro nel caso non ci sia reciprocità di sentimenti. Secondo Hall "[...] un fattore decisivo nello stabilirsi di una certa distanza è costituito dal come le persone sentono il proprio reciproco rapporto in quella determinata situazione".[91]

La conoscenza e il rispetto dei modelli culturali e personali di uso dello spazio, e quindi il rispetto dei segnali di distanza o di prossimità che invia il nostro interlocutore, aiutano a migliorare la comunicazione con lui.

Il contatto corporeo

Immaginate di trovarvi in aeroporto, costretti a una lunga attesa. Per ingannare il tempo osservate le persone che salutano i propri accompagnatori prima della partenza. C'è chi si scambia solo una rapida stretta di mano e chi si saluta con un bacio rituale sulle guance, ma c'è anche chi si abbraccia e si bacia calorosamente e sembra quasi voler incorporare l'altro dentro di sé, segnalando così la difficoltà di separarsi.

Nel modo in cui le persone si toccano nel salutarsi è possibile cogliere qualcosa sulla relazione che le unisce, perché il contatto corporeo è proprio uno degli indicatori più importanti del legame che unisce due persone. Tanto più è forte il legame, tanto più è intenso e frequente il contatto corporeo. È infatti l'attrazione, dovuta al legame tra due persone, che spinge a superare la naturale inclinazione a difendere il proprio spazio personale per entrare in contatto fisico.

In ogni contatto interpersonale si cerca istintivamente il punto di equilibrio tra le due tendenze opposte del "toccarsi" e del "mantenere la distanza" fino a trovare, di volta in volta, la forma e il grado ottimale di contatto fisico con l'altro in base alle norme vigenti nella propria cultura.

Durante le osservazioni in aeroporto avete forse notato differenze nel modo di salutarsi anche in base al sesso, all'età, all'appartenenza etnica. Ciascuno ha infatti un forte senso della propria privacy corporea, la cui forza varia da persona a persona in base al sesso e all'età, ma anche alle norme implicite dettate dalla cultura di appartenenza. Nella nostra cultura il contatto fisico è stato associato alla sessualità, e ciò ha dato luogo a una serie di regole e di tabù che costituiscono altrettanti vincoli nel rapporto con gli altri. L'abbraccio per esempio, che rappresenta uno dei più eloquenti mezzi di comunicazione, è poco praticato tra gli adulti e viene consentito solo in situazioni fortemente emotive come matrimoni o funerali.

Nella maggior parte delle culture il contatto corporeo tra adulti è regolato da convenzioni culturali complesse che stabiliscono "chi può toccare chi", "come", "quando" e "in quale parte del corpo". Ogni cultura ha disegnato una mappa ideale delle parti del corpo che possono essere toccate e di quelle tabù. Noi occidentali per esempio possiamo facilmente accettare che ci tocchino una mano, ma siamo più riluttanti ad acconsentire che ci venga toccata la testa o il viso, e solo al partner permettiamo di toccarci nelle zone connotate sessualmente. Solo ai genitori finché si è bambini, e agli amanti una volta diventati adulti, si concede libero accesso a tutte le parti del proprio corpo. Per tutti gli altri esiste una mappa implicita di zone tabù che variano con il variare del rapporto tanto che, se una persona viola una delle zone tabù mettendoci un braccio intorno alla vita, comprendiamo subito che ci sta implicitamente proponendo di cambiare la natura del nostro rapporto.

Molti studi hanno messo in evidenza che le donne generalmente si toccano tra loro più degli uomini e che i popoli di origine latina tendono ad avere contatti fisici maggiori di quelli di origine anglosassone, mentre ebrei e arabi sono popoli caratterizzati da un grado elevato di tattilità. In quasi tutti i popoli occidentali vi sono anche forti differenze di classe nell'uso del contatto corporeo: di solito sono le classi sociali più elevate che hanno maggiori difficoltà a esprimersi e a comunicare attraverso il contatto fisico. Ai ragazzi inglesi delle classi superiori, per esempio, si insegna che il toccarsi tra di loro è poco virile. Condizionamenti culturali di questo tipo hanno prodotto in molte culture una sorta di sanzione verso il contatto corporeo, che può essere perciò vissuto come segno di volgarità.

Eppure, quante cose può dirci il modo in cui l'altro stabilisce un contatto fisico con noi!

C'è chi ha un tocco così leggero da farsi sentire appena, come se volesse entrare in contatto con noi in punta di piedi, e chi si impone con un tocco possente. Pensiamo per esempio alla stretta di mano e alle informazioni che riceviamo dal modo in cui l'altro ce la stringe. Diamo di solito un significato positivo a una stretta ferma e decisa e uno negativo a una stretta fiacca e debole.[92] La stretta di mano è un'espressione della personalità, come il modo di camminare e di parlare e, per quanto sia possibile modificarla, conserverà i caratteri del personale modo di essere.

La percezione della propria immagine corporea si forma attraverso il contatto fisico. L'esperienza di essere toccati è la prima forma di comunicazione che un bambino sperimenta, quella di cui ha maggiormente bisogno per essere rassicurato, perché toccare è un segno di approvazione.

Tra gli uomini primitivi, il neonato da cui la madre si allontanava, anche solo di pochi metri, correva il rischio di essere raggiunto dagli animali predatori. A seguito del processo di selezione naturale, sono sopravvissuti soprattutto i neonati che riuscivano a mantenere una vicinanza e un contatto con la madre. Da qui ha origine l'esigenza evolutiva del neonato e della madre di attrarsi e avvicinarsi con richiami affettivi e con comportamenti reciproci di attaccamento e contatto corporeo. Noi conserviamo nei geni la memoria biologica dei sopravvissuti e questo spiega la ragione per cui, ancora oggi, i bambini sono così sensibili al contatto corporeo. Da neonati, l'abbraccio materno ci rassicura sul fatto che sopravvivremo ancora di più delle sue parole e del suo latte.

Studi ormai classici nel campo della psicologia evolutiva[93] hanno dimostrato che la privazione delle carezze materne nella fase neonatale rallenta la produzione di ormoni della crescita, fino a provocare, nei casi di privazione grave, dei veri e propri deficit nello sviluppo. Per crescere bene un bambino ha bisogno delle carezze e del contatto fisico con la madre, tanto che bambini poco accarezzati, da adulti, rimangono ancorati a un bisogno insaziabile di cure e di attenzioni. "La carezza è calore che passa attraverso la porosità della pelle per raggiungere il dentro di un altro. [...] È un tipo di comunicazione intensa che non ha bisogno di parole."[94] Ecco perché l'essere accarezzati o abbracciati è un'esperienza emotiva forte che riattiva il ricordo dell'intenso rapporto con la madre. Molte ricerche[95] hanno dimostrato che il contatto "pelle a pelle" stimola la parte del cervello specializzata nel sollecitare ed elaborare le emozioni.

Man mano che una cultura assume valori di tipo occidentale, perde l'abitudine al contatto fisico. Nella comunicazione interpersonale l'uomo occidentale si è affidato sempre di più ai "sensi di distanza", come la vista e l'udito, rispetto ai "sensi di prossimità" come il tatto, il gusto, l'olfatto. Il mondo moderno sembra aver prodotto una nuova specie di uomini: gli intoccabili. Secondo Montague[96] non solo tendiamo a evitarlo, ma ci difendiamo attivamente da ogni forma di contatto fisico non necessario.

L'uomo occidentale sembra aver perso la consapevolezza di quanto sia importante il contatto per il suo benessere psicofisico. Ma è un peccato visto che la pelle, involucro sensitivo per eccellenza, è il più sofisticato canale di comunicazione di cui è dotato il corpo umano, quello attraverso cui passano gli scambi più coinvolgenti con gli altri individui.

Un segnale della deprivazione tattile a cui ci hanno sottoposto le nostre norme culturali è il diffondersi della moda dei massaggi. I moderni abitanti delle città ricorrono sempre più spesso alle manipolazioni di massaggiatori orientali, alla ricerca di quel benessere e di quel contatto antistress a cui i popoli meno civilizzati sembrano non aver mai rinunciato. Il prezzo che paghiamo alla civilizzazione passa anche attraverso l'impoverimento del contatto fisico ed emotivo con gli altri.

7

Dove si comunica

Siamo arrivati a buon punto del viaggio intrapreso nel territorio della comunicazione interpersonale. Abbiamo seguito un itinerario intessuto di domande e scandito da tappe che ci ha consentito di esplorare i diversi aspetti del fenomeno. Siamo ora in grado di affrontare una delle tappe più complesse, quella relativa al "dove si comunica". Un tema che ci introduce al concetto di contesto che, includendo tutti gli elementi trattati finora, rende ancora più evidente la complessità della comunicazione interpersonale.

Ogni scambio comunicativo avviene inevitabilmente all'interno di un determinato contesto che contribuisce, in modo determinante, alla definizione dei significati prodotti. Il concetto di "contesto" si lega così a un'altra nozione multideterminata, quella di "significato". "Prive di contesto, le parole e le azioni non hanno alcun significato. Ciò vale non solo per la comunicazione verbale umana ma per qualunque comunicazione."[1]

È vero che ci sono discorsi che potremmo definire "autosufficienti" perché hanno lo stesso significato indipendentemente da chi li fa, dal luogo, dal momento o dall'interlocutore, come per esempio un ragionamento logico matematico. Ma è pur vero che la maggior parte dei discorsi fatti nel corso delle interazioni si colorano di significati diversi, in funzione delle situazioni in cui vengono pronunciati e delle conoscenze che gli interlocutori condividono.[2]

Numerose ricerche[3] hanno evidenziato come la situazione eserciti una grande influenza sullo stile adottato nella formulazione dei messaggi, sulla loro decodifica e interpretazione, e sullo stesso significato di un messaggio o di un comportamento. Malgrado ciò, quando si pensa alla comunicazione interpersonale, si tende a trascurare l'importanza che riveste il contesto in cui si svolge, e a non considerare abbastanza che certi comportamenti possono risultare inspiegabili o stravaganti, fino a quando non si allarga il campo di osservazione, includendovi appunto la cornice in cui si manifestano.

Un divertente racconto del famoso etologo Konrad Lorenz aiuta a rendersi conto di come molti comportamenti possano essere compresi solo considerando il contesto in cui si sviluppano. Il racconto ruota attorno a un episodio accaduto durante uno degli esperimenti, in cui Lorenz si era sostituito alla madre di una nidiata di anatroccoli.

> Nel giardino di una casa di campagna, visibile dal marciapiede esterno, un grosso signore con tanto di barba striscia accoccolato per il prato tracciando degli otto, mentre continua a guardarsi indietro e a fare ininterrottamente "qua qua qua...". Ero molto compiaciuto – scrive Lorenz – dei piccoli che ubbidienti e precisi seguivano trotterellando il mio qua-qua, quando a un certo momento alzai gli occhi e vidi una fila di volti allibiti affacciata sopra la siepe del giardino: un'intera comitiva di turisti mi guardava stupefatta. L'erba alta nascondeva gli anatroccoli e quello che vedevano i turisti era qualcosa del tutto inspiegabile, un comportamento veramente folle.[4]

Per cogliere in pieno tutta la ricchezza e le sfumature di significato dei messaggi che ci si scambia, occorre quindi tener conto, oltre che di tutti gli aspetti del comportamento, anche di quegli elementi del contesto portatori di significato o che contribuiscono alla sua definizione.

Sviluppare una corretta percezione del contesto e sapervi adattare la comunicazione è un passo decisivo verso una migliore competenza comunicativa. Il contesto, inteso come la situazione in cui avviene la comunicazione, include tutti gli elementi che lo caratterizzano e quindi la personalità degli interlocutori, le conoscenze che condividono e il tipo di relazione che li lega, ma anche l'ambiente socioculturale, il luogo fisico, il momento temporale, gli scopi dello scambio comunicativo, le regole che governano quel tipo di situazione.[5] La definizione della situazione e della relazione include le aspettative sul modo in cui noi e gli altri dovremmo comportarci. Il variare anche di uno solo di questi elementi comporta una variazione della situazione e quindi del modo in cui le persone interagiscono e del significato di ciò che viene espresso.

Prendiamo per esempio una riunione di lavoro: l'andamento dell'interazione tra chi vi partecipa può risentire del luogo in cui si svolge – una confortevole sala riunioni o una mensa affollata e rumorosa – ma può risentire anche del momento della giornata – a prima mattina quando si è freschi e riposati o in tarda serata quando si è stanchi e stressati.

La comunicazione può variare anche in funzione dei ruoli ricoperti dagli interlocutori: l'arrivo del capo in una riunione tra colleghi di pari grado di solito comporta un cambiamento del linguaggio adottato e dello stile che diventa più formale.[6] Ma può anche accadere che un cambiamento di questo genere si verifichi perché qualcosa si è modificato nella relazione tra i partecipanti, magari in seguito a un disaccordo sull'argomento.

Dato che solitamente sono la situazione sociale, il luogo, il momento, le persone presenti e lo scopo a determinare l'adozione di un certo stile comunicativo, una variazione di questo, nella stessa situazione e con le stesse persone, può segnalare un mutamento della condizione psicologica.[7] Un modo diverso di parlare, il passaggio da un registro amichevole a uno più distaccato e formale, può per esempio far comprendere che l'interlocutore si è irritato. E questo è un mutamento di contesto che influisce significativamente sullo scambio successivo.[8]

Una variazione del contesto può far variare anche il significato di ciò che viene espresso. Penso al contesto non solo come luogo fisico, ma come luogo temporale che può riferirsi a un tempo sociale, ma anche a un tempo soggettivo, personale. La frase "*Che caldo fa in questa casa!*" assume un valore diverso, se pronunciata in piena estate o in pieno inverno, oppure se chi la dice è una persona che soffre il caldo o è notoriamente freddolosa.

Proprio in seguito allo studio di questi fenomeni, negli ultimi anni si è fatta sempre più strada tra gli studiosi l'idea che il contesto non vada considerato come elemento statico di sfondo, ma come elemento dinamico che viene prodotto durante l'interazione.

Insomma, ogni elemento del contesto può avere influenze diverse sulla comunicazione che vi si svolge. Abbiamo già esaminato la dimensione temporale, la personalità e le aspettative degli interlocutori, o la relazione che li lega. Vediamo ora più da vicino il contributo di quegli elementi che non abbiamo ancora considerato.

Contesto come luogo

Oltre a contribuire alla definizione dei significati, le caratteristiche del luogo fisico in cui avviene la comunicazione possono influenzarne l'efficacia.

Tutti abbiamo esperienza di quanto sia difficile comunicare con l'impiegato dell'ufficio pubblico attraverso un vetro, in una stanza rumorosa e affollata mentre si viene incalzati da una fila di persone spazientite. E quanto invece sia più agevole comunicare con il professionista che ci riceve in una stanza spaziosa, luminosa e accogliente.

Le caratteristiche del luogo, poi, sono esse stesse portatrici di significato. Un luogo rumoroso e affollato indica che ci troviamo in un'organizzazione che non persegue come dovrebbe l'obiettivo di facilitare la comunicazione e creare una buona relazione con il cliente. Così come la stanza confortevole del professionista ci parla di un preciso modo di relazionarsi e di un'attenzione verso ciò che può favorire la comunicazione.

L'organizzazione degli spazi può avere influenze rilevanti sulla vita sociale di coloro che li utilizzano. La disposizione dei mobili in una stanza può facilitare l'interazione sociale o avere l'effetto opposto. In un salotto per esempio, due divani posti l'uno di fronte all'altro a poca distanza facilitano la comunicazione molto più di due divani lontani o posti ad angolo.

Alcuni studi hanno evidenziato come gli ambienti possano avere influenze sottili sull'umore, le percezioni, i sentimenti, e di conseguenza sulle relazioni. Un esperimento realizzato negli Stati Uniti[9] ha dimostrato che la qualità della stanza occupata da una persona, anche per un periodo molto breve, come la stanza dell'esperimento, aveva un effetto evidente sui punteggi di quella persona circa la soddisfazione nella vita. I soggetti che si trovavano nella stanza sgradevole, una stanza piccola, spoglia, deprimente e con luci tremolanti hanno riportato una soddisfazione per la vita molto inferiore rispetto ai soggetti che si trovavano in quella piacevole, una stanza confortevole ben illuminata.

Le banche, per fare un esempio, hanno capito ormai da anni che il sentimento di fiducia, e di conseguenza la propensione agli investimenti da parte dei clienti, aumenta se vengono ricevuti in un luogo accogliente e riservato, piuttosto che rimanendo in piedi dietro a un vetro.

Oltre agli elementi stabili di un ambiente ci sono poi fattori "dinamici" che giocano un ruolo importante nell'influenzare i comportamenti comunicativi. Uno di questi è sicuramente il rumore, che può avere effetti diversi sull'interazione. Tutti abbiamo sperimentato che suoni piacevoli, come un bel brano musicale, possono influenzare positivamente la natura dei sentimenti verso l'altro.

Altro fattore "dinamico" che ha un effetto ugualmente potente sull'interazione è la luce. Alcuni studiosi[10] in un esperimento hanno chiesto a dei soggetti di trascorrere un certo tempo con persone sconosciute, in una stanza completamente buia. Le loro interazioni sono state significativamente diverse rispetto a quelle di soggetti sottoposti alla stessa esperienza, ma in una stanza ben illuminata. Le persone della stanza buia hanno raggiunto abbastanza velocemente un livello elevato di intimità, discutendo agevolmente di argomenti intimi con i loro partner non visti, e molti di loro non hanno mostrato alcuna resistenza ad avere un contatto fisico con gli altri. Questo risultato è spiegato dal fatto che il buio crea una sorta di intimità e contemporaneamente di anonimato, che diminuisce le inibizioni e rende più disponibili a intraprendere contatti umani. Un effetto analogo è quello che cercano di ottenere i gestori dei locali notturni anche solo abbassando le luci.

È interessante come norme sociali e vincoli psicologici possano essere così facilmente elusi con un semplice gesto, quello di abbassare le luci!

Contesto come norme culturali

Molti studiosi[11] hanno esplorato i legami profondi tra comunicazione e contesto culturale dimostrando che ogni relazione umana è influenzata, in modo sostanziale, dalla cultura in cui si sviluppa e dalle norme culturali che i soggetti condividono. È la cultura che fornisce quell'insieme di conoscenze condivise che consentono alle persone di comunicare e di capirsi, strutturando così la forma e la natura della comunicazione.

Ogni scambio comunicativo implica infatti l'esistenza di una serie di accordi taciti tra gli interlocutori, dovuti alla realtà socioculturale da loro condivisa.

Di recente, nelle ricerche sulla comunicazione, si è affermato un approccio "etnografico" che studia, attraverso l'osservazione della vita quotidiana, l'insieme delle tecniche e delle abitudini comunicative, "i metodi etnici" appunto, che i membri di una società utilizzano per interpretare il loro mondo sociale e per agire all'interno di quel mondo. Dagli studiosi di questo orientamento il contesto socioculturale non viene considerato come un dato a priori, ma come prodotto dalle attività "situate" dei soggetti in comunicazione.[12]

Il valore di questi studi consiste nell'aver dimostrato la rilevanza dei riti e dei cerimoniali sottesi agli scambi comunicativi quotidiani. Molte ricerche hanno dimostrato che tutti sentiamo una profonda necessità di essere come gli altri, di pensare come gli altri e di sentirsi accettati dagli altri.[13] Ciò rivela quale potere eserciti il conformismo nelle nostre azioni sociali, e come esso sia saldamente radicato in una serie fittissima di regole di comportamento, talmente interiorizzate da essere considerate ovvie e non più oggetto di riflessione.[14]

Come detto a proposito della competenza comunicativa, la cultura produce norme, cioè regole di comportamento, convenzioni più o meno esplicite che ci indicano i comportamenti da tenere e quelli da evitare nelle varie situazioni, rendendo in un certo senso le nostre interazioni quotidiane ordinate e prevedibili. Nella maggior parte dei casi ci adeguiamo a tali convenzioni in modo automatico e inconsapevole. In questo senso le norme producono in ciascuno di noi precise aspettative circa il modo in cui noi e i nostri interlocutori dovremmo comportarci in ogni situazione.[15]

Apparentemente, dato che le convenzioni sono per definizione condivise e accettate, almeno in un certo grado, queste non dovrebbero costituire un elemento di complessità per gli scambi che avvengono all'interno di una stessa cultura.[16] Tuttavia, alle convenzioni culturali generali, se ne aggiungono altre che si stabiliscono all'interno di sottogruppi, come quelli professionali o amicali, di famiglie, di coppie, e questo sì che rappresenta un elemento di complessità dal momento che ciascuno di noi appartiene a più gruppi sociali, da ognuno dei quali assimila aspettative riguardo ai diversi tipi di relazioni e di comportamenti da tenere.

Tutti i gruppi sociali tendono a sviluppare proprie regole di comportamento non scritte che ci si aspetta vengano rispettate dai vari membri, tanto che chi non si adegua è rifiutato o disapprovato. Un gruppo esiste solo in quanto i suoi membri si conformano a tali regole, assicurandone così la sopravvivenza e il buon funzionamento.[17] Per ottenere un certo grado di consenso alle sue regole e funzionare come unità sociale, ogni gruppo è disposto a investire molta energia.

Ci sono comportamenti che a un osservatore esterno possono sembrare normali o insignificanti e che invece acquistano un particolare significato all'interno di sistemi interattivi come coppie, famiglie, gruppi di amici o colleghi. Spesso in contesti familiari o lavorativi ci sono regole di base che si riferiscono ad azioni concrete e contengono specifiche prescrizioni di comportamenti.[18] Un esempio sono le regole relative alla gestione dei conflitti. A volte ho sentito dire: "*Nella nostra famiglia non si litiga*", che equivale a negare il conflitto; oppure: "*Se ci si arrabbia è meglio discutere il problema*", che implica una maggiore flessibilità nell'affrontare situazioni conflittuali; o ancora: "*Se non si va d'accordo è meglio farsi aiutare da qualcuno che ha più esperienza*", che contempla la possibilità di un cambiamento come risultato di un intervento esterno.

Le norme culturali possono influenzare non solo la scelta di un tipo di comportamento tra quelli consentiti, ma anche le emozioni che si provano nelle relazioni, il modo in cui vengono manifestate e il valore che a esse si attribuisce. Nella maggior parte delle culture occidentali di solito non è consigliabile esprimere verbalmente atteggiamenti ed emozioni interpersonali come l'accettazione o il rifiuto dell'altro, che perciò comunichiamo, come abbiamo visto, attraverso il più sottile linguaggio non verbale.

Esistono differenze culturali relative al grado in cui alcune emozioni vengono manifestate o celate a seconda del contesto in cui sono provate.[19] Nelle relazioni sessuali fra uomo e donna, per esempio, esistono differenze fra le diverse culture, e talvolta all'interno di una stessa cultura, riguardo a chi debba fare il primo passo e al significato dell'invitare il partner a casa propria.

La cultura, quindi, influendo sulle emozioni che le persone sentono e su come le esprimono, agisce sulla natura delle relazioni che si instaurano.

Contesto come ruoli in relazione

Mentre vi sono norme di relazione la cui violazione comporta solo un relativo disagio o una blanda disapprovazione, ve ne sono altre, ben più rilevanti, che devono essere osservate dalle persone che occupano determinate posizioni o ruoli nella società. Ogni ruolo sociale è associato a diritti e doveri specifici e regolato da norme di comportamento la cui trasgressione può comportare sanzioni anche notevoli. Se un medico molesta una paziente, una volta denunciato, non andrà solo incontro alla disapprovazione sociale, ma potrà subire l'allontanamento dalla comunità professionale e la radiazione dall'albo.

Molti dei nostri comportamenti hanno le loro radici in sentimenti originati da norme di ruolo, che in questo modo regolano la maggior parte delle nostre relazioni interpersonali.[20]

Ogni ruolo è complementare a uno o più ruoli. Marito e moglie, padre e figlio, medico e paziente, capo e collaboratore sono ruoli complementari che implicano aspettative condivise rispetto ai reciproci comportamenti. Le persone che ricoprono ruoli complementari saranno d'accordo nel considerare la loro una relazione di un dato tipo, perciò si aspetteranno che si svolga secondo certe modalità. Tuttavia, essi sono anche stati soggetti a influenze diverse, determinate dal ceto, dalla religione, dal gruppo dei pari o dalle circostanze, per cui è difficile che le premesse da cui partono e le aspettative che hanno riguardo alla relazione siano perfettamente coincidenti. Questo rende necessario un certo grado di negoziazione per definire la relazione. Pensiamo per esempio alle coppie formate da persone di culture molto diverse o a quelle con un forte gap generazionale.

L'influenza delle aspettative di ruolo è diversa a seconda delle società e cambia con il tempo all'interno di una stessa società. Basti pensare a come sono cambiate le aspettative inerenti ai ruoli maschili e femminili nella nostra cultura. È anche vero che, se gli atteggiamenti possono cambiare con una certa rapidità, i comportamenti poi cambiano più lentamente. Ho spesso notato una certa incongruenza tra atteggiamenti di tipo egualitario nei confronti dei ruoli sessuali e comportamenti effettivi da parte di donne e uomini cinquantenni.

La struttura dei ruoli sociali e delle regole che li governano può portare in molti casi al sorgere di incomprensioni e conflitti. Per esempio in una coppia il comportamento di uno dei due partner può non corrispondere alle aspettative dell'altro, oppure i due possono avere un'idea diversa del comportamento da tenere nella relazione di coppia, o ancora entrambi possono non capire come l'altro interpreti il proprio ruolo.

Possiamo sperimentare conflitti di ruolo anche al nostro interno quando ci troviamo in situazioni in cui dobbiamo far fronte contemporaneamente a due o più aspettative tra loro conflittuali, come nel caso delle donne che oggi, nelle società occidentali, devono soddisfare aspettative di ruolo spesso in conflitto tra loro, come quelle di madre, di moglie, di lavoratrice, di cittadina.

Ognuno di noi porta con sé nelle relazioni i presupposti acquisiti non solo dalla società nel suo insieme ma anche dalle molte categorie, in sovrapposizione reciproca, alle quali sente di appartenere. Il nostro modo di comunicare è profondamente influenzato dall'appartenenza a tali categorie e dalla percezione della struttura di relazioni tra queste. Per esempio, se mi percepisco come una donna, giovane, madre, professionista, progressista ecc. tenderò a instaurare relazioni coerenti con le categorie cui sento di appartenere. Quello che ci aspettiamo dalle nostre diverse relazioni e il modo in cui ci comportiamo al loro interno sono influenzati dalle aspettative di ruolo, dovute alle suddivisioni e articolazioni della società.

Nel tentare di pervenire a una definizione comune della relazione, ciascuno è poi condizionato, oltre che dalle norme di ruolo e dalla situazione del momento, anche dalla propria storia passata. Ognuno di noi, come sappiamo, percepisce e definisce le situazioni in base alle esperienze vissute. Molte influenze della nostra storia sono condivise dalla maggior parte di coloro che sono cresciuti nella stessa cultura, altre invece sono solo nostre.

Per comprendere come si realizza la comunicazione nella vita quotidiana è importante essere più consapevoli, oltre che delle condizioni dichiarate e manifeste, anche di quelle sottostanti e implicite. Se è vero che ogni frase viene detta all'interno di un contesto e di una relazione, allora il suo significato dipende dalla storia relazionale e contemporaneamente contribuisce a riprodurla o a modificarla.[21]

Contesto come conversazione

Per approfondire la comprensione del carattere dinamico dei fenomeni comunicativi, e dei costanti cambiamenti che avvengono nel corso dell'interazione, negli ultimi anni si è molto studiata la conversazione, ritenuta l'ambito privilegiato entro il quale emergono i fenomeni di natura psicosociale.[22] Sono state così identificate una serie di regole e prescrizioni implicite che governano le conversazioni, a partire dai modi in cui possono essere iniziate e concluse. Sono state individuate regole rilevanti in una conversazione spontanea e regole indispensabili in un colloquio formale. Alcune riguardano l'interazione, come il rispetto dell'alternanza dei turni (quindi il parlare uno alla volta, senza sovrapporsi e senza interrompersi), il riconoscimento dello spazio di parola per tutti, se si è in tanti, l'ascoltare gli altri prestando interesse, il dare segnali di comprensione di quanto l'altro sta dicendo, il rispondere alle domande e così via.[23] Altre regole riguardano il contenuto, come il non dire né di più né di meno di quanto necessario, l'essere chiari e il non mentire (o almeno non farsi sorprendere a mentire), l'attenersi agli argomenti di cui si parla o a quelli appropriati alla situazione.[24]

Si sa che esistono argomenti tabù, come il sesso in presenza di bambini, e argomenti quasi "obbligatori" in certe circostanze, come il tempo, la salute, il cibo. Nelle conversazioni poi non devono esserci troppi vuoti, lunghi silenzi, ma neanche eccessi di parole. Sono inoltre prescritti piccoli riti di cortesia come saluti, complimenti, scuse, ringraziamenti.

Naturalmente il fatto che esistano e siano implicitamente condivise non vuol dire che tali regole vengano sempre rispettate, è certo però che sono parte della competenza comunicativa di tutti noi.

Molte affermazioni all'interno di una conversazione contengono solo una parte limitata delle conoscenze necessarie per comprendere quel messaggio. Alcune delle conoscenze che ci permettono di dare ordine e senso alle nostre conversazioni quotidiane sono universali, quindi valide per tutti, in ogni tipo di situazione, altre sono invece rilevanti nella situazione specifica o in un particolare momento dello scambio comunicativo. Le prime sono quelle per cui riusciamo a raggiungere la comprensione reciproca anche in presenza di espressioni momentaneamente ambigue, assumendo che verranno chiarite nel corso della conversazione. Il secondo tipo di conoscenze comprende tutto ciò che fa parte del patrimonio culturale di un determinato gruppo etnico o sociale, di un gruppo professionale o di una famiglia.[25] A questa serie di conoscenze facciamo continuamente riferimento nel corso dell'interazione, e in modo particolare a quelle che sono per definizione rilevanti in una data situazione.

Lo svolgersi in modo regolare di una normale conversazione è possibile solo in quanto gli interlocutori interpretano le frasi ambigue o sottintese grazie al patrimonio comune di conoscenze condivise che consente loro di scegliere, fra i molti modi corretti di esprimere un concetto, quello più facilmente comprensibile dall'altro e appropriato alla situazione.

La varietà delle conoscenze condivise dagli interlocutori, che consente loro di comunicare e di capirsi, muta da situazione a situazione. Più è vasto il patrimonio comune più è facile per loro comunicare e più difficile, per un estraneo, decodificare correttamente il significato delle loro frasi.

Ci sono frasi o espressioni formulate in una sorta di codice "riservato", nel senso che possono essere comprese solo da chi sa decodificarle. Molti messaggi acquistano un significato preciso in relazione a un contesto sociale specifico come una famiglia, un partito politico, un gruppo sportivo. Alcune espressioni, nate all'interno di una famiglia, se ascoltate da un estraneo possono essere decodificate in modo completamente diverso. In un ufficio a volte una frase può suscitare un'ilarità incomprensibile a un esterno, solo perché richiama il comportamento di qualcuno o un episodio accaduto in precedenza.

Quando parliamo ci basiamo continuamente su questo patrimonio di conoscenze comuni, di assunti impliciti e condivisi che ci permettono di dare per scontati alcuni passaggi o di assegnare determinati significati a quanto viene detto. A volte ci basta una sola parola per comunicare il contenuto di un intero discorso, come nell'esempio fatto da Zani:

> [...] un giovane disoccupato rientrando a casa dirà alla madre solo la parola "niente", riceverà senza dubbio una frase o un gesto d'incoraggiamento; entrambi sanno esattamente di cosa stanno parlando e quindi non occorre aggiungere altro, ma la stessa parola non avrebbe alcun significato in un contesto comunicativo diverso.[26]

Nella vita quotidiana accade di frequente che l'informazione venga trasmessa in modo estremamente sintetico, con una parola appena. In questi casi i vuoti vengono colmati dagli interlocutori proprio facendo riferimento alle conoscenze condivise tacitamente.

Si può concludere che un comportamento sociale competente è frutto di una corretta percezione delle esigenze del contesto. Per essere efficaci nel comunicare, occorre conoscere e applicare le regole che determinano la sequenza di comportamenti appropriata e accettata in quella particolare situazione interattiva. Per questo motivo essere consapevoli della varietà delle situazioni sociali e delle loro esigenze specifiche, e assumersi la responsabilità di rispettarle, è un passo importante verso il miglioramento della competenza comunicativa.

8

Prime conclusioni. Dall'efficacia all'etica

Arrivati a questo punto del viaggio, abbiamo sufficienti informazioni per poter dare delle risposte alle domande poste all'inizio:

- Chi è un buon comunicatore e chi non lo è?
- Buoni comunicatori si nasce o si diventa? E come lo si diventa?
- Si tratta di acquisire tecniche o di sviluppare capacità?
- O si tratta di assumere a guida del proprio modo di comunicare dei valori e ispirare la propria condotta a un senso etico del vivere?

Come ormai sapete, propendo per quest'ultima posizione. Ritengo cioè che si possano acquisire tecniche e sviluppare capacità, ma che questo non esaurisca il cammino verso un più efficace modo di comunicare. Si può certo migliorare, si possono evitare alcuni errori, ma il vero salto sta nel cambiare il proprio atteggiamento verso se stessi e verso coloro con cui ci si relaziona.

Mi rendo conto di andare controcorrente rispetto al modo in cui è oggi inteso, dai più, un buon comunicatore. Per questo ritengo opportuno sostenere la mia idea con un rigoroso ragionamento logico, ricostruendo il percorso che ci ha portati verso la tesi che la buona comunicazione si fonda sull'etica, e che comunicare in modo efficace significhi comunicare ispirandosi ai valori di Consapevolezza, Responsabilità e Rispetto.

Come credo sia ormai chiaro, in qualunque processo comunicativo esistono contemporaneamente due livelli di scambio di significati, strettamente interconnessi, uno esplicito e l'altro implicito. Lo scambio di messaggi impliciti è continuo e dinamico e influenza la relazione tra gli interlocutori, modificando il corso della comunicazione.

Per semplicità si può dire che il livello esplicito coincida con il "cosa" diciamo, mentre il livello implicito coincida con il "come" lo diciamo. Normalmente il messaggio esplicito esprime ciò di cui siamo consapevoli e che abbiamo intenzione di comunicare, mentre quello implicito può non essere intenzionale e addirittura non consapevole.

Quando i messaggi espliciti concordano con quelli impliciti, la comunicazione è coerente e procede fluida, come un treno sul suo binario, consentendo agli interlocutori di continuare a scambiarsi contenuti, e a comprendersi. Al contrario, quando c'è incongruenza tra messaggi espliciti e messaggi impliciti, la comunicazione può prendere una direzione non voluta e non controllata dagli interlocutori, un po' come un treno che prende un binario che va in una direzione diversa da quella desiderata.

Se il nostro interlocutore pronuncia parole amichevoli usando un tono ostile o sarcastico, non si può che essere disorientati.

A quale messaggio dare ascolto? A quello amichevole o a quello ostile?

Se vi siete trovati in una situazione del genere, sapete che le parole amichevoli non vi hanno granché convinti e soprattutto che il tono vi ha influenzato più delle parole, tanto che è a quello che avete reagito.

Come abbiamo visto, i messaggi impliciti hanno un impatto comunicativo maggiore di quelli espliciti, in quanto sono quelli che più contribuiscono a provocare le nostre reazioni.

L'implicito a volte si insinua nei discorsi anche solo attraverso una parola, che può lasciar cogliere quella sfumatura del pensiero di cui magari non si è del tutto consapevoli.

Ed ecco come si può spiegare, per esempio, il caso in cui nostro figlio o un collaboratore reagisce negativamente a una frase del tipo: "*Sei stato proprio bravo questa volta*". Nel messaggio esplicito di apprezzamento, "*Sei stato proprio bravo*", l'altro ha colto la contemporanea presenza di quello implicito di rimprovero, "*... questa volta*", ed è a quest'ultimo che ha reagito. Troveremo tanto più inspiegabile questa sua reazione quanto più saremo inconsapevoli del doppio messaggio che gli abbiamo inviato. Tuttavia, la reazione del nostro interlocutore rappresenta un feedback da cogliere, che dovrebbe far riflettere, rendendoci consapevoli di quanto abbiamo comunicato davvero, sia pure senza averne un'intenzione cosciente.

Possiamo a quel punto interrogare noi stessi sulle nostre vere intenzioni ed emozioni. Volevamo davvero lodarlo? O volevamo rimproverarlo? O magari volevamo fare entrambe le cose?

Come ormai sappiamo, l'ascolto del dialogo interno può aiutare a prendere decisioni più coerenti con le proprie autentiche intenzioni ed emozioni. La risposta che ci daremo consentirà di proseguire nello scambio con maggiore coerenza, aiutando così anche l'altro a comprendere meglio le nostre reali intenzioni e a quelle, quindi, reagire. La mancanza di consapevolezza rispetto ai messaggi non intenzionali può causare malintesi e rendere disfunzionale la comunicazione. Già Freud in *Psicopatologia della vita quotidiana* sosteneva che:

> In questo come in altri casi simili mi sono detto che le azioni eseguite non intenzionalmente devono per forza diventare fonte di malintesi nei rapporti fra le persone. L'autore del gesto, che nulla sa di un'intenzione al riguardo, non se lo addebita e non se ne ritiene responsabile. L'altro invece, utilizzando regolarmente questi gesti per trarne conclusioni sulle intenzioni e sulle tendenze del prossimo, comprende certi fatti psichici dell'estraneo più di quanto questi sia disposto ad ammettere o creda di aver manifestato. Il primo invero s'indigna, quando gli si rinfacciano le deduzioni tratte dalle sue azioni sintomatiche; le dichiara infondate, perché gli manca la coscienza dell'intenzione nell'eseguirli, e si lamenta di essere frainteso. A badarci bene, questi malintesi sono dovuti a un comprendere troppo o troppo sottilmente. Quanto più "nervosi" sono due individui, tanto più facilmente si offriranno a vicenda occasioni di dissidi, la cui motivazione da parte di ciascuno dei due viene negata per sé con la stessa decisione con cui viene asserita come sicura per l'altro. E ciò è veramente la punizione per l'intima insincerità con cui gli uomini manifestano soltanto camuffati nella dimenticanza, nella sbadataggine, nell'involontarietà, impulsi che farebbero meglio a confessare a sé e agli altri, se proprio non li sanno più dominare.[1]

Ecco perché ritengo che essere competenti nella comunicazione comporti in primo luogo diventare più consapevoli dei significati impliciti che filtrano attraverso le parole. Camilleri in *Un filo di fumo* descrive così questa competenza:

> Lemonnier si rilassò, abbassando per un momento la guardia: sempre, in mezzo ai siciliani, era costretto a stare in tensione per scoprire il non detto, il rimando, il sottinteso che era il vero discorso da capire, mentre quello che appariva come l'esplicito discorso principale non era che copertura, fumo negli occhi.[2]

Non è sempre facile diventare consapevoli dell'implicito che filtra attraverso le proprie parole, perché bisogna prestare attenzione a più aspetti contemporaneamente.

Diventare più consapevoli infatti significa non solo rendersi conto di cosa si sta veramente trasmettendo, del senso che ha per noi quella affermazione, ma anche dell'impatto che ha sull'altro. Significa perciò afferrare il senso complessivo delle sue reazioni, sapendo cogliere tra le parole, attraverso la lettura del linguaggio non verbale, le sue reali intenzioni, anche quando queste non sono del tutto consapevoli. Ma, data la circolarità del processo, bisogna anche prestare attenzione all'impatto che le parole dell'altro hanno su di noi, alle reazioni emotive che suscitano e a quanto confermano o modificano la relazione che abbiamo o che vogliamo avere in quel momento.

La Consapevolezza è il necessario presupposto della Responsabilità. Come vedremo meglio fra poco, per comunicare in modo efficace bisogna anche assumersi la responsabilità della riuscita dell'interazione.

Se è vero che il processo comunicativo è un processo circolare, in cui ognuno influenza ed è influenzato dall'altro, allora il nostro modo di muoverci al suo interno può determinarne la riuscita o il fallimento. Eppure quante volte ci è accaduto di dire che non comunichiamo bene con il nostro partner perché "*lui non mi capisce*"? Quante volte tendiamo a percepire il nostro comportamento come una reazione a quello dell'altro e mai viceversa?

Quando si definisce così una situazione di difficoltà nella comunicazione, si sta dimenticando la circolarità del processo e mettendosi in una condizione di impotenza. Se pensiamo che la colpa sia dell'altro, che è l'altro che non capisce o non vuole capire, la situazione per noi è bloccata e non ci resta che subirne le conseguenze.

Per sbloccare una situazione del genere può essere utile definirla diversamente e pensare che, se l'altro non ci ha capiti, è magari perché noi non ci siamo spiegati bene. Questa diversa definizione emancipa dalla condizione d'impotenza e apre un ventaglio di nuove possibilità per modificare il corso dell'interazione. Possiamo per esempio provare a riformulare i nostri messaggi, adeguandoli meglio all'interlocutore, fino a ottenerne la comprensione. Assumersi la responsabilità della comunicazione significa non accettare passivamente i fallimenti ma intervenire per trasformarli in successi.

Tornando all'esempio precedente, una volta diventati consapevoli di quanto è accaduto, possiamo per esempio intervenire dicendo: "*Mi dispiace che tu ti sia sentito rimproverato per le altre volte. Non era mia intenzione farlo, mi sono espresso male*"; oppure: "*È vero, volevo rimproverarti. Se sei stato così bravo questa volta, non capisco perché non puoi esserlo sempre*".

Assumersi la responsabilità significa correggere la rotta della comunicazione, modulando il linguaggio verbale e non verbale, in modo da intervenire sulla reazione che abbiamo suscitato nell'altro, nel caso non sia quella che desideravamo. Questo vuol dire rimettere il treno della comunicazione sul giusto binario e non lasciare che devii, portandoci in una direzione verso cui magari non desideriamo andare. Lasciare che l'interazione vada come non desideriamo, o peggio, ingannare noi stessi o gli altri non è comunicare in modo efficace.

Saremo in grado di non cadere in questo genere di errori, se saremo stati capaci di esplicitare le nostre vere intenzioni o emozioni, senza ferire gratuitamente l'altro, senza mancargli di rispetto, ma riconoscendogli il diritto alla verità. Il valore del Rispetto è, dal mio punto di vista, quello più importante. Ne parleremo meglio più avanti, per il momento vorrei trarre delle prime conclusioni rispondendo, sulla base di questo ragionamento, alle domande iniziali.

Buon comunicatore non è chi compromette, fin dall'origine, il patto di fiducia su cui si costruiscono relazioni soddisfacenti ed equilibrate, vendendo un'immagine di sé che non corrisponde alla realtà, o adoperando strategie manipolatorie per ottenere il consenso. Le ricerche condotte negli ultimi cinquant'anni, in materia di comunicazione persuasiva, convergono nel ridimensionare le ipotetiche possibilità di manipolazione dell'altrui condotta attraverso espedienti comunicativi di vario genere. Come abbiamo visto, i nostri schemi cognitivi ci proteggono da informazioni che contrastano con le nostre esperienze e convinzioni e la sensibilità ai messaggi non verbali ci aiuta a smascherare la falsità altrui. Questo tipo di comunicatore, quindi, è destinato a essere, prima o poi, smascherato o smentito dai fatti, perdendo il consenso estorto e fallendo così nelle proprie relazioni.

Colui di cui parlo è invece una persona che basa il successo comunicativo sulla capacità di essere autentico e quindi di instaurare e mantenere relazioni fondate sulla fiducia. È una persona, sostenuta da un senso etico della vita e delle relazioni, in grado di generare nuova e più profonda comunicazione.

Questa è l'idea che intendo approfondire nella seconda parte del viaggio, che mi piacerebbe continuare con voi.

PARTE SECONDA

I valori guida

9

L'utilità dei malintesi

Ognuno di noi ha esperienza di quanto sia facile fraintendere gli altri o venire fraintesi. Nella comunicazione interpersonale, equivoci e malintesi sono diffusi, ricorrenti e, per diverse ragioni, inevitabili. In molti casi, come ormai sappiamo, le incomprensioni nascono da differenze di linguaggio o di cultura e, ancora di più, dal mancato riconoscimento di tali differenze. Molti equivoci sono riconducibili al fatto che, nell'esprimere il proprio pensiero, chi parla fa riferimento a un universo simbolico specifico della propria cultura, considerandolo ovvio e di senso comune. Altri dipendono dall'intrinseca ambiguità del linguaggio che fa sì che non ci si possa sottrarre a una continua negoziazione dei significati. Per questo, se vogliamo essere compresi, dobbiamo impegnarci nella ricerca delle parole più appropriate a esprimere il nostro pensiero, così come dobbiamo prestare attenzione agli slittamenti di significato, richiamando l'attenzione dell'interlocutore sulla voluta sfumatura semantica, almeno dei termini che riteniamo importanti.

Ci sono malintesi dovuti alla cattiva qualità dell'ascolto reciproco e altri causati da un "difetto" d'informazione, un "non detto", un dare per scontato che l'altro conosca bene ciò di cui parliamo. Il malinteso, in questi casi, nasce dalla differenza di conoscenze rilevanti per l'argomento in discussione. Ma non è detto che maggiore quantità di informazione o migliore ascolto siano sufficienti a evitare questo genere di problemi.

Il più delle volte, a causare incomprensioni è la discrepanza che si verifica fra le deduzioni o inferenze che, a partire dalle nostre parole, vengono fatte da chi ci ascolta e quelle che ci si aspetterebbe che lui facesse. Mi spiego meglio. Come abbiamo visto, nelle conversazioni quotidiane non tutti gli elementi necessari alla comprensione vengono esplicitati, molti sono solo presupposti, o lasciati intendere, insinuati. Quando conversiamo, non diciamo un'infinità di cose che vengono comunque intese in quanto sono parte di quel patrimonio comune di informazioni e conoscenze di cui abbiamo parlato. Se racconto a un amico che la mia nuova collaboratrice: "*È bella* MA *intelligente*", il mio amico coglie il significato di quel "ma" in quanto è a conoscenza del luogo comune che le donne belle siano stupide. Oppure, se conversando con un'amica voglio parlare di mia figlia, dirò semplicemente "*Emiliana*" e non "*Io ho due figli, un maschio e una femmina che si chiama Emiliana ecc.*".

Ogni messaggio viene quindi interpretato in base alle conoscenze di ciascuno e a ciò che sappiamo delle conoscenze dell'altro. Tutto ciò che viene recepito dalle nostre parole dipende da qualcos'altro che è dato per scontato da entrambi. Tuttavia, la nostra comunicazione quotidiana è piena di presupposizioni non sempre corrette circa le conoscenze di cui gli altri dispongono. Quando conosciamo da poco l'interlocutore, per esempio, può essere difficile rendersi conto della quantità e qualità delle informazioni che possiede, se non si pone sufficiente attenzione agli effetti che le nostre parole producono in lui. Quando le nostre supposizioni su quanto è condiviso dall'interlocutore sono sbagliate, si può verificare una perdita d'informazione a cui l'altro cerca di ovviare attraverso inferenze e deduzioni.

Secondo Goldstein:

> Un bisogno umano fondamentale è quel genere di sicurezza che deriva dalla capacità di sfuggire al panico dovuto all'ignoranza o alla confusione creando o scoprendo il significato. Per cui le nostre facoltà cognitive intenzionalmente tendono a creare il senso dal non-senso, l'ordine dalla confusione, la chiarezza dal mistero, la realtà dall'ambiguità.[1]

Perciò chi ascolta aggiungerà qualcosa all'informazione ricevuta, riuscendo, nel migliore dei casi, a recuperare la perdita, ma rischiando anche di alterare o addirittura di stravolgere il contenuto del messaggio.

Nel tentativo di ricostruire le altrui intenzioni comunicative, possiamo incorrere in fraintendimenti dovuti a un eccesso o a un difetto d'inferenze. Se un cliente dice "*Lei non mi è venuto incontro come speravo*", decodificare il messaggio come "*Sono arrabbiato con lei*" può essere un eccesso d'inferenza, tanto rischioso per la relazione, quanto lo è il difetto del non capire che si riferisce al nostro onorario.

Deduzioni e illazioni hanno maggiori possibilità di successo, quanto più ampie sono le informazioni di cui si è in possesso e quanto maggiore è la capacità di utilizzarle. A volte può bastare una sola parola per illuminare un'intera parte del discorso fino a quel momento oscura. Ecco perché, in molti casi, la comunicazione è efficace se contiene un certo grado di ridondanza, anche se non si deve correre il rischio di essere prolissi e di annoiare gli altri, perdendone così l'interesse e l'attenzione. Non bisogna cadere nell'errore di rendere la comunicazione piatta e impersonale e di sterilizzare la propria espressività, rinunciando all'arguzia, alla vivacità, all'ironia in favore di una assoluta chiarezza. Del resto non si può pretendere di ottenere sempre una comprensione piena da parte di chi ascolta, se è vero che, nel comunicare, la difficoltà principale non sta tanto nella codifica e decodifica dei messaggi, quanto nello sforzo di arrivare a un'accezione condivisa attraverso processi di negoziazione finalizzati alla *co-costruzione* di significati.

Utilità del malinteso

Spesso il significato delle parole è profondamente incorporato nella struttura dell'interazione. Ma anche quando, grazie al sistema di conoscenze comuni, parliamo e ci capiamo senza apparenti difficoltà, è tuttavia fatale che l'inevitabile ricorso a sottintesi, allusioni e impliciti sia potenzialmente fonte di equivoci e malintesi.

Molti malintesi sono provocati da quella che un'autorevole studiosa, Marina Mizzau,[2] definisce "l'obliquità comunicativa":

> Mascherando parzialmente le proprie intenzioni, attraverso un messaggio che è interpretabile sia al livello letterale, di contenuto, sia al livello più profondo, di relazione, chi parla offre all'interlocutore la possibilità di capire o di non capire (o di fingere di non capire); parallelamente, offre a se stesso la possibilità di non esporsi, di "salvare la faccia" mettendosi al riparo dal rischio di non risposta, o di rifiuto.[3]

Molte sono le forme, in cui si manifesta la comunicazione obliqua, di solito legate alla situazione specifica. Ma alcune di queste ricorrono con maggior frequenza:

> [...] per esempio formulare accuse generali al posto di una particolare, oppure al contrario aprire un conflitto su un evento particolare pretestuoso per coprire/scoprire questioni più generali, fino al dire l'opposto di ciò che si desidera, fino al silenzio come modalità paradossale di comunicazione: il silenzio come difesa, il silenzio come sfida, o come forma di "evitamento" (quest'ultimo usato prevalentemente da chi ha più potere nei confronti della relazione).[4]

Un altro esempio si ha quando disattendiamo aspettative o richieste del partner, cambiando argomento o rispondendo in modo incompleto o incoerente alle sue domande.

Le donne, più degli uomini, sono maestre nella comunicazione obliqua e quando dicono al partner "*Fai come vuoi*", spesso in realtà intendono dire "*Se fai quello che vuoi, dopo la pagherai*". Vorrei dare un suggerimento agli uomini: quando la vostra partner dice "*Decidi tu*", potrebbe voler dire che "*La decisione dovrebbe essere ovvia*".

A prescindere da quali siano le cause, i fallimenti comunicativi assumono forme diverse. Può succedere infatti che l'altro non riesca a interpretare, o interpreti in modo sbagliato le nostre intenzioni o, ancora peggio, che chi ascolta pensi che le nostre vere intenzioni siano diverse da quelle dichiarate, ci sia cioè da parte nostra una volontà di inganno. È inevitabile che tutto ciò porti da piccole incomprensioni, facilmente correggibili, fino a conflitti più o meno gravi. Pur essendo sempre possibile adottare strategie di riparazione, spesso si preferisce lasciar correre, credendo sia meglio non sottolineare l'inadeguatezza comunicativa per non rischiare di creare ulteriori problemi.

E invece dovremmo imparare a pensare che non siamo vittime impotenti di fronte agli insuccessi comunicativi, ma che abbiamo gli strumenti per trasformarli in successi, o almeno per impedire che producano ulteriori danni.

Normalmente, il malinteso è spiacevole, ci mette a disagio, ci fa sperimentare tutta la difficoltà del capirsi. Malgrado ciò esso non va considerato solo come un fallimento della comunicazione: un malinteso è anche un'occasione per capire le intenzioni reciproche, le sfumature di significato, le aspettative che ci erano sfuggite.

"C'è una verità nascosta nei malintesi" sostiene La Cecla.[5] Questi incidenti di percorso ci avvertono di non aver ascoltato o capito davvero l'altro. Credevamo di voler dire la stessa cosa, di esserci intesi, quando una sfumatura del discorso, un'impercettibile differenza, rivela quanto in realtà fossimo lontani. "Il senso del malinteso può essere apprezzato quando si comincia a combattere l'idea che esso sia simile a un non capire."[6]

Possiamo abituarci a pensare che equivoci e malintesi spesso rivelino il sistema implicito di aspettative e atteggiamenti reciproci, offrendo così uno spazio, un'occasione di spiegazione: "Proprio perché non ci siamo capiti, dobbiamo continuare a spiegarci".[7]

La frequenza dei malintesi aiuta a comprendere che, nella comunicazione interpersonale, il mero trasferimento di informazioni è un compito secondario rispetto al lavoro di costruzione di una realtà comune, alla fatica del mettersi d'accordo sui significati profondi che ci si sta scambiando, alla difficoltà di definire se stesso, l'altro e la relazione che ci accomuna. Per questa ragione equivoci e malintesi vanno considerati parte della costruzione comune dei significati, vanno visti come una sorta d'involontaria strategia interpersonale che prepara e consente la costruzione dell'intesa, della comprensione, della condivisione. Il malinteso può quindi essere utilizzato per rilanciare l'interazione, per creare nuova e più efficace comunicazione, a patto che vi sia il desiderio di farlo, la fiducia nel prolungamento dell'interazione e la volontà di impegnarsi. Ma per uscire da un malinteso è necessario avere pazienza e nutrire fiducia che prima o poi le cose si chiariranno.

Purtroppo non sempre ci si rende conto di essersi fraintesi. A volte la comunicazione prosegue e si conclude senza danni apparenti. Altre volte si ha solo una confusa impressione che qualcosa non abbia funzionato, ma non si sa dire il perché. La consapevolezza di trovarsi di fronte a un malinteso dovrebbe spingerci a cercare di porvi rimedio, correggendo l'interpretazione dell'interlocutore, attraverso una negoziazione sui significati. Ovviamente perché questa operazione riesca agevolmente è necessario identificarne la causa prima possibile. Da questo punto di vista, comunicare efficacemente significa non tanto evitare il sorgere di malintesi, quanto imparare a intervenire in tempo, prima che compromettano la comunicazione, o peggio si trasformino in conflitti. E anche quando non riusciamo a prevenire un conflitto, possiamo comunque imparare ad affrontarlo e a elaborarlo.

Dal malinteso al conflitto

Uno degli aspetti della vita di relazione di fronte al quale siamo più impreparati sono proprio i conflitti. La maggior parte di noi non li ama e, apparentemente, fa di tutto per evitarli, quando poi vi si trova coinvolta generalmente attiva difese che non fanno che aggravarli. Tutto ciò rende spesso penosa la vita di relazione, tanto che sono convinta che molti dei lettori desiderano diventare più abili nella gestione dei conflitti che rendono pesante la loro quotidianità. È possibile, per fortuna, divenire più competenti nel gestire i conflitti sviluppando, prima di tutto, maggiore consapevolezza rispetto alla loro natura.

Soffermiamoci un momento sulla questione. Quando qualcosa non va in una relazione ci si trova di fronte al dilemma se affrontare o meno il problema. Affrontare il problema, si pensa, potrebbe peggiorare le cose: l'altro potrebbe sentirsi ferito e reagire attaccando a sua volta, e la relazione finirebbe con il risentirne. D'altra parte, se non si esplicita all'altro cos'è che non va, ci si sente vittime, e si cova dentro un'insoddisfazione che inizia a minare il rapporto.

Ciascuno di noi ha dentro di sé una parte sensibile e delicata che teme di soffrire nella relazione con gli altri. Ognuno sa quanto malessere si provi a essere feriti o a sapere di aver ferito l'altro, sa quanto possano far male il senso di colpa e quello d'inadeguatezza. In questo gli esseri umani sono tutti uguali: nutrono tutti le stesse paure, cadono tutti nelle stesse trappole, soffrono tutti per le stesse ragioni. Ciò che rende difficile vivere e affrontare i conflitti è proprio quel genere di paura che condividiamo con gli altri esseri umani.

Tuttavia vivere conflitti è inevitabile, se è vero che il conflitto, come abbiamo visto, è già latente dentro ciascuno di noi. E se anche abbiamo imparato a evitarli, fatalmente essi si riattivano in tutte quelle situazioni in cui i nostri desideri o interessi vengono a scontrarsi con quelli di altre persone. L'esistenza di un potenziale antagonismo è una caratteristica fisiologica di ogni relazione; anzi, molti conflitti vanno considerati come sintomi di vitalità dialettica di un rapporto.

Purtroppo nella nostra cultura, e quindi nel senso comune, il conflitto viene vissuto come una minaccia verso se stessi o come pericolo di rottura della relazione. Per questo è così diffusa la tendenza a sfuggirlo o negarlo, in modo da evitare che produca danni. E invece un conflitto, se elaborato costruttivamente, genera una migliore comprensione tra i membri del rapporto. I conflitti possono allontanare le persone, ma anche avvicinarle in una relazione più intima, perché contengono un seme che darà frutti diversi a seconda di come verrà "trattato".

Indipendentemente dalle caratteristiche personali o del contesto, gli errori che commettiamo, in presenza di un conflitto, sono più o meno gli stessi. Una delle cose che ho imparato è quanto sia utile nella comunicazione interpersonale saper riconoscere un conflitto sul nascere, dal momento che prima lo si riconosce più è facile affrontarlo. A volte l'interrompersi, il sovrapporsi, il cadere in quelle piccole lotte per la parola sono già segnali di un contrasto latente, che vanno riconosciuti e interpretati come tali. Intendiamoci, non parlo di quei battibecchi che possono a volte *ri-vitalizzare* la comunicazione, parlo del manifestarsi, in modo mascherato, della collera o di un'aggressività distruttiva che può invece *de-vitalizzarla*.

Ma una volta riconosciuto l'insorgere di un conflitto, cosa si può fare per farlo evolvere in modo costruttivo, evitando che si trasformi in qualcosa che fa soffrire inutilmente noi e l'altro? In fondo, nella vita di relazione, quello che ci preme davvero è non soffrire o quantomeno non troppo, né inutilmente. Tutti gli esseri umani cercano di evitare quel genere di sofferenza che è la sofferenza relazionale sperimentata oggi, per la prima volta nella storia dell'umanità, in modo così acuto e diffuso. La società opulenta, in cui viviamo in Occidente, ci ha emancipati dalla sofferenza del corpo – quella della fame, della sete, del freddo – ma ci ha contemporaneamente condannati alla sofferenza dell'anima, che si manifesta nelle relazioni umane. La depressione, una delle malattie più diffuse nei paesi industrializzati, è in molti casi generata da relazioni disfunzionali o malate, come del resto molte altre delle malattie in aumento. Essa si manifesta come una mancanza di spinta vitale oltre che di incapacità relazionale.

Nei conflitti la sofferenza relazionale si esprime in modo eclatante. Ecco perché li provochiamo e perché contemporaneamente li temiamo, li sfuggiamo.

Si tende generalmente a essere più litigiosi in una relazione in cui ci si preoccupa più di se stessi che dell'altro, viceversa, quando ci si preoccupa più per l'altro si è portati a subire e a non porre dei limiti al suo comportamento, pur di evitare discussioni, con esiti comunque negativi. In molti casi sarebbe forse meglio dare ascolto alla parte di noi che non ama vivere le relazioni in modo inutilmente conflittuale: in essa c'è una saggezza, oltre che una testimonianza di civiltà.

Quando un conflitto è ormai in atto, è possibile trasformarlo da potenziale fonte di sofferenza in un'opportunità relazionale, esattamente come per il malinteso? Come comportarsi in una relazione conflittuale per impedire che diventi distruttiva?

Quello di cui parleremo nei prossimi capitoli vuol essere un contributo per dare risposte a queste domande.

Per ora, posso dire che la mia esperienza personale mi ha insegnato l'importanza della cortesia in tutte le relazioni umane e in particolare in quelle conflittuali. Ovviamente non parlo della cortesia come "buone maniere", come ipocrita formalità, non mi riferisco a quella forma elegante di comportamento, magari utilizzata in modo difensivo, per tenere gli altri a una certa distanza. Parlo di una disposizione autentica, del sorriso, della gentilezza, di quella capacità di prendersi cura dell'altro, di quel modo di essere, "inventato dall'umana saggezza per alleggerire la strada che si percorre in compagnia".[8] La cortesia a cui mi riferisco non si esaurisce in una serie di regole del cosiddetto saper vivere, "è, piuttosto, un'espressione della grande capacità umana di far star bene gli altri".[9]

Per fortuna la cortesia è presente nella vita di tutti noi, almeno tutte le volte che capita di incontrare persone attente, garbate, che ci fanno sentire bene e ci mettono a nostro agio. È più frequente di quanto si possa pensare, anche se non ce ne rendiamo conto, dato che si tratta di una qualità che si fa notare più per la sua assenza che per la sua presenza. Ma è pur vero che tutti conosciamo persone che ci irritano proprio per i loro modi scortesi, persone che evitiamo di frequentare, appena lo possiamo. Ma la mancanza di cortesia comporta un prezzo anche verso se stessi. Damasio sostiene che: "Quando non siamo gentili con gli altri puniamo noi stessi e ci neghiamo l'opportunità di raggiungere la pace e la felicità interiori".[10]

Frequentiamo volentieri le persone gentili perché il loro modo di porsi comunica comprensione e rispetto dei nostri bisogni, perché in certi casi sono capaci di mettere da parte, momentaneamente, i propri desideri o la posizione sociale a favore del benessere reciproco. Le persone cortesi non sottolineano la propria posizione sociale: nella relazione portano la loro umanità e non il ruolo ricoperto nella società. E se la loro condizione è umile, la cortesia conferisce loro dignità: i loro modi hanno la giusta sfumatura di condiscendenza in modo da segnalare rispetto, senza per questo sbilanciare la relazione umana. Una persona cortese non impone il suo punto di vista e, non risultando minacciosa, non attiva difese. Anzi, i suoi modi leggeri rassicurano, per questo hanno l'effetto di farci rilassare e predisporre alla "rel-azione", al dialogo e alla comprensione. La cortesia trasmette, e quindi ottiene, quella fiducia umana su cui si edifica un rapporto costruttivo. È alla base di una comunicazione etica ed efficace e, allo stesso tempo, è al vertice della qualità di ogni relazione umana.

In molte circostanze i comportamenti aggressivi nascono da una frustrazione, da uno stato di tensione psicoemotiva dovuto alla difficoltà di ottenere ciò che si desidera. I modi cortesi rappresentano una sorta di strategia relazionale di sostegno emotivo. Chi è cortese si preoccupa di non minare l'autostima dell'altro e, se è costretto a farlo, cerca di offrire in cambio qualcosa, un complimento, un segno di accettazione o di ammirazione.

Nelle interazioni conflittuali, mantenere o ristabilire la cortesia è un obiettivo verso cui tendere, per lasciare la porta aperta alla ricomposizione del conflitto, al ristabilirsi dell'armonia. Saper dire: "*Scusami, mi dispiace*", per quanto difficile possa essere in alcune circostanze, se è un'espressione autentica del proprio sentire, ha spesso un effetto decisivo.

Con coloro che ci attaccano, la cortesia può rivelarsi un mezzo di difesa piuttosto efficace oltre che civile, perché spunta le armi in mano all'interlocutore: è più difficile continuare ad aggredire una persona sorridente e gentile. I modi cortesi sedano le emozioni fonti di conflitto, invitano l'altro a rilassarsi, o a non insistere nell'ostilità e nel rifiuto. Anche nel corso di un acceso diverbio si può sempre adottare quell'atteggiamento che ci fa avvicinare l'altro con parole che sottolineano l'amicizia, segnalano attenzione, rispetto dei suoi sentimenti e desideri o della sua posizione nella relazione.

E poi, c'è da chiedersi se durante un conflitto sia proprio necessario dire tutto quello che si pensa: spesso lo si pensa solo in quel momento!

Insomma la cortesia può costituire un prezioso strumento relazionale per correggere la comunicazione, se non va come desideriamo che vada, ma a una condizione: la cortesia funziona se è autentica, se diventa un atteggiamento mentale, un modo abituale di porsi nei rapporti. E quanta intelligenza ed equilibrio sono necessari per essere davvero cortesi!

L'abitudine al rispetto e alla considerazione degli altri è profondamente etica. "Non c'è segno esteriore di cortesia che non abbia una profonda base morale" scriveva Goethe nelle *Affinità elettive*.[11]

Nel delizioso libro *Elogio della cortesia* l'autrice Giovanna Axia scrive che:

> Se si osservano con cura i rituali spontanei dei bambini alla scuola materna, si scopre, per esempio, che quando un bambino vuole entrare in un gioco spontaneo di gruppo con gli altri usa una formula rituale: "*Siamo amici, vero?*". [...] Ebbene, agli esseri umani basta avere cinque anni per saper risolvere i conflitti per mezzo delle parole e per usare a proposito quel sottile e potente strumento di pacificazione che è la cortesia. Davvero, viene da chiedersi cosa si faccia ai bambini, per costringerli a diventare quegli adulti ottusi e prevaricatori che tanto spesso ci affliggono l'esistenza![12]

La cortesia dell'umorismo

C'è un aspetto della cortesia che non è facile da identificare perché non ha regole codificate. È quello che si manifesta nell'umorismo, nell'ironia, nella capacità di ridere o di far ridere. L'umorismo smorza la tensione perché sdrammatizza, mette a proprio agio, rende tutto più lieve e accettabile. "Facendo ridere con una battuta, blocchiamo l'aggressività dell'altro e, anzi, stimoliamo una reazione positiva. [...] Grazie al ridere, creiamo armonia e fusione con l''amico' invece di contraddire e battere il 'nemico'."[13]

Sul piano della relazione l'umorismo stabilisce una sorta di complicità: quando si condivide una battuta ironica, un doppio senso, si diventa in qualche modo alleati, complici di una certa visione delle cose. E se si ride insieme è poi più difficile aggredirsi. Come si può continuare a litigare dopo aver fatto insieme una risata?

La capacità di ridere insieme consente di modificare le emozioni attivate da un avvenimento spiacevole: una battuta spiritosa può bloccare l'irrompere dell'ansia, della paura, della rabbia.

Scrive ancora Freud: "Col riso viene a un tratto resa disponibile dell'energia che era impegnata, fino a quel momento, per controllare alcune condizioni psicologiche intime".[14] E se abbiamo a disposizione una maggiore quantità di energia è evidente che possiamo affrontare meglio le difficoltà relazionali.

> Per esempio – suggerisce Mizzau – possiamo minimizzare l'aspetto di sanzione di un rimprovero o di un ammonimento, o il carattere autoritario di un ordine, o anche la sgradevolezza di un insulto [...] attraverso un'intonazione leggermente recitativa, improntata a una particolare enfasi, o a una mimica adeguata. Analoga funzione minimizzante ha l'ironia nei casi di vanteria, quando si vuole annullare l'effetto sgradevole che potrebbe avere una presentazione del sé eccessivamente positiva.[15]

Secondo Marianella Sclavi,[16] l'umorismo riesce a trasformare situazioni di conflitto interpersonale, caratterizzate da atteggiamenti offensivi o difensivi, in occasioni in cui è possibile esplorare modalità comunicative alternative. La maggior parte delle volte la funzione dell'umorismo è di ridurre la distanza, o la pesantezza di un rapporto, generando un clima piacevole con il risultato di tenere alta la soglia d'ingresso nel conflitto e bassa quella della reciproca accettazione.

> L'escalation competitiva cui è sottoposto un conflitto – penso al conflitto di coppia come paradigma – può subire un arresto nel meccanismo, e quindi un cambiamento positivo, quando i contendenti raggiungono una sintonia nel modo di definire la relazione e il conflitto stesso attraverso l'ironia.[17]

La tensione provocata da un conflitto è fonte di stress, e quando siamo sotto pressione il nostro corpo aumenta la produzione di sostanze, come il cortisolo, che interferiscono con il buon funzionamento del sistema immunitario.

Sembra ormai accertato che il calo delle difese immunitarie, che si verifica in presenza di forti tensioni emotive, sia minore in persone dotate di una buona capacità di ridere o di scherzare sui propri problemi.

Martin[18] ha fatto una scoperta chiave: il senso dell'umorismo modera il calo delle difese immunitarie che si verifica quando siamo sotto stress. In queste circostanze, infatti, diminuisce nella saliva l'immunoglobulina A, che ci preserva dalle infezioni delle vie respiratorie, ma che riflette anche lo stato di tutto il nostro sistema immunitario.

Numerosi studi[19] hanno confermato che il ridere ha effetti benefici sul corpo umano: il meccanismo base è quello di ridurre le conseguenze deleterie della tensione, liberando sostanze come le beta-endorfine, note per il loro potente effetto analgesico. In più il senso dell'umorismo facilita la circolazione sanguigna producendo una sensazione di rilassamento e benessere.[20] Fry,[21] psichiatra della Stanford University, sostiene che ridere di cuore provoca effetti simili a quelli dell'esercizio fisico, avendo osservato che dieci minuti di risate al giorno equivalgono a circa dieci minuti di vogatore, e sono una ginnastica vigorosa... dei muscoli facciali, delle spalle, del diaframma e dell'addome. Una risata contribuisce quindi a ridurre le tensioni muscolari: il rilassamento e il sollievo che ne conseguono possono spiegare gran parte del potere di riduzione dello stress da parte dello *humour*.

Ciò che stiamo descrivendo è un processo circolare e ricorsivo. Il conflitto attiva stress, questo a sua volta abbassa le difese, e quando si abbassano le difese immunitarie, si attiva automaticamente una reazione chimica ed emotiva che, mettendoci in una posizione difensiva, può essere a sua volta all'origine di nuovi conflitti.

Lo stress, sostiene Selye,[22] non dipende tanto da ciò che ci accade quanto dal modo in cui lo interpretiamo e vi reagiamo. Umorismo e ironia funzionano come moderatori dello stress, perché offrono un'alternativa alla visione conflittuale. La capacità di cogliere gli elementi comici di una situazione pone una distanza tra sé e il problema, riducendo così i vissuti di ansia, frustrazione, impotenza. Una delle caratteristiche fondamentali dell'umorismo è proprio la sua capacità di modificare la percezione delle difficoltà che stiamo vivendo. Lo *humour* determina un cambiamento di prospettiva che aiuta a prendere le distanze da una situazione che ci disturba, offrendo la possibilità di vederla in modo diverso. Freud scriveva: "Il fine condotto a termine dall'umorismo è importante [...]. È come se volesse dire: '*Guarda qui! Ecco a cosa si riduce quello che ti sembra un pericolo così tragico: a un gioco da ragazzi. Solo una cosa su cui scherzare*'".[23]

Non tutti abbiamo la fortuna di essere dotati di una spiccata vena umoristica ma, come molte delle qualità umane, anche questa si può sempre sviluppare. Si tratta di imparare a non sentirsi vittime e a prendere meno sul serio le situazioni che ci mettono in difficoltà pensando che, anche se non ci piacciono, possono sempre insegnarci qualcosa.

Ho più volte sperimentato quanto sia potente, in una relazione conflittuale, l'effetto dell'autoironia. E se ci si pensa bene non c'è da sorprendersi. Quando ci si prende in giro da soli è come se si dicesse all'altro: "*Non è il caso che tu mi attacchi per questa mia incapacità, lo sto già facendo da me*".

Certo non è facile, perché tutti temiamo di essere criticati o rifiutati se riveliamo i nostri difetti. Ma se riusciamo a riderci sopra, esorcizziamo anche questo timore. Chi è capace di fare dell'autoironia, previene o attenua gli attacchi, perché attiva negli interlocutori il desiderio istintivo di consolare, di incoraggiare, che si prova di fronte a chi ammette di avere dei limiti. Nello stesso tempo, trovarsi di fronte a qualcuno che non si colpevolizza, ma anzi sa ridere delle proprie difficoltà, rassicura sul fatto che lo si possa fare anche per le proprie.

Chi ride di se stesso, minimizzando i propri successi, disattiva negli altri emozioni come l'invidia o la gelosia, spesso generatrici di potenziale competizione. Se si prende come esempio Woody Allen con la sua celebre battuta: "*Oggi che sono più conosciuto faccio cilecca con donne più belle*", e se si impara a ridere un po' di sé, si riusciranno anche a gestire meglio i conflitti relazionali.

10

La consapevolezza

Viviamo gran parte della nostra vita in uno stato di coscienza solo parziale. Nel corso della giornata compiamo molte azioni con il "pilota automatico" così come molte delle nostre reazioni sono dovute ad automatismi. E non potrebbe essere altrimenti. Dal momento che non è possibile assegnare la stessa attenzione a tutto ciò che si fa o si sperimenta, si impara ad automatizzare le azioni che più si ripetono e a prestare attenzione solo alle attività e alle esperienze più inusuali o coinvolgenti. Si tratta di un meccanismo psicologico di risparmio energetico: rendere automatiche molte operazioni quotidiane libera infatti parte della nostra energia e ci consente di investirla dove è più utile per noi.

Questa funzionale economia cognitiva è il frutto di una strategia adattiva, dovuta alla necessità di convivere con l'eccesso di stimoli che caratterizza il nostro ambiente, e che induce ad alzare la soglia dell'attenzione. Le città in cui viviamo, troppo rumorose e affollate, cariche di stimoli visivi e acustici, sovraccaricano il sistema nervoso centrale e inducono a proteggersi, modulando il livello di attenzione verso quanto ci circonda. Se per esempio ci si vuole concentrare sulla lettura, si riescono a cancellare i rumori che provengono dall'esterno, il brusio dei passeggeri con cui si divide il viaggio in autobus e il fragore della strada trafficata che si sta percorrendo. Già nell'atto stesso di percepire la realtà si operano dunque selezioni e distorsioni. Del resto, come è possibile concentrare l'attenzione su ciò che interessa per percepirlo più chiaramente, così è possibile distoglierla da ciò che disturba, allontanando dalla coscienza alcuni segnali.

A questi meccanismi adattivi di tipo cognitivo se ne aggiungono altri che si manifestano sotto forma di emozioni. Anche le emozioni modulano o alterano il nostro contatto con la realtà: è quello che accade, per esempio, quando si è innamorati e non si vedono i difetti della persona amata o si intravedono qualità che in realtà non possiede.

Molte volte, poi, la consapevolezza è appannata dal bisogno di difendersi dai dolori e dalle ferite della vita. Per proteggersi, si tende a negare o escludere dalla coscienza alcuni aspetti della realtà. Di solito si rimuove tutto ciò che causa una tensione o una frustrazione, così difficili da sopportare da mettere in pericolo il proprio equilibrio emotivo o, semplicemente, ci si rifiuta di vedere un problema di fronte al quale ci si sente impreparati o impotenti. Più spesso di quanto si creda, non si vede quello che non si vuol vedere: da bambini si cancella l'ostilità o la rabbia dagli occhi dei propri genitori e da genitori si cancella la tristezza o l'infelicità dal volto dei propri figli. Insomma, il contatto con la realtà esterna e interna è solo parziale e la consapevolezza, diciamo così, "intermittente".

Se si è coscienti solo in parte dei propri e degli altrui comportamenti e stati d'animo, è inevitabile che anche la comunicazione si svolga solo in parte in una piena consapevolezza. Spesso nelle relazioni è proprio da una limitata consapevolezza che, come abbiamo visto, si generano fraintendimenti e incomprensioni che riducono o compromettono la riuscita della comunicazione.

Come è stato già detto, ciò che fa la differenza nella competenza comunicativa è l'abilità relazionale e le relazioni sono significativamente influenzate dalle emozioni. Esse definiscono la qualità delle relazioni che ciascuno stabilisce e mantiene con gli altri, tanto in senso costruttivo se si tratta di affetto, armonia, complicità, quanto in senso distruttivo, se si tratta di aggressività, ostilità, rivalità. La vita relazionale non può essere compresa senza tener conto del ruolo giocato dalle emozioni e senza considerare il rapporto di complementarietà che esse instaurano con il pensiero. D'altra parte le relazioni umane, private delle loro connotazioni emozionali, perderebbero d'interesse. Dolori e gioie coniugali, alleanze e invidie professionali, ambizioni e delusioni genitoriali costituiscono quel miscuglio di sentimenti che conferisce alla vita colore e sapore, anche se in ogni momento questi ispirano il modo in cui si ricevono ed elaborano le informazioni, determinando la qualità di tale elaborazione. È possibile rendersi conto del potere che le emozioni esercitano sulla propria vita mentale e relazionale pensando ai momenti in cui, spinti da forti impulsi, si sono compiute azioni di cui magari dopo, una volta sopita l'emozione, ci si è pentiti. Per questo ciò di cui è importante diventare più consapevoli sono appunto le proprie emozioni, se si vuole evitare che irrompano nella comunicazione con effetti non desiderati. Un maggior contatto con i propri vissuti emozionali può illuminare gli intrecci della vita interiore, può regolare e indirizzare l'espressione emotiva, rendendola coerente e più funzionale ai propri intenti comunicativi.

Non sempre è facile essere in contatto con le proprie emozioni: questa parte di noi è stata scotomizzata, scissa, a causa dell'assunto culturale per il quale la componente affettiva dell'uomo deve cedere il passo a quella razionale nel governo del comportamento, tanto più di quello sociale. La capacità di esercitare un controllo sugli impulsi rende infatti il comportamento individuale maggiormente prevedibile e socialmente accettabile. Per lungo tempo nella cultura occidentale l'ideale di uomo è stato "l'uomo razionale", un individuo capace di autocontrollo e in grado di agire sulla base di piani d'azione e calcoli logici e ragionevoli. In base a questo ideale, la sfera emozionale doveva venire scissa, censurata, in quanto in grado di interferire con il "normale" comportamento o di rappresentare un ostacolo al raggiungimento degli obiettivi dell'individuo. Come abbiamo visto, questo ideale d'uomo ha ben poco a che fare con la realtà, nella quale non esistono comportamenti che non siano mossi da una combinazione di stati emotivi e processi cognitivi. In tempi più recenti la consapevolezza di questa realtà si è accresciuta e l'ideale di uomo razionale è sempre meno credibile e reclamizzato. Nella maggior parte dei casi, emozione e ragione costituiscono due modalità conoscitive della mente che si integrano per guidarci nella realtà. Diventa quindi necessario rompere il legame di esclusione reciproca tra ragione ed emozione, per cercare di comprendere invece il funzionamento della loro interazione. L'utilizzo delle nuove tecnologie per studiare il cervello ha permesso di conoscere i meccanismi neurologici che presiedono a questa integrazione, e ha reso possibile comprendere come la rapidità di certe risposte emozionali spieghi il fatto che queste, a volte, prendano il governo del comportamento.[1]

Il ruolo delle emozioni

Le nostre emozioni non sono vicende esclusivamente private, il ruolo giocato dalle altre persone e dal contesto socioculturale è molto rilevante: ciascuno percepisce le proprie emozioni anche attraverso ciò che suscitano negli altri e le decodifica in base alle loro reazioni. Quando si provano determinate emozioni gli altri sono presenti, o fisicamente o come rappresentazione mentale: odio, rabbia e amore non esisterebbero se si prescindesse dalle persone che li hanno provocati. Per questo ogni emozione è un condensato di informazioni su chi la prova, ma anche sull'interlocutore reale o immaginario e sulla relazione che li unisce.

Nelle relazioni, le emozioni agiscono sulla percezione del contesto e dell'interlocutore, definendo l'ambiente interattivo, creando legami, generando alleanze, producendo conflitti. Affetto, amore, allegria, ma anche gelosia, delusione, collera, oltre a essere ciò che rende ricco e dinamico un rapporto, testimoniano che si è pieni di vita. Per questo dovremmo abituarci a pensare alle nostre emozioni come a importantissimi segnali con cui l'organismo manifesta i suoi bisogni e la sua vitalità.

Definire cosa siano le emozioni non è semplice, tanto che gli studiosi per lungo tempo non hanno raggiunto una opinione condivisa sulla loro natura, né su ciò che le distingue da fenomeni simili come i sentimenti o gli stati d'animo. "La difficoltà di pervenire a una definizione precisa dell'emozione è dovuta alla sua stessa natura, che la pone a cavallo tra il dentro e il fuori, il biologico e il sociale, il corporeo e il cognitivo, l'individuale e il sociale, la natura e la cultura", sostiene Emma Corigliano.[2] Tuttavia, negli ultimi anni, il tema è stato molto studiato e si è pervenuti a una distinzione tra le diverse manifestazioni della vita emotiva. Mentre nel linguaggio comune vengono adoperati indifferentemente, nel linguaggio scientifico il termine "emozione" è usato in riferimento a uno stato di breve durata ma di intensità rilevante, mentre i termini di "stato d'animo" e "sentimento" si riferiscono a manifestazioni più stabili e durevoli ma di minore intensità.[3]

Quale che sia la loro durata o intensità, emozioni e sentimenti costituiscono un sistema connesso con la soddisfazione di bisogni e, in questo senso, vanno considerati come il riflesso di interessi biologici di cui è dotato l'organismo umano. L'essere umano conserva, nel proprio patrimonio genetico, i programmi selezionati dall'evoluzione per guidarlo nel rapporto con l'ambiente in modo da assicurarne la sopravvivenza e la riproduzione. Sentimenti, passioni, emozioni sono importanti guide per l'adattamento, a cui la nostra specie deve gran parte del suo successo.[4]

Accanto alle emozioni primarie, legate ai bisogni fondamentali, conservate e potenziate durante l'evoluzione attraverso il meccanismo della selezione naturale, si sono innescate emozioni sociali come la gelosia, l'invidia, il disprezzo, la gratitudine, la vergogna, il senso di colpa, la compassione.

Questo genere di emozioni si accompagna a prescrizioni comportamentali su cui si basano i meccanismi elementari della convivenza sociale.

Secondo molti studiosi[5] non è tanto la natura dello stimolo a suscitare una data emozione, quanto l'interpretazione e valutazione che ne diamo in relazione al nostro benessere. Uno stesso evento, interpretato in modo diverso, suscita emozioni diverse. In questo senso la valutazione cognitiva completa la percezione di un evento, dando luogo a una reazione emotiva coerente con la valutazione operata.

L'essere umano non ha bisogno di imparare a piangere, ad avere paura o a provare vergogna, quello che impara sono semmai le condizioni e gli stimoli specifici che possono fargli provare tristezza, paura, vergogna. Condizioni e stimoli specifici che cambiano nel corso della storia e dell'evoluzione sociale e culturale di ogni società. Ciò significa che la base genetica all'origine della reazione emotiva viene organizzata e resa significativa dalla elaborazione concettuale propria di ogni cultura.[6]

> La rabbia, per esempio, non è solo un sentimento di eccitazione, ma implica una valutazione morale di ciò che l'ha generata. Si prova rabbia quando l'adrenalina è stata messa in circolo in conseguenza di un qualche evento ritenuto una violazione dei propri diritti, della propria posizione ecc.[7]

Sono numerose le ricerche di stampo antropologico[8] che, messe a confronto culture diverse, hanno dimostrato che ogni cultura, definendo gli stili di vita e organizzando la gerarchia di valori sociali e personali, produce modificazioni sostanziali sulla qualità delle emozioni e sulla loro frequenza e/o intensità. Gli antropologi raccontano che nella cultura di Tahiti, per esempio, la rabbia non è accettata e questo non vuol dire che le persone non provino rabbia, ma solo che non la esprimano o la esprimano molto raramente, dal momento che vengono educate a essere gentili con tutti e ad avere considerazione per il punto di vista altrui.[9]

In questo senso le emozioni sono forme di azione sociale, schemi con cui vengono valutate le situazioni e le esperienze in base all'ordinamento morale vigente.

> Nella società occidentale postmoderna la barriera del pudore si è straordinariamente ridotta per quanto riguarda l'intimità corporea (ma non solo quella) e si è indebolito il senso dell'indegnità morale; in compenso ci si vergogna di non essere belli, giovani, ricchi, di "essere nessuno".[10]

Ogni società elabora una propria "cultura emozionale"[11] che comprende una serie di credenze circa la durata e la profondità delle esperienze emotive e prevede norme che regolano l'esperienza emotiva, definendo *quanto* una particolare emozione sia appropriata in una data situazione. Ma se è assodata l'influenza di fattori culturali sui vissuti emotivi, è anche vero che le emozioni, a loro volta, incidono sulla cultura, sulle credenze e sugli atteggiamenti di intere comunità. Le emozioni sono prodotte dal contesto sociale ma, nello stesso tempo, ne producono la forma.

Ogni cultura attribuisce un valore diverso alle emozioni:

> Nelle società in cui la vergogna è il principale regolatore sociale il vergognarsi è culturalmente valorizzato, anzi è ciò che distingue gli esseri umani dagli animali, mentre nella società occidentale postmoderna ci si vergogna di vergognarsi, con il risultato che la vergogna è particolarmente distruttiva.[12]

In ogni caso, anche se i nostri vissuti emotivi risentono della cultura cui apparteniamo, dobbiamo imparare a fidarci delle nostre emozioni e a utilizzarle come preziose fonti di informazione e di intelligenza. Tutte le emozioni infatti, anche quelle cosiddette negative, possono aiutare ad agire nell'ambiente in modo adeguato e a relazionarsi efficacemente con i propri simili. Goleman sostiene che:

> [...] tutte le emozioni sono, essenzialmente, impulsi ad agire, piani d'azione dei quali ci ha dotato l'evoluzione per gestire in tempo reale le emergenze della vita. Esse predispongono all'azione e orientano nella direzione rivelatasi proficua per superare le sfide ricorrenti della vita umana.[13]

Per questo ogni emozione è percepita da chi la prova come una tendenza, più o meno intensa, a *fare* o *non fare* qualcosa, ad andare incontro a una persona o situazione o ad allontanarsene, a sfuggirla.

Attrazione e repulsione sono impulsi primari con una precisa motivazione adattiva.[14] Fin da bambini la paura ci porta a stare lontani da situazioni percepite come pericolose, mentre l'attrazione ci spinge ad avvicinarci a persone e situazioni che sentiamo benefiche per noi. Le emozioni, insomma, attivano un movimento dall'interno verso l'esterno destinato a tradursi in azioni e comportamenti e, in questo senso, sono il reale motore del nostro modo di agire in quanto stimoli a cui non possiamo non rispondere.

Tuttavia, mentre è possibile osservare nei bambini una perfetta coincidenza tra emozione e comportamento, per gli adulti è sempre più frequente la mancata corrispondenza tra l'emozione provata e la reazione manifesta. Una mancata corrispondenza non priva di conseguenze sul corpo. Nella rabbia trattenuta, per esempio, la muscolatura attivata per colpire viene bloccata, provocando contrazioni e rigidità, e la rigidità muscolare si ripercuote sul ritmo e la profondità del respiro. Una respirazione superficiale ha a sua volta l'effetto di farci essere meno in contatto con le emozioni che proviamo.[15] Il risultato è una riduzione della capacità di reagire emotivamente e adeguatamente agli eventi per orientarli secondo le proprie esigenze. Quando per esempio ci si sente pigri, passivi o bloccati, c'è da chiedersi quale sia l'impulso ad agire che si sta trattenendo, perché spesso la passività è il risultato di un'energia emotiva che è stata bloccata.

L'anestesia emotiva

Molte volte, nella vita, allentare il contatto con le proprie emozioni serve a proteggersi dalla sofferenza o almeno a tenere a bada l'ansia e la paura. Il problema è che, quando si inibisce la capacità di sentire, si provoca una sorta di "anestesia emotiva" e si finisce poi con il non sentire più nessuna emozione, neanche quelle che fanno star bene. Anche se all'origine le difese servono a proteggersi, e hanno la funzione di assicurare un certo equilibrio, esse poi rischiano di trasformarsi in una barriera contro la vita stessa. Chiudendosi al malessere e alla sofferenza si perde il contatto con l'intensità della vita.

Molte persone, di fronte a sentimenti forti, si sforzano di rimanere razionali, credendo che lasciarsi prendere troppo dall'emotività confonda le idee o renda vulnerabili, o che sia "fuori luogo", come nei contesti di lavoro. In realtà, quando si nega un'emozione si rischia di non poterne poi evitare l'irrompere improvviso nel comportamento o nella relazione. Non è possibile imprigionare un'emozione: prima o poi essa trapela o esplode, dando luogo a reazioni che non si vorrebbero avere. Sappiamo bene che non sempre è facile accettare le proprie emozioni: a volte ci sorprendono, altre volte ci spaventano o ci bloccano. Ma non basta rifiutarle per renderle inoffensive, perché più le si nega e più diventano forti, senza contare che negarle significa mancare di rispetto a quella parte di noi che si manifesta proprio attraverso di esse.

Nella comunicazione interpersonale le emozioni negate o inespresse cercano una via per esprimersi e, come abbiamo visto, eludendo il controllo, si manifestano attraverso il corpo, magari alterando l'atteggiamento o il tono di voce, o dando luogo a pause, tentennamenti, contraddizioni di cui non sempre ci si rende conto. Per questo non riuscire a riconoscere e a esprimere lo stato d'animo provato può mandare fuori strada molte conversazioni e pregiudicare la qualità di molte relazioni. Va inoltre considerato che, quando sentimenti importanti restano inespressi, si privano gli altri della possibilità di comprendere cosa suscitano in noi i loro comportamenti e quindi di provare a modificarli.

Sotto la pressione di emozioni negate spesso si diventa suscettibili, impazienti, sarcastici, aggressivi o inspiegabilmente distaccati. Quando si negano i propri sentimenti, poi, si è portati a negare anche quelli altrui. Tutti conosciamo persone che, nel rapporto con gli altri, arrivano a essere arroganti, sadiche, distruttive. In molti casi si tratta di persone sorde ai propri sentimenti: l'insensibilità verso i sentimenti altrui di solito nasconde quella verso i propri. Quanto meno si è capaci di stabilire un contatto con la propria tristezza o paura, tanto meno si riuscirà a comprendere quella degli altri.

Anche se non ce ne rendiamo conto, soffocare ciò che proviamo richiede grandi energie, per questo le emozioni inespresse riducono anche la capacità di ascolto: si è così occupati a non dare ascolto a se stessi, da non potersi permettere di dare ascolto agli altri. Ascoltare richiede curiosità autentica e disponibilità a puntare i riflettori sull'interlocutore, mentre le emozioni soffocate li riportano su di noi: invece di chiedersi cosa l'altro sta cercando di dirci, continuiamo a pensare a quanto siamo in collera con lui.

Nella comunicazione interpersonale ciò che può costituire un problema non è la presenza di emotività, ma come questa viene gestita. Quando non si è capaci di gestirle e di esprimerle al momento giusto, ci si lascia sopraffare dalle emozioni che si provano. Le persone che non sono state abituate a esprimere i propri stati emotivi non riescono poi a gestirli, magari scoppiando in lacrime improvvisamente in situazioni in cui ci si aspetterebbe che rimanessero padrone di sé o manifestando la collera in modo imbarazzante e distruttivo.

Anche l'espressione emozionale è sottoposta in modo rilevante a norme culturali apprese durante la crescita, a cui adeguarsi nelle diverse situazioni, in modo che ogni manifestazione corrisponda ad aspettative socialmente condivise sui comportamenti considerati corretti.[16]

Gli studi condotti in merito all'espressione emotiva nei contesti lavorativi hanno dimostrato come le persone compiano sforzi notevoli "per trasformare i sentimenti non convenzionali nelle loro controparti normative, al fine di controllare l'impressione di sé data agli altri e di sostenere un'immagine di sé positiva".[17]

Ognuno di noi è differente sia nel grado di reattività emotiva che nell'abilità di interpretare un dato "ruolo emotivo".[18] L'interpretazione del ruolo emotivo varia, non solo in rapporto alla capacità personale di eseguirlo e al contesto in cui viene messo in atto, ma anche all'intensità con cui è sentito, cioè a quanto è coinvolto chi lo interpreta. Non siamo tutti uguali rispetto alla vita emozionale: alcuni riescono più di altri ad ascoltarne la voce e a riconoscere ed esprimere stati d'animo come la paura o la tristezza.

Ciascuno di noi acquisisce dalla propria famiglia "un'impronta emotiva" che lo porta a essere in contatto con alcuni stati d'animo più che con altri. Un'impronta di cui può rendersi conto ponendosi domande come queste:

- Quali erano le emozioni più frequenti in famiglia?
- Quali erano consentite e quali vietate?
- Con chi era permesso esprimerle e con chi proibito?
- Quando venivano accolte? E da chi?
- Come venivano espresse?

In alcune famiglie è ammessa la tristezza ma non la collera, in altre è il contrario. La nostra impronta emotiva può portarci a ritenere che: "*Le persone buone non si arrabbiano mai*"; o che: "*La gelosia non va mai dichiarata*"; o ancora: "*L'invidia è un sentimento di cui vergognarsi*".

Ma chi ha detto che sia proprio così?

Esistono famiglie in cui si impara che i sentimenti degli altri sono più importanti dei propri, che il benessere e la felicità altrui va anteposta alla propria perché: "*Se gli altri soffrono, saremo noi a pagarne le conseguenze*". È così che si permette a familiari e amici di non badare ai nostri sentimenti, salvo poi volergliene per questo. In questo modo si instaurano rapporti all'insegna della mancanza di rispetto verso se stessi e verso gli altri.

L'intelligenza emotiva

Una volta che si sia dato spazio ai sentimenti, la capacità di ascolto aumenta e con essa aumenta la capacità di empatia, una qualità che favorisce il buon esito di molte interazioni. L'empatia è la capacità di sentire stati d'animo e sentimenti di coloro con cui si è in relazione: siamo empatici quando la tristezza dell'altro ci rende tristi e la sua gioia ci mette allegria. La capacità di condividere le emozioni dell'altro è ciò che in una relazione produce la piacevole sensazione di sentirsi accolti e compresi.

Essere empatici è una forma di risonanza: è la capacità di far risuonare dentro di sé i sentimenti degli altri come se fossero i propri, senza dimenticare i propri, in una vicinanza senza confusione.[19] L'identificazione o confusione tra noi e l'interlocutore non rende possibile infatti distinguere ciò che lui/lei prova da ciò che proviamo noi. Per essere empatici occorre superare la visione egocentrica, contenendo la tendenza a proiettare sull'interlocutore le proprie emozioni e punti di vista.

È possibile comprendere davvero opinioni, vissuti, atteggiamenti di chi si ha di fronte, se si è capaci di sospendere ogni giudizio senza interpretarli alla luce dei propri valori e schemi culturali. È privo di senso giudicare o contestare un'emozione, si può disapprovare un comportamento ma non l'emozione sottostante. L'essere empatici porta ad accettare le emozioni dell'interlocutore, così come si presentano nella relazione, anche quando queste sono difficili da tollerare, come nel caso della frustrazione, della sofferenza, del rancore.

"Accogliere su di sé il dolore dell'altro richiede una sufficiente integrità psichica, tale cioè da non sentirsi minacciati dalla risonanza interna di emozioni negative."[20] Per questo le persone hanno difficoltà ad aprirsi al contatto empatico: in ciascuno esiste un bisogno profondo di contatto umano, ma anche una grande paura della sofferenza, e questo rende difficile stabilirlo.

È la consapevolezza di sé che permette di distinguere le proprie emozioni da quelle dell'altro. Solo grazie a essa è possibile avvicinarsi al mondo emotivo dell'interlocutore, vincendo la paura di venirne risucchiati, e sapendo di poter ritrovare in qualsiasi momento la strada per ritornare nel proprio.

L'empatia, così preziosa nei rapporti umani, è una delle qualità che caratterizzano l'intelligenza emotiva, un tipo di intelligenza sempre più al centro dell'attenzione di molti studiosi.

Studi recenti[21] postulano l'esistenza di un'"intelligenza intra-personale" che consiste nel contatto con i sentimenti provati e nella capacità di riconoscerli, avvalendosene come guida dei propri comportamenti. Questa forma d'intelligenza è intimamente correlata con "l'intelligenza inter-personale" intesa come la capacità di comprendere gli altri, le loro motivazioni, bisogni, sentimenti, identificando il modo di interagire con loro in maniera efficace. Il nucleo dell'intelligenza inter-personale consiste nella capacità di distinguere, e quindi di rispondere appropriatamente a stati d'animo, motivazioni e desideri altrui, senza per questo sacrificare i propri. Queste forme di intelligenza sono parte del concetto di intelligenza emotiva definito da Goleman:

> La capacità di motivare se stessi e di persistere nel perseguire un obiettivo nonostante le frustrazioni; di controllare gli impulsi e rimandare la gratificazione; di monitorare le proprie e le altrui emozioni, di differenziarle e di usare tale informazione per guidare il proprio pensiero e le proprie azioni, di modulare i propri stati d'animo evitando che la sofferenza ci impedisca di pensare; e ancora la capacità di essere empatici e di sperare.[22]

Nella vita di relazione, nessuna forma d'intelligenza è più utile di quella inter-personale: senza di essa possiamo sbagliare la scelta delle persone a cui legarci sentimentalmente o professionalmente, o semplicemente possiamo vivere con difficoltà ogni nostra relazione.

Imparare a leggere dentro di sé, sapendo distinguere nel miglior modo possibile sensazioni, emozioni, sentimenti, permetterà di riconoscerli anche negli altri. La difficoltà sta nel saperli identificare correttamente perché spesso non è chiaro cosa si stia provando. Le emozioni sono più complesse di quel che si pensa e per di più sono abili a mascherarsi. A volte qualcuno ci sorprende dicendo di aver colto, nelle nostre parole, un sentimento di cui non sospettavamo neppure l'esistenza. Altre volte un sentimento è talmente forte da sovrastare e oscurare tutto il resto, impedendoci di vedere la complessità di ciò che ci anima. La collera per esempio può nascondere paura, dolore o tristezza.

Essere dotati d'intelligenza intra-personale significa avere la capacità di riconoscere un'emozione nel momento in cui si manifesta. Monitorare, momento per momento, i propri stati d'animo è necessario per conoscersi e consente di imparare a gestirli piuttosto che essere alla loro mercé.

Facciamo un esempio. Immaginate che una mattina la vostra giornata inizi con una spiacevole discussione in famiglia. Uscite di casa decisi a dimenticare quanto è successo, per immergervi nel lavoro. Ma arrivati in ufficio, trattate male i colleghi, vi irritate continuamente, gestite nervosamente un incontro importante. Può darsi che non vi rendiate conto di essere irritabili e che vi sorprenda sentirvelo rimproverare. Ma se riuscite a entrare in contatto con il vostro stato d'animo, allora potete riconsiderare la situazione e *scegliere* come comportarvi.

Riconoscere la presenza di un'emozione offre la possibilità di scegliere se agire sotto la spinta di quell'impulso, senza l'aiuto del pensiero, o se ricorrere al pensiero per trovare altri modi possibili di esprimerlo.[23] In altri termini, quando si è capaci di pensare "*In questo momento sono arrabbiato*", si conquista un maggior grado di libertà, in quanto si è in grado di operare una distinzione tra "chi si è" e "ciò che si prova". Quando stabiliamo un'identità o facciamo confusione tra "*chi sono*" e "*cosa sento*" è più difficile scegliere come reagire a una data emozione.

Non sempre l'essere consapevoli dei propri sentimenti permette di agire per modificarli, ma certamente di fronte a un'emozione rimossa si è ancora più impotenti. Poter dare un nome a ciò che si prova è già un modo di esercitare una forma di contenimento. Anche uno stato d'animo che provoca sofferenza può rivelare la propria utilità, se se ne comprende l'origine e lo si accetta, impiegandone l'energia in modo costruttivo. Saper intervenire sulle emozioni che fanno soffrire è la chiave del proprio benessere. La scienza ha ormai accertato che emozioni "negative" troppo intense o ricorrenti minano l'equilibrio fisico e psicologico.

Autorevoli studiosi quali medici, biologi e psicoanalisti occidentali sono ormai convinti della necessità di comprendere meglio l'interdipendenza tra stati emotivi e benessere psicofisico. Questa convinzione li ha spinti a cercare un confronto con culture e filosofie, come quella buddista, che si dedica allo studio delle capacità terapeutiche della mente da duemila anni almeno. Un'iniziativa che va in questa direzione è la Mind and Life Conference. Si tratta dell'incontro periodico tra esponenti di spicco della cultura e della scienza occidentali[24] con maestri buddisti e autorità religiose tra cui il Dalai Lama, noto per essere colto e aperto al dialogo con altre religioni e culture. Goleman ha raccolto alcuni dei dialoghi della terza *Conference* su "Emozioni e salute" in un libro dal titolo significativo: *Le emozioni che fanno guarire*. Secondo la filosofia buddista, scrive Goleman,

> [...] la malattia è il risultato di uno squilibrio psicofisico indotto da emozioni negative quali la rabbia e l'avidità. Gli scienziati che hanno seguito le Mind and

> Life Conference hanno quindi verificato con i moderni metodi sperimentali le antiche teorie buddiste [...]. Gli studi dimostrano come i sentimenti negativi possano minare la salute e come invece quelli positivi la proteggano.[25]

Esprimere le emozioni

Manifestare consapevolmente emozioni e sentimenti nelle relazioni può essere molto utile. Mentre sono evidenti e inevitabili gli svantaggi del tacerli, quelli del comunicarli non lo sono altrettanto. Imparare a comunicare in modo adeguato i propri sentimenti può dare benefici inattesi. E invece spesso non ne parliamo perché pensiamo: "*E se poi lei/lui non li capisce? O non li accetta? O se ne sente ferito?*".

Mentre può essere facile rendere esplicite emozioni di gioia, divertimento, ammirazione non lo è altrettanto se si provano emozioni come rancore, angoscia, paura. Di solito le emozioni che ci mettono a disagio si trasformano in altre che riusciamo a gestire meglio: può essere difficile accettare l'idea che siamo irritati e allora trasformiamo l'irritazione in tristezza.[26] Altre volte i sentimenti che proviamo si trasformano in giudizi, accuse, illazioni, come quando attribuiamo al partner intenzioni o colpe che magari non ha, esprimiamo giudizi sul suo carattere o esterniamo i nostri stati d'animo, attraverso lacrime o bronci. Talvolta è difficile vedere la differenza tra l'espressione di un'emozione e un giudizio sull'altro. Eppure non è la stessa cosa dire: "*Sei tutto preso da te stesso e non ti curi di me*"; o dire: "*Mi sento trascurata*". La verità è che la seconda espressione ci spaventa più della prima perché stabilisce un contatto con la paura infantile di essere trascurati. È vero che spesso i giudizi sono motivati da frustrazione o rabbia, ma esprimere un giudizio, anziché mettere l'altro di fronte alla nostra emozione, ha il solo effetto di attivare in lui resistenze e difese. Quando si rimprovera qualcuno lo si costringe al ruolo di accusato. Così lui farà quello che fanno gli accusati: si difenderà in tutti i modi! Un argomento questo su cui torneremo nel prossimo capitolo.

La capacità di fare in modo che le emozioni diano luogo a comportamenti appropriati e conseguentemente a comunicazioni congruenti, si fonda sull'autoconsapevolezza che Goleman definisce: "una forma di attenzione, non reattiva e non critica, verso i propri stati interiori".[27] "Attenzione non critica" significa che non si tratta di giudicare ciò che si sta provando, ma semplicemente di rendersene conto e di prenderne atto. Prendere atto di ciò che si prova significa far emergere, e quindi poter esprimere, la propria verità e questo permette di alleviare il senso di solitudine che ci accompagna quando si pensa di non poter condividere ciò che sentiamo.

Il processo che porta verso un ampliamento della consapevolezza può essere molto doloroso, perché può far emergere parti di sé che non si approvano. Per questo molte persone preferiscono "bendarsi gli occhi", salvo poi essere sopraffatte dai sensi di colpa, di fallimento o d'impotenza. Mentire a se stessi è una forma di autoinganno, fonte di abbagli e illusioni che hanno un costo nei rapporti anche perché, il più delle volte, ciò che nascondiamo a noi stessi è del tutto evidente agli altri.

Per funzionare, l'autoinganno necessita di un complesso gioco circolare di menzogna, sincerità, certezza, ambiguità, che conduce a percepire in modo falsato parole e comportamenti altrui, a selezionare ciò che è coerente con la nostra versione dei fatti, a conservare nella memoria gli episodi gratificanti, e a cancellare o trasformare quelli frustranti. L'autoinganno si manifesta attraverso l'auto-giustificazione e la tendenza a proiettare sugli altri, vicini o lontani, la causa di tutti i mali.

Come abbiamo visto, la mancanza di consapevolezza è una fonte molto importante dell'incomprensione nei confronti degli altri. Mascherare a se stessi le proprie carenze e debolezze, rende impietosi nei confronti delle debolezze altrui.

Per espandere la consapevolezza bisogna imparare a porre attenzione al "qui e ora": alla situazione in cui ci si trova, all'esperienza che si sta vivendo, ai pensieri che si muovono nella mente, alle emozioni che impregnano il corpo e alle azioni che si stanno compiendo. La consapevolezza è come un raggio di luce capace di illuminare e rendere visibile ciò su cui si concentra. Diventare più consapevoli mette di fronte alle proprie emozioni e a quelle dell'altro. Molti studi[28] hanno dimostrato che, man mano che una persona entra in contatto con i propri sentimenti, diventa più competente sul piano emozionale, più abile nel "leggere", oltre ai propri, gli stati d'animo degli altri e nel rapportarvisi efficacemente. Persone di questo tipo gestiscono meglio la propria vita, si riprendono velocemente dalle sconfitte, sono più autonome, creative, produttive, efficaci nelle attività e nelle relazioni.

Come già detto, diventare più competenti nella comunicazione significa anche essere più consapevoli dei significati sottintesi, dei messaggi impliciti frutto di intenzioni o emozioni taciute, del senso che ha per noi quel comportamento e dell'impatto che ha sull'altro. Si tratta di imparare a osservare con curiosità e benevolenza le energie che si muovono dentro di noi, facendo una sorta di passo indietro che ci permette di guardare, con momentaneo distacco, all'esperienza affettiva in atto. Può non essere facile, ma ne vale la pena: la vita emozionale è più ricca e appagante se vi si presta maggiore attenzione!

Lavorare su se stessi, per conoscersi e migliorare i propri equilibri, rende più consapevoli di ciò che si vive e di come si reagisce salvaguardando così il proprio progetto di vita.[29] Guardarsi dentro consente di scoprire le proprie trame segrete, il ruolo degli istinti, il potere delle abitudini, i lacci della memoria, il gioco delle risonanze.

Per comunicare in modo etico bisogna vedere chiaro dentro se stessi, in quella zona della psiche popolata di dolore, paura, fiducia, aggressività, tenerezza, tutte emozioni combinate insieme e a volte difficili da districare e da accettare. Non è facile, ma se si riesce a farlo si può incontrare se stessi e vivere con gli altri in modo appagante ed etico.

Per concludere vorrei condividere con voi una piccola favola di Bergonzi che parla di emozioni e sentimenti. Si intitola *La scelta.*

La scelta

C'era una volta come in una fiaba, un tempo ormai lontano, in cui sulla terra non vivevano ancora uomini ma solo emozioni, i sentimenti e altre energie, buone e cattive. Alla Saggezza piaceva fermarsi a osservare il tramonto per riflettere, il Dubbio non sapeva mai da che parte andare, la Timidezza aveva l'abitudine di nascondersi vicino ai cespugli, la Follia amava sorprendere gli altri con le trovate più impensabili. Fra di loro il Coraggio, che aiutava chiunque fosse in difficoltà, la Generosità che coglieva bacche e fiori per preparare ghirlande a tutti, mentre la Noia se ne stava sempre con l'Indifferenza a parlottare, costantemente insoddisfatta di come procedevano le cose. Più in là, in un prato luminoso, l'Amore corteggiava la Bellezza e l'Arte e offriva rose a Gentilezza e Dolcezza, due gemelle sue amiche e sorelle, ma correva voce che avesse un debole anche per l'Istinto e la Follia. La Gelosia, innamorata dell'amore, era infastidita da ciò, e si sfogava con l'Invidia e il Rancore che amavano sentire argomenti del genere, essendone ghiotti tanto quanto l'Odio, un loro fratello più cruento, impulsivo e indomabile. L'Orgoglio faceva di tutto una questione di principio e nessuno voleva giocare con lui, la Superbia dava per scontato che in qualsiasi torneo avrebbe vinto lei e amava mettersi sempre un po' più in alto rispetto agli altri. Fu così che, il buon Creatore dell'Universo, decise che era tempo di offrire loro un altro tipo di energia, che li rendesse più liberi ma anche più rispettosi uno dell'altro. Diede così vita alla Scelta, di cui sarebbe stato in seguito padrone indiscusso l'uomo stesso, per volere di Dio. Energie e sentimenti smisero di discutere, da allora impararono a rispettare il diritto di scelta uno dell'altro. Nessuno di loro badò più a ciò che voleva fare la Saggezza, che continuava a voler osservare il tramonto per riflettere, rispettandone la decisione. Il Dubbio ottenne un gran beneficio dall'arrivo della nuova sorella, perché finalmente era libero di decidere da che parte andare. La Timidezza pensò che poteva ispirarsi al Coraggio, ora sì che poteva farlo! Così tutti gli altri. Persino l'Odio, osservandosi nel riflesso del lago, capì che poteva scegliere e cambiare: doveva pur esistere un altro tipo di soluzione per sé, oltre quel riflesso: in un momento, apparvero dall'acqua del lago l'Autocontrollo, la Tolleranza, la Giustizia, il Buon senso, la Razionalità, frutti rari nati da tale nuova unione di forze. Con loro apparve anche il primo uomo, che aveva in sé tutta la luce di tali energie, ma soprattutto il libero arbitrio già promesso da Dio per governarle.

11

La responsabilità

La circolarità dei contributi

È difficile di solito ammettere di essere corresponsabili dei problemi comunicativi che rendono critica un'interazione. Quando ci si rende conto di trovarsi di fronte a una difficoltà comunicativa, di solito si tende a dare per scontato che l'origine della difficoltà stia nell'interlocutore e nel suo modo di interpretare le parole, o magari nella situazione. Si è cioè portati ad attribuire la responsabilità all'altro, sottovalutando il proprio contributo, e considerando le proprie reazioni più come effetto che come causa dei comportamenti altrui. Ma anche quando si è disposti ad ammettere una qualche responsabilità, si trovano mille giustificazioni alla propria condotta e nessuna a quella dell'interlocutore.

Quando non si è in grado di ammettere, neanche a se stessi, di aver causato un problema, sarà quanto mai difficile comprendere e accettare ciò che può esserci di legittimo nella versione dell'altro.

Troppo spesso si perde il tempo a stabilire "*di chi è la colpa*", quando il vero problema è capire cosa accade e semmai cambiare qualcosa nel proprio modo di agire. Concentrarsi su "*di chi è la responsabilità*" non è una buona idea, perché impedisce di vedere cosa sta veramente accadendo e di comprendere cosa sta causando il problema, rendendo impossibile fare qualcosa per risolverlo o almeno affrontarlo.

Il significato di un'intera sequenza comunicativa cambia a seconda di quale viene considerato il punto di inizio. In una coppia, per esempio, la moglie può lamentarsi di essere aggredita dal marito, attribuendo a questo la propria reazione insolente. Ma dal punto di vista del marito è proprio il suo essere insolente che lo porta ad aggredirla. La difficoltà per i due di uscire da questa dinamica sta proprio nel voler identificare e attribuire all'altro il punto di partenza, mentre la soluzione sta nel riconoscere, entrambi, la reciproca influenza, l'interdipendenza dei due comportamenti.[1]

Nella comunicazione tra due esseri umani è difficile stabilire un inizio, perché il tempo perde la sua scansione assoluta. Come nei romanzi, tutto è cominciato prima dell'inizio del libro e già la prima riga rimanda a qualcosa che è successo fuori dalla storia raccontata. Così come fuori da quell'episodio, in un altro episodio comunicativo o in un'altra storia, in un'altra relazione di cui magari non si ha più memoria, è successo già qualcosa che è all'origine di quello che succede adesso e a sua volta è l'effetto di un altro "prima".[2]

Possiamo imparare a pensare che le nostre reazioni al comportamento del partner sono l'antecedente del suo successivo comportamento, che a sua volta darà luogo a una nostra reazione e così via. È quello che accade durante un litigio: se uno alza la voce, l'altro griderà più forte e il primo si sentirà in diritto di urlare ancora di più. Il meccanismo della circolarità "causa-effetto-causa" non è tipico solo dei conflitti, ma si verifica anche nell'intesa e può spiegare, per esempio, molti casi d'innamoramento.[3]

Un sistema di questo tipo tende a stabilizzarsi e a rendere costante la reciprocità malgrado gli evidenti effetti disastrosi e spesso, anche quando uno dei due tenta di cambiarlo, l'altro si affretta a ristabilirlo. Da spirali disfunzionali di questo tipo è difficile uscire, anche perché bisogna mettersi almeno d'accordo sul volerlo fare e, in queste situazioni, risulta difficile trovare un qualsiasi tipo di accordo. Ma si può sempre imparare a vedere qual è il proprio contributo al problema, e a descrivere quello dell'altro, senza cadere nel gioco dei rimproveri. Il rimprovero appartiene all'ordine del "giudicare", la ricerca dei contributi a quello del "capire".[4]

La spinta a rimproverare spesso nasce dal non aver capito cosa ha dato origine al problema o dalla paura di essere rimproverati a nostra volta. Quando diciamo "*È stata colpa tua*", non solo stiamo attribuendo all'altro la responsabilità del problema, ma stiamo anche implicitamente dicendo che ha fatto qualcosa di sbagliato e che deve essere penalizzato per questo. Non c'è poi da meravigliarsi se l'altro è portato a difendersi.

In un'interazione difficile, assumersi la responsabilità significa chiedersi in che modo ciascuno ha contribuito a provocare il problema. Che cosa è stato o non è stato detto? O come è stato detto? E soprattutto, che cosa ora si può dire di diverso?

Molti disturbi nella comunicazione si verificano perché certi comportamenti danno luogo a reazioni difensive, che rendono poi difficile individuarli e quindi correggerli. Chi impara a rendersi conto degli effetti indesiderati dei propri comportamenti, può evitarli o correggerli, divenendo così più duttile nel modo di porsi. Contemporaneamente, può comprendere meglio i comportamenti degli altri, accrescendo la propria tolleranza nei confronti dei diversi modi di agire e di reagire.

Tutti abbiamo la tendenza a ripetere determinati comportamenti, a mantenere immutata la condotta comunicativa: ci affezioniamo alle abitudini o ci lasciamo impigrire da pregiudizi e stereotipi. Per questo quando si sollecita un cambiamento, si attivano resistenze e difese. Nessuno è disposto a cambiare i propri comportamenti solo perché gli viene richiesto. L'unico vero modo di indurre un mutamento di condotta nell'altro è modificare il tipo di reciprocità, cambiando i propri comportamenti, il proprio modo di relazionarsi con lui. Ma per far questo bisogna scendere a patti con abitudini, pensieri ed emozioni. Di solito si pensa che le proprie emozioni siano immutabili o che non si possa che esprimerle in quel dato modo. Ma come già detto, non è così.

Si può imparare a comunicare

> [...] allenandosi a seguire l'andamento circolare, o ellittico, o a spirale dei discorsi, cercando di superare il senso di vertigine, e a volte di rifiuto, che nasce dal tentativo di rinunciare a punti di riferimento a cui siamo abituati: giusto e sbagliato, prima e dopo, causa ed effetto. Cogliere la circolarità della comunicazione è un po' come guardare le "figure ambigue" di Rubin o di Boring: in un primo momento si riesce a interpretare la figura in un solo modo; poi, faticosamente, usciamo dalla rigidità interpretativa e "l'altra" immagine salta fuori dal disegno. Poi scompare, ritorna la prima, e di nuovo non vediamo più l'altra; però sappiamo che c'era, ed è più facile ritrovarla [...]. Anche nel comunicare, la tentazione della linearità, e della semplicità, si supera una volta per tutte: dopo, non è più possibile convincersi che qualcuno "è" fatto in un certo modo, per natura o per colpa sua. Che i nostri comportamenti sono "causati" dai comportamenti degli altri. Che in un conflitto c'è sempre una vittima e un colpevole.[5]

Superare l'abitudine a semplificare e appiattire i processi comunicativi non è semplice. Si tratta di allenarsi a vedere le cose da più punti di vista e a mettere in atto comportamenti diversi: si tratta di sviluppare un pensiero più complesso e una condotta più flessibile. La Sclavi considera fondamentale possedere un atteggiamento di esplorazione e di indagine della realtà, allenarsi quotidianamente alla comunicazione complessa, uscire dalle cornici consuete, liberandosi dall'imbarazzo che spesso blocca esperienze nuove per esplorare "mondi possibili che abitano all'interno del nostro".[6]

Cosa vuol dire assumersi la responsabilità

C'è una specie di barzellettina che trovo adatta per spiegare cosa intendo quando parlo di assunzione di responsabilità nel comunicare. Un milanese, quando vuole assicurarsi di essere compreso dall'interlocutore, usa dire: "*Hai capitooo?*"; un romano dice: "*Se semo capiti?*"; un napoletano: "*Mi sono scpiegaato? Sennò mi riscpieego*". Se ci si chiede chi è miglior comunicatore la risposta è scontata: i napoletani, si sa, sono famosi per la loro abilità nel comunicare, e forse proprio perché sono disposti a ri-spiegarsi.

Chiedo scusa a milanesi, romani e napoletani per aver giocato con uno stereotipo facile, anche se perfetto per illustrare la differenza tra modi diversi di porsi nella comunicazione interpersonale.

L'abitudine a pensare "*È lui che non ha capito*" è frutto di un condizionamento culturale e psicologico che porta a ritenere che sia l'altro a dover capire le nostre intenzioni, piuttosto che noi a doverci preoccupare di renderle chiare. Quanto detto nella prima parte del libro dimostra che non è così e che, se veramente si vuole pervenire a un significato condiviso, ci si deve impegnare perché ciò avvenga. Per questo assumersi la responsabilità della comunicazione significa avere un atteggiamento mentale orientato a preoccuparsi, non solo e non tanto, di quello che diciamo, quanto di ciò che l'interlocutore recepisce dei nostri messaggi.

Ogni qual volta accade di ricevere un feedback inatteso o illogico rispetto alle proprie intenzioni, è bene domandarsi: "*Come mai? Sono stato poco chiaro o ci sono altre ragioni?*"; e ancora: "*Come posso aiutare lei/lui a comprendermi meglio?*". Si tratta insomma di riconoscere all'altro la prerogativa di attribuire un suo significato e a noi quella di scegliere "se" e "quanto" impegnarsi per sostenere il nostro.

Se ci si rende conto di trovarsi di fronte a un insuccesso comunicativo, si può porvi rimedio ma, come abbiamo visto, prima di mettere in atto strategie di riparazione, bisogna saper riconoscere le ragioni dell'incomprensione. La prima difficoltà sta nell'individuare correttamente le cause che, ormai sappiamo, possono essere di vario tipo: dalla non condivisione del linguaggio o delle regole culturali, alle caratteristiche del contesto o a problemi di relazione. La seconda difficoltà sta nel farlo in un tempo ragionevolmente breve, in modo da riportare l'interazione sul binario desiderato. Quando ci si assume la responsabilità di intervenire rapidamente e coerentemente con le cause, la comunicazione riprende senza troppa difficoltà, ma se si lascia che la distanza tra il disturbo e la sua correzione aumenti, sarà poi più difficile ripristinare la comprensione.[7] Insomma quanto prima si interviene tanto più si risparmiano tempo ed energie.

In presenza di messaggi ambigui e poco chiari, è bene chiedere delucidazioni, per non correre il rischio di portare avanti dialoghi fatti di fraintendimenti ed equivoci. Chi ha detto che non si può dire al proprio capo: "*Scusi, ma non sono sicuro di avere capito la sua richiesta. Le dispiace chiarirmela?*". Se io fossi quel capo apprezzerei un collaboratore che, piuttosto di commettere errori, interpretando male le mie parole, si assumesse la responsabilità della comunicazione tra noi. Una richiesta di chiarimento a volte è essenziale per evitare fraintendimenti e può aiutare l'interlocutore a riformulare il suo pensiero, magari chiarendolo meglio anche a se stesso. Un intervento di questo genere va nella direzione, e quindi favorisce quella condivisione di significati, su cui si basa un'interazione riuscita. Parallelamente, assicurarsi che l'interlocutore interpreti le parole dette in modo coerente con le proprie intenzioni, consente di proseguire adeguatamente verso la costruzione di significati condivisi. Altrettanto importante, a questo fine, è non commettere l'errore di pensare che sappiamo cosa ha in mente l'altro o di essere certi che lui/lei sappia cosa abbiamo in mente noi.

È frequente, nei rapporti affettivi, la tendenza a dare per scontato che debbano essere gli altri a interpretare i nostri bisogni e desideri: "*Se mi volesse davvero bene, mio figlio saprebbe cosa fare*". In realtà, se si vuole che il proprio figlio faccia ciò che si desidera è meglio imparare a chiederlo esplicitamente, anche se può costare un po'. Ma quante volte si è davvero capaci di farlo? Responsabilità significa preoccuparsi di essere il più possibile coerenti e chiari nelle proprie richieste e affermazioni, senza costringere l'altro a fare da indovino.

Essere responsabili nel comunicare comporta anche fare un uso appropriato del linguaggio, che significa fare attenzione alle parole che adoperiamo. Termini categorici come "sempre", "mai", "tutti", "nessuno", oltre a essere astratti e fuorvianti perché lontani dalla realtà, lasciano poco spazio alla mediazione. Quando utilizziamo espressioni come "*NESSUNO mi aiuta MAI*", "*Sei SEMPRE egoista*", "*TUTTI approfittano della mia pazienza*", stiamo perdendo il contatto con la realtà, che è sempre più articolata e meno tassativa di come la descriviamo, e contemporaneamente stiamo creando i presupposti per l'insorgere di reazioni difensive e di conflitti. Le espressioni fortemente emotive andrebbero usate con parsimonia in quanto hanno minore possibilità di essere accettate, proprio perché non aderenti alla realtà. Un'eccessiva enfasi nel linguaggio produce un'effetto di incongruità se non è giustificata dalla situazione reale. Perché parlare di un "massacro" se abbiamo subito solamente una "sconfitta"? E quanto è corretto definire una "tragedia" quello che è solo il "furto di un telefonino"?

Anche gli eufemismi che cercano di camuffare le nostre vere opinioni – "*Originale quel quadro!*" per non dire "orrendo", "*Veste in modo classico*" per non dire "fuori moda" – segnalano che non sappiamo assumerci la responsabilità delle nostre opinioni.[8] Se non è proprio necessario esprimerle, allora è meglio tacere.

Fare delle parole un uso responsabile ed etico comporta anche non abusare di termini vuoti, inflazionati, preconfezionati, scollati dalla realtà o dal nostro autentico pensiero. Ma comporta soprattutto fare attenzione alle parole che possono ferire, a quelle che creano incomprensioni irreversibili o rotture insanabili, a meno che non sia questa la nostra autentica intenzione. Come ciascuno sa per esperienza, parole difficili da perdonare o dimenticare sono all'origine di conflitti relazionali spesso impossibili da superare.

Per essere efficaci nella comunicazione bisogna anche prestare attenzione alla congruenza interna dei messaggi verbali ed evitare frasi come questa: "*Ma come fai a essere così stupida da pensare che io non ti ritenga intelligente?*". E, come già detto, è necessario anche puntare alla coerenza tra parole e comportamenti, in modo che l'interlocutore riceva un messaggio coerente e non uno contraddittorio del tipo: "*Mi va di parlare con te, ti ascolto*", detto continuando a leggere il giornale.

Il nostro modo di comunicare è responsabile ed efficace quando i comportamenti riflettono sentimenti e pensieri autentici, quando si è in grado di riconoscere le emozioni che li influenzano e capaci di accettarle, quando si riesce a dire: "*Sono nervoso perché ho l'impressione di perdere tempo*"; invece che: "*Così stiamo perdendo un sacco di tempo!*"; o peggio ancora: "*Mi stai facendo perdere un sacco di tempo!*".

Quanto più si impara a essere autentici, rinunciando a mascherarsi o a nascondersi dietro a un ruolo, tanto più è possibile comunicare in modo etico e costruttivo. Ciò vuol dire non solo saper riconoscere e accettare le emozioni che si stanno provando, ma rendersi quanto più possibile trasparenti, in modo che gli altri non percepiscano ambiguità o riserve mentali essendo indotti a mettere in campo anche le loro. Responsabilità dunque significa rendere coerenti parole e comportamenti con stati d'animo e pensieri. Responsabilità è, in definitiva, onestà intellettuale e autenticità. Per questo assumersi la responsabilità della comunicazione è un comportamento profondamente etico, ma che risulta anche efficace.

Con questo non intendo sostenere che sia lecito manifestare qualunque stato d'animo senza interrogarsi sulla sua opportunità relazionale o etica. Non intendo sostenere che, per esempio, si debba dare libero sfogo alla collera, anche se, in certi casi, uno sfogo di rabbia può essere una strategia efficace per ripristinare l'autocontrollo e ristabilire una comunicazione costruttiva. Se non sempre è facile manifestare responsabilmente le emozioni positive, lo è ancor meno per quelle negative. Eppure, esprimere la propria rabbia alla persona che l'ha provocata, nel momento opportuno e con parole adeguate, può rivelarsi, in determinate circostanze, un modo responsabile di comunicare che salvaguarda l'autostima ma anche la relazione. So bene, per averlo sperimentato, che è più facile a dirsi che a farsi. Ma si può almeno provare.

Tutti sappiamo, per esperienza, che la rabbia è l'emozione più difficile da controllare, perché si nutre di pensieri e argomentazioni che saturano lo spazio mentale e la alimentano, spingendoci ad agirla. È luogo comune che dare sfogo alla collera serva a raffreddarla, "*dopo ci si sente meglio!*" si dice, e in parte è vero. Tuttavia esistono anche studi[9] che testimoniano il contrario e cioè che le esplosioni di rabbia alimentano l'attivazione del cervello emozionale, prolungando lo stato d'animo ostile invece di sopirlo e lasciando chi lo prova più adirato e non più calmo.

La strategia consigliata da un maestro tibetano a chi gli chiedeva quale fosse il modo migliore di controllare la collera è: "*Non sopprimerla. Ma non agire mai sotto il suo impulso*".[10] Questo può voler dire, nel corso di un diverbio per esempio, sospendere per qualche momento l'interazione per far diminuire l'ondata di adrenalina e frenare il flusso di pensieri negativi che la alimentano. Questa sospensione permette di mettere in discussione, e quindi riformulare in modo più aderente alla realtà, la propria interpretazione dei fatti, rendendo possibile introdurre valutazioni meno ostili anche verso la persona in questione.

Con le sue ricerche[11] Tice ha dimostrato che uno dei metodi più efficaci per sedare la collera è quello di riconsiderare la situazione in termini più ampi e positivi e che può rivelarsi utile tentare di distrarsi, pensando a qualcosa di piacevole. La distrazione, è stato osservato, è un meccanismo molto potente: pensieri piacevoli attivano una chimica diversa che alimenta stati d'animo positivi. Un grande aiuto nel gestire la collera può derivare dall'apprendere tecniche di respirazione e di rilassamento, da mettere in atto al momento del bisogno. Può sembrare incredibile, ma se si è allenati, possono bastare pochi minuti per ritrovare uno stato d'animo più equilibrato e sereno. Ne ho esperienza personale. Naturalmente, prima si agisce sul ciclo della collera più è facile depotenziarla: è meglio non aspettare di arrivare a certi livelli, dopo potremmo non essere più in grado di fare niente di tutto ciò.

Come abbiamo detto, l'espressione emozionale ha un forte impatto sugli altri, per questo una delle competenze cruciali per la riuscita di un'interazione è la capacità di esprimere in modo adeguato i propri sentimenti. Persone che mancano di questa capacità, anche se brillanti o seduttive, spesso instaurano relazioni problematiche o vengono percepite come insensibili, prepotenti o inaffidabili. Chi interagisce con loro può non sentirsi a proprio agio, anche se non sa spiegarsene il perché. Normalmente invece le persone che troviamo simpatiche o attraenti sono quelle che inviano segnali emozionali che riconosciamo autentici e che ci fanno sentir bene. Il fatto che sia piacevole stare in loro compagnia, dipende dal fenomeno del "contagio emotivo",[12] che si verifica in ogni interazione umana.

Nel corso del viaggio abbiamo visto quanto, durante un'interazione, captiamo inconsapevolmente gli stati d'animo di chi abbiamo di fronte e ne veniamo contaminati in modo impercettibile e sottile. Per questo a volte, dopo un incontro, ci si può sorprendere di aver cambiato umore apparentemente senza motivo. Le emozioni sono contagiose. Chi sa mostrarle ha il potere di trascinare gli altri nella propria corrente emotiva.

Critiche responsabili

Di solito si combatte la propria fragilità, nascondendola, o all'opposto sfidandola, mettendola alla prova. Da questi inconsci tentativi di proteggersi, hanno origine molti comportamenti comunicativi disfunzionali. Ci si può chiudere o isolare, ma si può fare di peggio, come criticare o attaccare l'altro. Ciò che spinge a criticare è, per molti di noi, la paura inconscia di non essere in grado di tollerare le critiche o il dissenso altrui. Si crede, ingenuamente, che essendo i primi ad attaccare, l'altro sarà troppo occupato a difendersi, per poter aggredire a sua volta. A indurre verso una tale illusoria strategia è quella parte mai cresciuta che ragiona secondo logiche infantili che negano l'altro e oscillano tra l'impotenza e l'onnipotenza. Cadere in questo inconsapevole inganno può costare caro in molte situazioni.

In alcune persone agisce un meccanismo psicologico che fa sì che si sentano meglio quando sono impegnate a disapprovare gli altri: un comportamento questo, che permette loro di distogliere l'attenzione critica da se stessi, spostandola su chi hanno di fronte. Tutti operiamo delle proiezioni e, più spesso di quanto si creda, proiettiamo sullo specchio che è l'altro proprio ciò che non sappiamo vedere o accettare di noi. Quando sistematicamente ci accade di criticare, c'è da chiedersi se il vero oggetto di disapprovazione non siamo noi stessi, se c'è qualcosa di noi che non ci convince più ma che non abbiamo il coraggio di vedere lucidamente né di cambiare. Questa debolezza, questa resistenza al cambiamento per chiamarla con il suo vero nome, porta a utilizzare l'altro come un vero e proprio specchio su cui proiettare, in modo inconsapevole, quelle fragilità o incapacità che proprio non si accettano, credendo illusoriamente di "allontanarle" da se stessi. Se poi si riconosce a qualcuno la capacità di mettere in atto quei comportamenti che risultano difficili o impossibili da adottare, è inevitabile che non si riesca a resistere alla tentazione di farne l'oggetto preferito dei propri strali. Ma così facendo si mette a dura prova la relazione, senza ottenere un reale vantaggio se non quello di una momentanea rivalsa.

Chi viene criticato, attaccato, come già detto, non può che fare il suo mestiere di accusato che si difende come meglio può, magari attaccando a sua volta. Ed ecco che la strategia infantile risulta perdente, fallisce il suo scopo, mettendoci proprio nella condizione di accusati da cui volevamo proteggerci. Chi più chi meno, abbiamo tutti sperimentato situazioni del genere. Non sarebbe meglio imparare a evitare questo genere di esperienza? E con questo non intendo dire che non vadano mai formulate delle critiche, né che ci si debba impedire di esternare il dissenso, la disapprovazione o l'irritazione verso certi comportamenti, perché allora si rischierebbe di mancarsi di rispetto. Sono convinta che si possa manifestare qualunque opinione, a patto di saperlo fare e che occorra allora imparare a formulare le critiche in modo responsabile ed efficace.

Se c'è una circostanza in cui non ci si può permettere di essere poco responsabili è proprio quella in cui si sta per formulare una critica: bisogna tener presente che quello è, per chi la riceve, un momento delicato in cui può sentire minacciata la sua immagine. In genere, quando la propria immagine viene minacciata, ci si mette sulla difensiva, quando viene danneggiata ci si sente feriti e si passa all'attacco. Se poi si pensa che, in ciò che l'altro dice, ci sia del vero, si reagisce in modo proporzionale a quanto ci si sente toccati dalle sue affermazioni.

La scelta del luogo e del momento in cui esprimere una critica è cruciale. Sarebbe meglio, quando è possibile, mai in presenza di terzi: il danno all'immagine verrebbe moltiplicato per il numero dei presenti, e se tra i presenti ci sono persone significative per chi viene criticato, c'è da aspettarsi reazioni pesanti anche se non immediate. Se qualcosa nel comportamento di un amico vi è dispiaciuto, è meglio far passare un po' di tempo, sempre che sia possibile, prima di farglielo notare. Quanto più l'evento è vicino, tanto più emotiva sarà la critica e difensiva, di conseguenza, la reazione. Una distanza temporale e magari spaziale, sia pur minima, consentirà a entrambi di operare un certo distacco dall'accaduto e di poterne quindi parlare in modo più equilibrato e sereno. La scelta del momento ha a che fare anche con le caratteristiche della persona che si intende criticare e della relazione che si ha con lei. Persone fragili o con scarsa consapevolezza tendono a sviluppare meccanismi di difesa che rendono loro difficile ricevere e utilizzare il feedback degli altri. In costoro sarà predominante il bisogno di venire rassicurati e sostenuti e di vedere continuamente confermata la propria immagine. Se ci si rende conto che la persona cui si sta per muovere un appunto è in una condizione di fragilità, perché magari sta attraversando un periodo difficile, ci si potrebbe chiedere se è proprio necessario farlo in quel momento, rischiando di ferirla anche al di là delle proprie vere intenzioni. Tutti sappiamo che ci sono momenti in cui siamo più aperti alle critiche e altri in cui anche una piccola osservazione ci fa mettere sulla difensiva.

Ci sono poi persone come i figli, i genitori, i collaboratori, su cui esercitiamo una qualche forma di potere e che quindi temono particolarmente il nostro giudizio. Con costoro è opportuno usare molta attenzione nel formulare una critica. Intendiamoci, non penso che sia bene tacere ai genitori anziani, per esempio, che il continuo lamentarsi ci allontana da loro, ma penso che sia necessario dirlo scegliendo un momento opportuno e rassicurandoli contemporaneamente sul nostro affetto. Qualunque critica verrà accettata più facilmente se preceduta da un segno di apprezzamento per la persona a cui la rivolgiamo, in modo da rassicurarla, anticipatamente, sul fatto che la nostra osservazione non intaccherà la considerazione che abbiamo di lei. Il modo in cui verranno accolte le nostre osservazioni dipende non solo da ciò che diremo, ma anche dal "quando" e dal "come" lo diremo.

Nel formulare una critica dobbiamo tener conto che ciascuno può accettare di mettere in discussione ciò che fa, ma non ciò che è. Per questo una regola di base è quella di centrare le critiche su un'azione, un comportamento, una affermazione, piuttosto che su caratteristiche stabili della personalità. Questo può non essere facile, soprattutto in culture come la nostra in cui non si è abituati a distinguere la persona da ciò che fa.

Se un collega di lavoro, durante una riunione, ha alzato la voce e si vuole farglielo notare, si hanno maggiori probabilità che accetti l'appunto se gli viene mosso in un secondo momento, dicendo: "*In quella riunione hai alzato più volte la voce*", piuttosto che se lo si apostrofa immediatamente come aggressivo o maleducato. È più facile mettersi in discussione se un comportamento errato viene giustificato dalle circostanze, ed è quindi suscettibile di cambiamento, piuttosto che se ci vengono attribuiti tratti stabili e permanenti del carattere.

Le critiche possono essere costruttive o distruttive. Quelle distruttive sono in genere dettate da emozioni di rabbia, rancore, vendetta, o dal bisogno di esercitare un potere sull'altro. Avere un atteggiamento responsabile nel momento in cui si sta per muovere una critica, comporta quindi rendersi conto di quali sono le proprie intenzioni velate. Vogliamo manipolare l'altro? Farlo sentire in colpa? Mettere in atto un ricatto emotivo?

Se stiamo per dire: "*Sai quanto contavo su di te. Mi hai molto delusa*"; oppure: "*Dopo tutto quello che ho fatto per te, tu ti comporti così?*"; o ancora: "*Se ti preoccupassi di me, non l'avresti fatto!*", è evidente che il nostro desiderio, sia pure inconsapevole, è quello di esercitare un potere sull'altro, facendolo sentire in colpa e mettendolo quindi nella posizione di chi ci deve qualcosa.

Le critiche costruttive, al contrario, sono quelle in cui ci si preoccupa di "salvare la faccia" di chi ne è oggetto. Cosa che si può ottenere, per esempio descrivendo il comportamento criticato come se si trattasse di un atto involontario, e non insinuando che sia stato compiuto deliberatamente. Un altro modo può essere quello di sottolineare che il comportamento che stiamo criticando è molto diffuso e che anche noi, a volte, lo abbiamo messo in atto. Si tratta insomma di alleggerire per l'altro il peso della responsabilità, magari assumendosene una parte. "*Forse, se non ti avessi messo fretta, avresti potuto esaminare meglio quelle tabelle*" funziona di più che "*Il fatto è che non hai esaminato bene quelle tabelle!*". Di fronte a quest'ultima osservazione l'altro è portato a pensare: "*Se me ne avessi dato il tempo, lo avrei fatto*"; mentre di fronte alla prima può pensare: "*Certo, c'era poco tempo, ma potevo farlo lo stesso*". La responsabilità viene accettata più facilmente se è condivisa, come è giusto che sia, trattandosi di una *rel-azione* e quindi di un sistema caratterizzato da circolarità ricorsiva.

Quando è possibile, è bene proporre una soluzione. Del resto, se non ve n'è alcuna o se non se ne vede una, forse c'è da chiedersi quanto valga la pena di sollevare la questione. Si può valutare che sollevarla potrebbe evitare che si verifichi di nuovo, ma allora, a maggior ragione, è necessario che la critica venga compresa e accettata. Per questo, oltre a essere formulata nel modo e nel momento opportuno, deve essere ragionevolmente fondata. Una cosa che riesce spesso difficile è distinguere i fatti dalle inferenze o interpretazioni che ne diamo.[13] Se un collaboratore è mancato a una riunione, il *fatto* è la sua assenza, mentre la *deduzione* che, così facendo, voleva metterci in difficoltà è una interpretazione che può rivelarsi infondata.

Mettiamoci ora, per un momento, nei panni di chi viene criticato. Anche qui si tratta di assumersi delle responsabilità.

Quanto più si rifiuta una critica, tanto più l'incapacità di accettarla si trasforma in un problema. Quanto prima ci si decide ad accoglierla, tanto prima si può utilizzarla per ristabilire una comunicazione costruttiva. Quando resistiamo a dare ascolto a ciò che gli altri ci rimproverano, questi insisteranno nel dirci proprio quello che non vogliamo sentirci dire e la comunicazione resterà bloccata o limitata. Quando poi qualcuno ci critica per una cosa da poco, il nostro rifiuto di accettarne il parere trasformerà un dissenso superabile in una questione rilevante che a poco a poco ci allontanerà.[14]

In tutti i casi le difese, quando sono eccessive, impegnano una grande quantità di energia, provocando un'ansia secondaria dovuta al sentirsi sprovvisti delle forze che occorrono per fronteggiare la situazione. L'attenzione rimane bloccata su come evitare o mitigare un nuovo attacco, o su cosa fare per ristabilire un'impressione positiva nell'interlocutore, piuttosto che occuparsi del contributo che quella critica fornisce al miglioramento di se stessi.

Una condotta difensiva genera ascolto e reazioni difensive che, a loro volta, aumentano il livello di difesa iniziale, innescando una spirale viziosa di comunicazione disfunzionale.[15] La disfunzionalità nella comunicazione è dovuta non tanto alla presenza di fattori emotivi, peraltro inevitabili, quanto alla loro strenua negazione e ai conseguenti meccanismi di difesa che questa genera. Sapersi assumere la responsabilità di accettare le critiche che ci vengono mosse è segno che non abbiamo bisogno di attivare difese, perché la nostra autostima non è fragile o precaria. E dimostra rispetto verso noi stessi e verso l'altro.

Le critiche sono essenziali se vogliamo sapere come gli altri ci vedono e come interpretano i nostri comportamenti. Per ciascuno di noi, una critica fondata costituisce un'importantissima occasione di miglioramento. E chi non ha bisogno di migliorarsi? Chi può permettersi di non tener conto del parere degli altri? Ma davvero pensiamo di essere infallibili?

12

Il rispetto

Capita spesso di non sapere granché della persona con cui si sta comunicando, di non conoscerne la storia, le esperienze che l'hanno segnata, le aspettative o le paure che nutre. Malgrado ciò, normalmente, si presume di sapere quanto è necessario per relazionarsi con lei e non ci si preoccupa abbastanza di scoprire quali informazioni che non si hanno potrebbero servire a comprendere meglio le sue affermazioni. Così può succedere di intrattenere intere conversazioni senza mai rendersi conto che il proprio punto di vista, e quello della persona con cui si sta dialogando, si fondano su informazioni diverse o che ciascuno presta attenzione ad aspetti differenti della realtà.

Anche quando su un dato argomento si è in possesso delle stesse informazioni, si possono avere punti di vista differenti dal momento che ciascuno le interpreta in funzione delle proprie esperienze passate. Molte delle convinzioni profonde che nutriamo sono il frutto di esperienze che ci hanno segnato e che dentro di noi si sono trasformate in regole tacite secondo le quali vivere. Se per esempio abbiamo sofferto per esserci fidati di una persona appena conosciuta, tenderemo a darci la regola di non accordare troppo rapidamente la nostra fiducia.

Molte delle regole tacite che soggiacciono al nostro modo di vedere le cose, quando non sono il frutto delle nostre personali esperienze, sono quelle che abbiamo appreso in famiglia. Anche se non ce ne rendiamo conto, sono proprio tali regole implicite a influenzare il nostro modo di interpretare la realtà e le relazioni. Ecco perché dovremmo considerare normale che il nostro punto di vista si discosti da quello degli altri. E invece la diversità nei modi di vedere spesso mette a disagio, a volte spaventa, come fosse un pericolo da cui preservarsi, una minaccia per la propria identità.

Il timore che si prova di fronte alla diversità è dovuto alla preoccupazione che l'altro possa indurci a cambiare idea e di conseguenza alla paura di perdere le rassicuranti convinzioni e le confortevoli consuetudini mentali che ci appartengono. Quando si attraversa un periodo difficile, normalmente si è più *auto-centrati* e si tende a considerare gli altri come supporti alla propria sofferenza, piuttosto che come persone che possano offrire un punto di vista nuovo, magari interessante. In questi periodi si teme ancora di più che il confronto con un diverso punto di vista mandi in crisi le proprie convinzioni, rendendo evidente come si stia sbagliando, o in cosa si stia sbagliando, e minacciando così la propria autostima.

Un assunto implicito che rende difficile cambiare idea è che ci sia qualcosa di sbagliato nel proprio modo di ragionare: o sbagliavamo prima o sbagliamo ora. Come se la realtà non fosse complessa come di fatto è, in continuo mutamento, e non richiedesse quindi, da parte nostra, capacità di adeguamento e flessibilità nei pensieri e nei comportamenti.

Vivere tutto ciò che è diverso, altro da sè, come una minaccia rende diffidenti verso quello che è imprevisto o inusitato, portando a filtrare o cancellare le informazioni che non collimano con le proprie idee e rendendo così sterile la comunicazione.

Sono questi meccanismi difensivi che spiegano perché, nel dialogare con gli altri, si sia più spesso interessati a cogliere le somiglianze che non le differenze. Il più delle volte infatti tendiamo a cercare in ciò che gli altri dicono una conferma alle nostre idee o al senso che attribuiamo alle esperienze, piuttosto che interessarci alle loro idee, alle loro esperienze e al senso che vi attribuiscono, insomma a tutto ciò che, proprio perché diverso, dovrebbe incuriosirci. Ma così facendo, il più delle volte, si sciupa l'occasione di arricchirsi di esperienze e punti di vista nuovi rispetto ai propri, e di realizzare una vera e costruttiva comunicazione. La capacità di accogliere idee diverse, di sviluppare nuove convinzioni, è la forza di chi sa riconoscersi il diritto di cambiare opinione, di chi sa avere e sa ottenere rispetto per sé.

Chi ci chiede coerenza indelebile spesso lo fa perché vuole controllarci, sapendo che il comportamento di una persona coerente è più facilmente prevedibile e quindi controllabile. Chi invece vuole persuaderci a tutti i costi a cambiare opinione, di solito lo fa per evitare lo sforzo di capire un pensiero diverso dal suo. In tutti e due i casi non veniamo rispettati.

Nei periodi in cui ci si sente sereni, in pace con se stessi, la capacità di interessarsi agli altri aumenta perché, se è vero che la differenza inquieta, è anche vero che ciò che muove verso l'altro è proprio il suo essere diverso da noi. Non è forse dalla differenza che nasce un incontro? Non è sulla differenza che si fonda l'attrazione?

La differenza va considerata la ricchezza del genere umano, una potenzialità creativa con cui entrare in contatto, da esplorare e non da sfuggire. Il più delle volte è proprio attraverso l'incontro tra differenze che è possibile creare una realtà nuova, produttrice di benessere per entrambi.

Arrivare a capire meglio il punto di vista dell'altro non significa annullare le differenze, né vuol dire che sia sbagliato avere delle convinzioni ben salde. Ascoltare e comprendere un'altra prospettiva serve piuttosto a valutare se le proprie convinzioni siano ancora valide, alla luce di informazioni e di interpretazioni nuove e diverse di una stessa realtà.

Per comprendere davvero un altro punto di vista bisogna essere disposti a diventare curiosi, accantonando per un momento certezze e abitudini mentali. Le certezze impediscono di entrare nei panni dell'altro, la curiosità aiuta a farlo. Invece di pensare: "*Sta dicendo una stupidaggine*", potremmo chiederci: "*Chissà che informazioni possiede che io non ho?*"; oppure: "*Chissà qual è la visione del mondo che c'è dietro questa sua idea?*". Un atteggiamento mentale di questo tipo è quanto mai necessario quando la differenza di punti di vista porta a un disaccordo. Capire la versione dell'altro e aiutarlo a capire la propria non è detto che risolva il problema, ma certamente è il primo passo da compiere per far evolvere la situazione.

Non è facile entrare nella visione di un altro e lo è ancora di meno quando le sue opinioni dipendono dall'appartenere a un'altra generazione o a un'altra cultura. C'è sempre qualcosa di intraducibile da una cultura a un'altra, così come c'è qualcosa di intraducibile da una lingua a un'altra.[1] E se è vero che in qualunque relazione è difficile entrare nella visione dell'altro, questo è ancora più vero tra persone che non condividono una stessa lingua, una stessa storia o religione. In questi casi però, lo sforzo richiesto viene compensato ampiamente dall'arricchimento che se ne trae, come sa bene chi è abituato a viaggiare, sapendo entrare, non solo nel territorio, ma anche nella visione di un altro popolo, di un'altra razza, di un'altra cultura.

Dal capire al rispettare il passo... non è breve

Se capire il punto di vista dell'altro, in molte situazioni, può essere difficile, ancora di più può essere saperlo rispettare.

Ho più volte ripetuto che il rispetto è una delle condizioni che rende efficace la comunicazione interpersonale, ma non ho ancora chiarito cosa vuol dire rispettare l'altro e come si fa a sviluppare un autentico atteggiamento di rispetto verso il proprio prossimo.

Il rispetto nasce proprio dall'accettazione della differenza, un'accettazione che non significa imporsi sentimenti positivi nei confronti dell'altro o rinunciare a valutare criticamente comportamenti che non si condividono. L'accettazione di cui parlo non è una sorta di autoinganno per rendere più facili i rapporti. È tutt'altro.

Fermiamoci un momento su questo punto. Nella nostra cultura si è abituati a passare automaticamente da una valutazione positiva all'immediata accettazione, o viceversa, da una valutazione negativa a un simultaneo rifiuto. Per questo accettazione e rifiuto appaiono come l'inevitabile conseguenza delle proprie valutazioni positive o negative.

In realtà, si può distinguere l'azione del giudicare da quella dell'accettare o del rifiutare. Noi possiamo accettare o rifiutare "noi stessi o gli altri indipendentemente dal giudizio che esprimiamo o dal sentimento che proviamo, nei nostri o nei loro confronti. Non abbiamo cioè bisogno di ricorrere a una deformazione valutativa o a una distorsione affettiva per prendere la decisione di accettare o di rifiutare", sostiene Montuschi.[2] L'accettazione non va intesa come un gesto di generosità o di benevolenza ma come un atto di "riconoscimento della realtà", un'operazione psicologica di contatto con la realtà circostante, di adesione alla constatazione dei fatti.

Saper riconoscere e accettare la diversità aiuta a prendere una posizione consapevole di fronte a questa realtà. Ed è la consapevolezza che consente di effettuare una scelta sull'atteggiamento da adottare, dando la possibilità di decidere, in modo responsabile, come *agire*, più che *reagire*, di fronte alla diversità constatata. Tutto ciò naturalmente comporta la capacità di "lasciare in sospeso i nostri giudizi per un certo periodo, accettando il fatto che forse non si sa affatto cosa sta succedendo. Significa anche essere abbastanza sicuri del nostro sé da poter lasciare andare temporaneamente la presa su di esso".[3]

In molti casi è necessario essere dotati di una certa tolleranza per l'ambiguità, intesa come qualcosa di non ancora ben chiaro. Le persone che ne sono dotate, sono capaci di non giudicare immediatamente se qualcosa o qualcuno sia buono o cattivo, giusto o sbagliato, utile o inutile.

Dovremmo tutti saper accettare che non sempre si sa veramente come stiano le cose e che la persona che si sta osservando, o la situazione che si sta sperimentando, "non può essere ancora definita e cristallizzata, se mai pure lo sarà in seguito".[4] Si dovrebbe saper osservare, ascoltare, prestare attenzione, prima ancora di esprimere un giudizio, sapendo che sarà comunque temporaneamente definito. Ma per imparare a far ciò è necessario sfatare un altro equivoco.

Nel comune modo di pensare, l'accettazione sembra impedire qualunque intervento per modificare le cose. È diffusa la convinzione che accettare significhi rassegnarsi, rinunciare a un qualunque cambiamento, e che il cambiamento diventi possibile solo grazie a un precedente rifiuto. Il rifiuto quindi garantirebbe la possibilità di un cambiamento, mentre l'accettazione lo ostacolerebbe.

In realtà non è proprio così. Rifiutare una situazione, o viverla con un atteggiamento di disapprovazione, lascia privi della forza reattiva, dell'energia necessaria per affrontarne la realtà e provare a modificarla. Qualunque cambiamento ha come prerequisito l'accettazione, non come giudizio positivo, ma come presa d'atto della situazione di partenza. Chi disapprova se stesso o si sente rifiutato tende a difendersi, a giustificarsi, e, investendo in questo tutte le proprie energie e risorse, ne rimane privo per cambiare realmente.

Saper rispettare

"Rispetto" è una parola molto usata, di cui sembra essersi perso però il significato profondo. Se c'è una cosa di cui il nostro mondo ha un gran bisogno, questa è proprio il rispetto tra gli esseri umani.

Nella società contemporanea rispetto e dignità spesso vengono vissuti come concetti antiquati da quel genere di umanità tutta proiettata verso il danaro, il potere, il successo. Per molte persone la ricerca di potere, di danaro, di successo, rappresenta il tentativo di compensare quel sentimento interiore d'inadeguatezza, quel timore di essere umiliati, che derivano proprio da uno scarso senso della propria dignità. "*Se sarò ricco o potente nessuno oserà umiliarmi*", pensa erroneamente chi non ha coltivato il senso della propria dignità e il rispetto di sé. Senza sapere che, invece, le persone con un saldo senso di dignità ispirano e impongono rispetto, anche se non hanno danaro o potere, e lo fanno già a partire dal modo di muoversi e di parlare, dal modo in cui è atteggiato il loro corpo. A volte un corpo afflosciato, con la testa incassata e le spalle curve, esprime una propensione a lasciarsi sopraffare che viene solo debolmente mascherata da gioielli appariscenti e modi arroganti. Le persone che hanno un appropriato senso di dignità di solito si muovono e parlano con tranquillità, perché sanno concedersi il tempo di sentire e di pensare. Sono spesso persone che hanno imparato ad avere più tempo per sé e per i propri affetti, e non sono vittime o complici dello stile di vita frenetico che caratterizza il mondo in cui viviamo.

Purtroppo, nel mondo di oggi, "il tempo è denaro" e non è facile sapersi permettere uno stile di vita improntato alla dignità e al rispetto di sé. D'altra parte la difficoltà di rispettare la diversità altrui nasce proprio dall'incapacità di avere rispetto per sé: per riuscire davvero a rispettare gli altri, bisogna imparare a rispettare se stessi. Cosa tutt'altro che ovvia dal momento che il rispetto non ci è stato insegnato. Non venendo educati a esprimere adeguatamente le proprie emozioni o ad ascoltare e farsi ascoltare, non ci viene insegnato a rispettarsi e a rispettare. Sono pochi i bambini che hanno avuto la fortuna di avere genitori e insegnanti che li hanno davvero rispettati. La maggior parte di noi, nella sua infanzia, non ha ricevuto sempre questo dono. "*Smettila di piangere*" ci hanno detto quando eravamo tristi; "*Non urlare*", quando eravamo arrabbiati; "*Dai un bacio al fratellino*", quando avevamo voglia di dargli uno schiaffo; "*Mangia la frutta*", quando non ne avevamo voglia; "*Non puoi mangiare il gelato*", quando invece era quello che più desideravamo. Poche volte ci è stato permesso di fare o di dire quello che veramente sentivamo giusto per noi, raramente ci è stata data la possibilità di esprimere la rabbia o la tristezza, la gelosia o i desideri, senza giudicarci o senza tentare di cambiarli. Molto spesso da bambini non siamo stati rispettati, per questo non abbiamo imparato a rispettarci.

Immagino che a questo punto molti di voi stiano pensando che con i bambini è necessario fare così per educarli, che non si può consentir loro di picchiare il fratellino o di mangiare troppo gelato. È vero. Ma si può ottenere lo stesso risultato senza che sia necessario mancar loro di rispetto, si può comunicare le stesse cose senza partire dal "non", senza negare, senza rifiutare e senza imporre. Non è il caso qui di entrare in delicate questioni pedagogiche, tuttavia ritengo che la difficoltà di rispettarsi abbia la sua origine nell'infanzia. Lì, per difendersi da proibizioni e castighi o per riuscire comunque a realizzare i propri desideri, si impara a mentire, a fingere, a manipolare i propri sentimenti e quelli di genitori, nonni, fratelli e insegnanti. Così si evitano rimproveri e punizioni, ma si perde contemporaneamente il rispetto di se stessi e degli adulti. Crescendo in un mondo sordo ai propri bisogni e alle proprie emozioni, si finisce per diventarlo anche noi. Ne è prova la difficoltà che molti incontrano nel dire di no, anche quando questo comporta dover sacrificare i propri desideri. A chi non è capitato di rinunciare a un proprio progetto perché non è stato capace di dire di no a chi gliene proponeva uno diverso? Molte volte dire di no ci fa sentire in colpa, quasi che assecondare se stessi significhi danneggiare o contrapporsi all'altro. Il senso di colpa spesso nasce dal sentire che non si ha il diritto di frustrare gli altrui desideri o anche soltanto di dispiacere gli altri.

I sensi di colpa si accompagnano al timore di essere rifiutati quando si esprimono convinzioni o sentimenti che non coincidono con quelli desiderati da chi ci sta a cuore. Ma così si dimentica che i propri bisogni hanno almeno la stessa rilevanza di quelli di figli, genitori, amici o colleghi. Chi vive nel continuo timore di urtare i sentimenti altrui e di perderne la stima o l'affetto non vive né comunica bene. Forzarsi a essere disponibili, anche quando l'atteggiamento interiore è diverso, è un modo di dimenticare i propri bisogni che porta a una sorda ostilità verso chi si ha di fronte. Prima o poi, la rinuncia ai propri bisogni o desideri la si fa pagare a coloro che l'hanno causata.

Rispettarsi significa non tradire se stessi, ma al contrario coltivare quella libertà interiore che permette di dire di no senza sentirsi in colpa. "Libero è colui che non deve né subire né dominare per essere qualcuno" scriveva Dostoevskij. Rispettarsi è riconoscersi il diritto di essere noi stessi i primi giudici dei sentimenti che proviamo, e dei comportamenti che adottiamo, sapendone affrontare le conseguenze. Emblematiche in questo senso sono le parole di un paziente di Lowen alla fine dell'analisi:

> Adesso so cos'è il rispetto di se stessi. Ero troppo coinvolto con gli altri, cercavo di soddisfare le loro necessità e mi irritavo quando non facevano lo stesso con me. Adesso mi occuperò dei miei bisogni e del mio corpo. Ho intenzione di rispettare i miei sentimenti e di dar loro il giusto peso.[5]

Come il paziente di Lowen, possiamo sempre imparare a fare quello che non ci è stato insegnato e di cui oggi sappiamo di avere bisogno. Si può imparare a concepire la vita come un'avventura da vivere con minore ansia, con una tranquillità, che non è inerzia, ma vitalità e accettazione dei propri bisogni e ritmi naturali. Si può imparare a concedersi, almeno ogni tanto, il lusso di iniziare una giornata domandandosi prima di tutto: "*Cosa ho voglia di fare oggi, o adesso, in questo preciso momento?*". E poi assumersi la responsabilità verso se stessi di fare esattamente quello che chiede il proprio desiderio. Naturalmente bisogna aver imparato a riconoscerlo, sapendo individuare, tra le varie voci che si esprimono al proprio interno, quella che parla dei bisogni veri e non dei desideri imposti dalle convenzioni sociali o dalla cultura dell'apparire e del contare.

Come abbiamo visto la capacità di autoascolto non è così naturale e scontata come si potrebbe pensare, ma va coltivata, potenziata, sviluppata. Si può cominciare con l'ascoltare il corpo, il respiro, con l'osservare la propria postura, il timbro della voce, il colorito della pelle, tutti quei segnali che parlano di noi così tanto agli altri e che noi, invece, spesso non sappiamo né ascoltare né decifrare. Se impareremo a far questo, almeno una volta ogni tanto, nell'arco delle nostre giornate o settimane, pian piano ci accorgeremo di aver imparato anche a rispettarci, a rispettare quel bambino, quell'adulto, quella persona che siamo noi. E da quel momento sapremo anche come rispettare l'altro, dato che in ogni individuo parlano le stesse voci, gli stessi bisogni che riconosciamo in noi stessi. I bisogni veri, quelli autentici, sono proprio ciò che più condividiamo con gli altri esseri umani. "Il desiderio è l'abito culturale del bisogno",[6] e può quindi risentire delle influenze culturali, il bisogno no.

Avere rispetto di sé

Per avere rispetto di sé bisogna riconoscersi il diritto di sbagliare, sapendo accettare i propri errori e assumendosi la responsabilità delle conseguenze che ne derivano, senza colpevolizzarsi. Quando si rifiuta la possibilità di sbagliare, ci si irrigidisce nel corpo, nei pensieri e nella comunicazione, mentre quando la si accetta si può ammettere di essere impreparati, o disinformati, si può dire "*non so*", senza far finta di conoscere qualcosa che in realtà non si conosce affatto. Ammettendo di non "sapere" si conquista la libertà di affrontare situazioni nuove, senza venire sopraffatti dall'ansia di non conoscerne tutti gli aspetti.

Viceversa, quando non si è capaci di accettare i propri limiti, si rischia di cadere nell'autoinganno, negandone l'esistenza, ma diventa allora impossibile stabilire un contatto e una comunicazione autentica ed efficace con se stessi e con gli altri. La mancanza di accettazione, come già detto, crea un corto circuito interno che assorbe ogni energia e non permette di andare oltre la situazione di partenza. Per questo ci si inganna quando si è impegnati a opporsi a se stessi, pensando che il rifiuto di certe parti di sé conduca a un cambiamento. In realtà, senza l'energia per attuarlo, il cambiamento verrà sempre rimandato e mai realizzato. "Il cambiamento senza accettazione è solo un'aspirazione, un desiderio irrealizzabile, una speranza falsa, improduttiva."[7]

Quando finalmente si cessa di combattere contro se stessi, il corpo può distendersi e l'energia pian piano si sblocca. Come dopo un pianto che ha allentato la tensione, si può sperimentare quel senso di abbandono e di benessere che si prova quando alla lotta subentra la riconciliazione. Chi si accetta e vede realisticamente la situazione personale in cui si trova è nelle migliori condizioni per cambiare realmente, perché ha finalmente a disposizione le energie per migliorare in se stesso quanto ritiene migliorabile. Rispettarsi vuol dire accettarsi imperfetti quali si è, senza per questo rinunciare ad amarsi e a migliorarsi. Le persone che hanno imparato a rispettarsi sanno riconoscersi il diritto di decidere della propria vita e sanno tendere all'autorealizzazione dandosi obiettivi realistici e perseguendoli, senza per questo prevaricare gli altri o varcare i limiti imposti dal riguardo dovuto al prossimo. È sempre possibile realizzare i propri scopi, coniugando autonomia di pensiero e di azione con la dovuta considerazione per gli altri.

Avere rispetto per sé non vuol dire però essere schiavi di un'inflessibile progetto di autonomia e autorealizzazione, ma saper diventare con se stessi pazienti, morbidi, affettuosi. Bisogna arrendersi alla propria fragilità, alle proprie debolezze, al proprio bambino interiore. Bisogna imparare a "guardare al proprio cammino senza essere severi, ma riconoscendo tutti gli sforzi che facciamo per crescere e amare le nostre piccole cose, i nostri piccoli gesti [...]. Accarezzare il nostro bambino interiore e dirgli finalmente quello che aspetta da sempre: '*Bravo, amore mio*'".[8]

Ci si rispetta quando si è capaci di convivere con i propri sentimenti senza negarli, nasconderli o intellettualizzarli. Ci si rispetta quando la parte di sè benevola convince, con garbo, quella esigente che non è il caso di colpevolizzarsi ulteriormente per gli errori commessi, né di pretendere quello che non si è capaci o pronti a fare. Solo quando si accettano davvero i propri limiti, si diventa capaci di relazionarsi con gli altri senza giudicarli o colpevolizzarli per i loro.

Solo chi ha imparato ad accettare profondamente se stesso e il proprio passato è in grado di stabilire relazioni centrate su un autentico rispetto reciproco. Chi rispetta i propri interlocutori non tenta di prevaricarli o di manipolarli per controllarne il comportamento, non pretende a tutti i costi di cambiarli, ma sa offrir loro la possibilità di sperimentare reazioni e comportamenti diversi, sa aiutarli, semmai, a non essere come non vogliono più essere.

Ciascuno di noi ha sentimenti che non riconosce come propri o che non sa di comunicare agli altri, come il senso di inadeguatezza o di impotenza. Ve ne sono alcuni particolarmente difficili da riconoscere o manifestare, come il bisogno di manipolare gli altri, quello di punire o di essere punito, il senso di colpa o di passività, i sentimenti di ostilità verso chi si ama, il senso di solitudine. Bisogna rispettare in noi e negli altri l'esistenza di bisogni e sentimenti non consapevoli o che non si vuole rivelare. Chi comunica ispirandosi al rispetto, cerca di conoscere e comprendere l'altro senza diventare intrusivo o invadente, sapendo attendere che si apra e creando le condizioni di fiducia perché ciò avvenga.

Tutti desideriamo avere qualcuno che sappia ascoltare ciò che abbiamo voglia di condividere, senza giudicarci o tentare di cambiarci. C'è un grande bisogno di forme di comunicazione più autentiche e profonde.

Uno dei bisogni più presenti nei rapporti umani è quello di parlare di sé, di esternare i propri pensieri e verbalizzare le proprie sensazioni. È il bisogno di sottrarsi al senso di solitudine che ci accompagna nella vita, ma è anche il bisogno di ri-conoscersi, attraverso il raccontarsi all'altro. Per capire se stesso l'essere umano ha bisogno di essere compreso da un altro essere umano. Ma per essere compreso da un altro essere umano è necessario che lo comprenda a sua volta.[9]

"Il rispetto è accoglienza, riconoscimento, apprezzamento del valore, dell'unicità e della dignità dell'altro."[10] Comprensione e rispetto passano attraverso la capacità di ascolto, di cui parleremo nel prossimo capitolo.

13

L'ascolto

... considerando che il saper ascoltare bene è il punto di partenza per vivere secondo il bene.

PLUTARCO

In una lucida vignetta di Altan c'è una donna che dice: "Siamo alla post Babele: tutti parlano la stessa lingua e nessuno ascolta". Più che una battuta sembra la descrizione della nostra società.

Nella società odierna è prevalente la cultura che enfatizza l'*io* a discapito del *tu* e del *noi*, una cultura che ha reso sempre più diffusa l'abitudine al monologo e al non ascolto reciproco. Si è così impegnati ad affermare la propria esistenza con le parole, a farsi strada con i discorsi, che si finisce con il considerare l'ascolto un'attività secondaria, quasi una perdita di tempo e di energie.

Ai bambini si insegna a leggere e scrivere, a far di conto e a memorizzare, a collaborare e a competere, ma non si insegna ad ascoltare. Non si viene educati al valore dell'ascolto, a considerare l'ascolto quel gesto di rispetto che comunica all'interlocutore che si è presenti e disponibili per lui, un dono prezioso e significativo.

Nel mondo in cui viviamo, la capacità di ascoltare davvero se stessi e gli altri si è indebolita, quasi estinta. Siamo così bombardati da chiacchiere, immagini, rumori che per non esserne sopraffatti ricorriamo, come forma di autodifesa, al non ascolto o, se va bene, a un ascolto intermittente. Nessuno sembra avere più tempo o voglia di ascoltare gli altri, neanche quelli che gli sono più cari. La televisione, con cui conviviamo quotidianamente, ci ha abituati a un ascolto superficiale e distratto, che finiamo poi per applicare anche alle relazioni interpersonali. Si è così affaticati dalle incombenze quotidiane, che non si hanno sufficienti risorse per impegnarsi nel faticoso compito di selezione dei messaggi che meritano attenzione. Così si finisce per prestare lo stesso ascolto distratto sia ai messaggi inessenziali di certa televisione sia a quelli ben più essenziali delle persone a sé vicine. Per questo a volte le persone insistono a chiedere attenzione magari gridando o compiendo atti violenti. Lo fanno per farsi ascoltare, senza che il risultato sia comunque garantito. L'ipercomunicazione, paradossalmente, porta a un impoverimento della comunicazione: più si grida e meno ci si capisce. Ma se si ha bisogno di urlare per essere ascoltati, o di compiere azioni eclatanti, è perché dall'altra parte c'è qualcuno che non sa prestare attenzione. È pur vero, però, che se non si ha paura e ci si sente sicuri di sé, si saprà ottenere l'ascolto delle proprie ragioni senza bisogno di alzare la voce.

L'aprirsi all'altro, attraverso l'ascolto, comporta dei rischi, primo fra tutti quello di lasciare a lui la scena, lo spazio di esistere, offuscando così, per un istante, la propria di esistenza. Ma ancora più temuto è un altro rischio: quello di essere smentiti o trasformati dalle parole degli altri. Così ci si difende con lunghi monologhi o ci si avventura in falsi dialoghi, illudendosi di comunicare con fiumi di parole e frasi che non verranno poi ascoltate.

La tentazione del monologo

Il monologo è una tentazione alla quale difficilmente donne e uomini di oggi sanno resistere. La maggior parte delle persone, non appena ha la sensazione di avere di fronte qualcuno disposto ad ascoltarla, si lascia andare a monologhi pieni di racconti spesso autoreferenziali, o costruisce dialoghi fatti di idee rimuginate e pensieri precotti, senza rendersi conto che, in assenza di un autentico pensiero, lo scambio si impoverisce o si sclerotizza. Così ci si trova coinvolti in conversazioni che non sono dettate dal bisogno autentico di comunicare, ma solo dal desiderio di affermare o rafforzare il proprio io, attraverso l'effetto delle proprie parole sugli altri.

I monologhi, manifestazione del narcisismo a cui si è indotti dalla cultura contemporanea, hanno la sola funzione di rassicurare chi li attua sul proprio valore. D'altronde, la società competitiva in cui viviamo, spesso premia chi si espone e parla anche se non ha molto da dire: l'importante è che lo dica bene, con piglio assertivo e convincente!

Quante volte capita di trovarsi di fronte a qualcuno che tace, non perché sia in ascolto, ma perché sta silenziosamente preparandosi a dire qualcosa che possa davvero colpirci? E quante volte non siamo proprio noi a comportarci così?

Un mondo pieno di gente che parla ma non ascolta, di specialisti della parola e di incompetenti nel dialogo è, per forza di cose, un mondo pieno di gente che non viene ascoltata! Eppure, ciò che tutti desideriamo profondamente è proprio sentirci ascoltati e compresi. Ci sono persone che arrivano a essere così sole e bisognose di qualcuno che dia loro ascolto, da diventare vittime predestinate di venditori o truffatori che, loro sì, sanno bene come soddisfare, e soprattutto come sfruttare, questo bisogno diffuso e inappagato.

Se si chiede a qualcuno di pensare a quale dei suoi amici si rivolge più spesso per avere un consiglio, regolarmente risponderà che è quello che più lo ascolta. Per questo le persone che hanno avuto maggiore influenza nella nostra vita sono proprio quelle che ci hanno saputo ascoltare.

Dale Carnegie, guru americano della comunicazione interpersonale, sostiene che "ascoltare è il modo di persuadere l'altro con le nostre orecchie".[1] Con questo non voglio dire che sia necessario ascoltare solo per avere ascendente sugli altri e persuaderli delle proprie idee. Ci sono altre ottime ragioni per farlo. Vediamo quali.

Perché ascoltare

Nei rapporti familiari e affettivi la mancanza di ascolto è causa frequente di incomprensioni, conflitti, dissapori.

Nel mondo del lavoro l'incompetenza nell'ascolto è una delle principali cause d'inefficienza. A essa possono essere ricondotti la mancata attuazione di decisioni, il mancato rispetto dei programmi e raggiungimento degli obiettivi, oltre che l'insoddisfazione dei dipendenti e la loro demotivazione. Non a caso alcune aziende americane investono tempo e danaro in corsi a tappeto per sviluppare nei propri dipendenti la competenza nell'ascolto.

Alcune ricerche hanno dimostrato che in media circa il cinquanta per cento del tempo di manager e professionisti è impiegato ad ascoltare.[2] Questo vuol dire che le aziende pagano metà degli stipendi ai loro dirigenti perché sappiano ascoltare, prima di decidere e agire. E tutti noi, quando ci rivolgiamo a un medico, un avvocato, un commercialista, di fatto paghiamo metà della parcella perché ci ascolti attentamente per poterci poi aiutare davvero. Molti di noi hanno sperimentato quanto un ascolto superficiale si sia poi tradotto in una prestazione insoddisfacente. Conoscenze ed esperienza professionale servono a poco se non vengono utilizzate in modo coerente con i problemi posti. L'ascolto è un potente strumento di conoscenza che permette di avere una visione più ampia della realtà. È solo attraverso di esso che è possibile entrare in contatto con modi diversi di guardare il mondo, di leggere la realtà in cui si è immersi, di interpretare le esperienze che capita di condividere con altri. Il punto di vista degli altri arricchisce e completa il proprio e può stimolare processi di elaborazione mentale che aprono nuove prospettive, generano nuove idee e provocano nuove domande. Ed è la capacità di aprirsi alla complessità del mondo circostante, che permette poi di adottare comportamenti più adeguati e di adattarsi alla realtà in continuo mutamento.

L'ascolto è quella metà del dialogo senza la quale non si ha comunicazione, tanto che se ci si accorge che l'altro ha smesso di ascoltare si smette di parlare. A che serve infatti parlare se l'altro non ascolta?

A chi non è capitato di vivere la penosa sensazione di non essere ascoltato!

Chi non ha sofferto perché la persona da cui teneva a essere compreso subito in realtà lo ascoltava con un orecchio solo?

Quando l'altro non ci ascolta, o ascolta distrattamente parole che per noi sono importanti, riceviamo, implicitamente ma chiaramente, il messaggio di non essere abbastanza interessanti o importanti per lui. Un messaggio che non può che generare frustrazione, sofferenza, e subito dopo rabbia nei suoi confronti. Una rabbia spesso inconsapevole o negata, ma non per questo meno forte e meno capace di minare il rapporto.

Se ripenso a certe relazioni, mi rendo conto di quanta sofferenza e rabbia mi hanno provocato e mi spaventa la sola idea di aver causato a mia volta emozioni analoghe, con l'incapacità di ascoltare veramente.

Qualità dell'ascolto

Il modo di ascoltare può essere superficiale e intermittente o continuo e profondo. A volte ci accade di prestare più attenzione al modo di parlare dell'interlocutore, al suo accento, ai vocaboli o agli intercalari che adopera, che non a ciò che sta dicendo. Altre volte basta che una parola evochi in noi sentimenti sgraditi, per predisporci sfavorevolmente o renderci sordi a quanto l'altro ha da dire. Ci sono poi volte in cui un qualunque elemento di disturbo esterno, come un rumore, o interno, come il sopraggiungere di un pensiero, basta a trasportarci nel territorio della "sordità". Più spesso di quanto si creda siamo vittime di una sorta di autoinganno: crediamo di aver ascoltato quel collaboratore che ci poneva un problema ma, dopo pochi minuti, non siamo in grado di ricordare granché di quanto ha detto.

La nostra capacità di ascolto è come una coppa di cristallo sottile e delicato che si infrange con facilità, e che non riesce a contenere più di una certa quantità di messaggi. È una capacità che, per attuarsi in pieno, necessita di condizioni adeguate e favorevoli: se si sta male fisicamente o si è molto presi da un lavoro o preoccupati da un problema o ancora se si è mal disposti verso chi parla, difficilmente si sarà capaci di un buon ascolto.

La maggior parte delle persone oscilla fra gradi, qualità e modalità diverse di ascoltare.[3] Quantità e qualità dell'ascolto variano a seconda delle situazioni e degli interlocutori, ma ancora di più a seconda della personalità o delle emozioni provate al momento. Alcune ricerche hanno dimostrato che persone aperte verso nuove idee e caratterizzate da una personalità stabile e matura riportano migliori risultati nell'ascoltare, rispetto a quelle con caratteristiche opposte. Anche gli stati d'animo influenzano l'abilità nell'ascoltare: se si è sotto stress, agitati, o impauriti sarà difficile essere capaci di decentrarsi dal sé e perseguire con attenzione i messaggi che provengono dall'esterno.[4]

Quando ascoltiamo, poi, lo facciamo inevitabilmente attraverso il filtro della nostra soggettività e delle esperienze che ci hanno segnato, di preconcetti e abitudini mentali, di ricordi e paure, di aspettative consapevoli e inconsapevoli. Il filtro della storia personale porta a selezionare, aggiungere, cancellare, distorcere quelle parti di un discorso che disturbano.

Mi rendo conto che non è facile essere consapevoli della portata di questo fenomeno, per questo vi suggerisco un esperimento. Provate a far ascoltare a un gruppo di amici uno stralcio di telegiornale e a chieder loro, immediatamente dopo, di trascrivere le notizie trasmesse. Scoprirete che ognuno ha operato le sue personali censure riportando alcune notizie e non altre, scoprirete quanto sono frequenti le omissioni, le cancellazioni, le distorsioni e persino le aggiunte rispetto a una stessa notizia.

Ciascuno ha delle particolari aree di "sordità" nelle quali certi contenuti non penetrano, o se penetrano vengono distorti. Per ognuno esistono argomenti, problemi o sentimenti di fronte ai quali si chiudono le orecchie o si blocca la mente. Io, per esempio, mi blocco di fronte ai ragionamenti matematici, mentre conosco persone le cui orecchie si chiudono quando si parla di politica o di calcio.

La maggior parte delle "sordità" sono di natura emozionale e psicologica e non dovute, come ci raccontiamo, al fatto che: "*Quell'argomento proprio non mi interessa*". Le nostre "sordità" sono spesso legate alle aree d'insicurezza o inquietudine che ci caratterizzano, all'infantile senso di inadeguatezza.

Può essere molto utile interrogarsi su quali sordità ci portiamo dietro, su quali sono le inibizioni o rimozioni che ci impediscono di ascoltare certi discorsi. Nel rispondere acquisiremo quella consapevolezza che permetterà, forse, di correggere il nostro comportamento, rendendoci un migliore ascoltatore, perché chi trova difficile ascoltare se stesso di solito ha maggiori difficoltà ad ascoltare l'altro.

Quando e come ascoltare

Ci sono circostanze in cui un interlocutore può essere animato da intenzioni manipolatorie o poco chiare. In casi come questi è ancor più necessario saper attivare un ascolto attento, assumendo un atteggiamento guardingo anche se non necessariamente malevolo. Può essere opportuno esaminare la validità delle sue affermazioni, e osservare la coerenza tra le parole e il comportamento non verbale. Ma anche se non sono poi così frequenti queste circostanze, è meglio imparare a riconoscerle e a comportarci di conseguenza.

Nella vita di tutti i giorni non è sempre necessario impegnarsi in un ascolto attento e autentico. Ma se nelle chiacchiere in treno possiamo permetterci un ascolto distratto, non è il caso di fare altrettanto nei dialoghi professionali o in quelli familiari.

Dal momento che ascoltare davvero richiede energia, concentrazione e impegno, bisogna imparare a distinguere quando è necessario attivare in pieno questa capacità e quando ci si può permettere di usarla in modo, diciamo, "leggero". Per ascoltare infatti non basta semplicemente tacere, non è sufficiente sospendere di parlare e restare in posizione passiva. L'ascolto non è un momentaneo mettersi da parte lasciando che l'altro parli, senza curarsi di lui. Ascoltare significa attivare i sensi e l'intelletto: non si ascolta solo con le orecchie ma con tutto il corpo e la mente,[5] un corpo il più possibile rilassato e una mente il più possibile serena e libera da pregiudizi. Il vero ascolto ci vuole attivi, partecipi, curiosi e quindi interessati a comprendere davvero ciò che l'altro vuole condividere con noi, che siano pensieri, ricordi, emozioni o stati d'animo.

Ascoltare non significa solo registrare le parole, ma significa osservare il linguaggio silenzioso del corpo che, come abbiamo visto, è molto eloquente nel trasmettere emozioni e atteggiamenti relazionali. Un capo che ascolta il proprio collaboratore continuando a tenere lo sguardo sullo schermo del computer sta perdendo una parte significativa dei suoi messaggi. E il genitore che ascolta le confidenze del figlio continuando a cucinare non sa quanto parziale sarà la comprensione di ciò che il suo ragazzo vuole trasmettergli. Ascoltare significa prestare attenzione al messaggio globale dell'interlocutore e sentire la risonanza emotiva che produce dentro di noi. Per ascoltare bisogna imparare a essere pazienti, a non avere fretta che l'altro arrivi alle conclusioni del suo ragionamento, ma sapergli concedere il tempo di procedere secondo il suo percorso logico e il suo ritmo espositivo. Si potrebbe obiettare che non sempre si ha la possibilità di concedere all'altro questo tempo, eppure quando una persona non sente la pressione dell'interlocutore impiega meno tempo a esporre il proprio pensiero.

Per comprendere davvero bisogna mettere l'impegno mentale ed emotivo necessari a cogliere la complessità del messaggio,[6] superando gli ostacoli posti dalle diversità di linguaggio o di cultura e sapendo individuare le parti più rilevanti del discorso. In ogni discorso ci sono parti più pregnanti di altre, ci sono frasi preparatorie e parole conclusive, ridondanze o amplificazioni del messaggio centrale. Il vero contenuto di un discorso può non essere immediatamente evidente, a volte è implicito, altre volte è nascosto, coperto da parole e frasi che fanno da schermo alle vere intenzioni di chi parla.[7] È il caso dei conflitti di relazione camuffati da disaccordo sui contenuti di cui ho già parlato.

Un buon ascoltatore sa distinguere ciò che è importante da ciò che lo è di meno, sa riconoscere il cuore del discorso oltre che le intenzioni sottostanti di chi parla e di conseguenza è capace di sintonizzarsi proprio su queste. Ne è prova il fatto che sa riformulare il messaggio ricevuto nella sua integrità di senso.

Quando il nostro interlocutore riformula quanto abbiamo detto, dimostrando di aver colto insieme alle nostre parole anche i sentimenti sottostanti, allora sentiamo che ci ha ascoltati davvero.

Risultati di un buon ascolto

Ci sono occasioni in cui può essere per noi molto importante essere capaci di mettere in atto un ascolto attivo ed empatico. Penso a quelle volte in cui una persona che ci è cara ha bisogno di dirci qualcosa e non riesce a farlo, oppure una relazione professionale è andata in crisi, creandoci non poche difficoltà. In casi come questi lo strumento migliore che abbiamo a disposizione è proprio un ascolto attento ed empatico,[8] che ci permetta di cogliere non solo il senso delle parole dette ma anche pensieri o emozioni non esplicitate. In certe circostanze può essere particolarmente importante saper riconoscere lo stato d'animo dell'interlocutore e decifrare i significati segreti, saper percepire quella sua voce interiore che parla di cose di cui lui stesso magari non è del tutto consapevole. Tutto ciò non è possibile se non si ha la capacità di mettere da parte, per un istante, il proprio sé, per creare dentro uno spazio di accoglienza all'altro, per diventare la cassa di risonanza di ciò che lui o lei ignora di sé e che tuttavia vuole comunicarci.[9]

Per affrontare casi del genere, dovremo imparare ad abbandonare atteggiamenti valutativi e giudicanti, dovremo abituarci a lasciar da parte critiche, recriminazioni, rimproveri, prediche. Si tratta di saper accettare la diversità dell'altro e non viverla come una sfida alla propria identità. Secondo la Sclavi: "Se vuoi comprendere quel che un altro sta dicendo, devi assumere che ha ragione e chiedergli di aiutarti a vedere le cose e gli eventi dalla sua prospettiva".[10]

Se si impara a leggere le intenzioni sottostanti alle parole dell'altro, se si riesce a trasmettergli attenzione, interesse, comprensione, se alle sue parole si fanno seguire le proprie per aiutarlo a proseguire nel discorso, allora si svolge in modo efficace la funzione dell'ascoltare. L'ascolto empatico non è centrato sulle parole ma sui sentimenti sottostanti, per questo comunica all'altro un'autentica accettazione.

Quando davvero riusciamo a far questo il nostro interlocutore si rilassa e si apre. Sentendosi accettato non ha più bisogno di difendersi e di mistificare i veri sentimenti, che così possono riaffiorare alla coscienza. Con un ascolto autentico lo aiutiamo a esprimere meglio pensieri ed emozioni, a vedere le cose con occhi diversi, a trovare le risposte che cercava o le soluzioni a problemi antichi.

Nella mia esperienza un ascolto empatico mi ha aiutata a sciogliere dubbi, a chiarirmi le idee, a riconoscere bisogni che non sapevo ascoltare e a prendere decisioni che non riuscivo a prendere. È incredibile come a volte basti semplicemente sentirsi ascoltati per trovare la forza di uscire da una condizione di empasse e affrontare i problemi che si hanno di fronte.

Un buon ascolto aiuta a farci un'idea equilibrata, e il più possibile vicina alla realtà, della persona con cui siamo in relazione, dei suoi bisogni e delle sue aspettative, di ciò che pensa di noi e della situazione che condividiamo, di come ci percepisce e percepisce i problemi che stiamo discutendo. Quanto più accurata e precisa è la nostra valutazione, tanto più adeguati e costruttivi saranno i nostri comportamenti e le nostre risposte. Un buon ascolto permette anche di comprendere in tempo la piega che sta prendendo la comunicazione e di decidere come proseguire, se impegnarsi di più o cambiare argomento. Un buon ascolto aiuta a prevenire i conflitti o a elaborarli.

L'ascoltare davvero l'altro e il considerare il suo punto di vista produce in noi piccoli, impercettibili mutamenti, rendendoci un po' diversi da come eravamo prima. Naturalmente, come abbiamo visto, bisogna accettare la possibilità di farsi modificare dal punto di vista degli altri, bisogna essere disponibili a cambiare il proprio. Per esserlo davvero è necessario aver maturato quella consapevolezza che rende possibile avere rispetto di sé e degli altri e che consente di assumersi la responsabilità di affrontare il cambiamento.

Per questo può aprirsi all'ascolto empatico chi è capace di ammettere i propri limiti, chi sa mettersi in discussione, riconoscendo che le ragioni dell'altro meritano di essere valutate e contemporaneamente sapendo rispettare il diritto altrui di valutare le proprie ragioni, prima di accoglierle o di rifiutarle. A questo proposito sostiene ancora la Sclavi: "Un buon ascoltatore accoglie volentieri i paradossi del pensiero e della comunicazione. Affronta i dissensi per esercitarsi in un campo che lo appassiona: la gestione creativa dei conflitti".[11]

Le persone che hanno fiducia nel prossimo e non temono di essere truffate, o imbrogliate o sminuite sono in grado di aprirsi all'ascolto autentico perché sono disposte a riconoscere che l'altro può arricchirle con le sue parole. Sono persone che hanno la forza dell'umiltà, quella di chi sa di non sapere ed è disposto a imparare, quella di chi ritiene che valga sempre la pena di conoscere che cosa ha da dire un altro essere umano.

Purtroppo sono persone rare di questi tempi.

Viceversa coloro che si sentono minacciati da punti di vista diversi, che temono costantemente di essere smentiti e svalutati non possono accogliere serenamente le parole dell'altro, non possono che rifugiarsi nella sordità e nel non ascolto. Persone fragili e insicure temono il confronto, per questo recepiscono solo quello che conferma le loro idee e sono sorde di fronte a ciò che può smentirle. Il loro ascolto è spesso apparente o superficiale. La loro comunicazione è fatta di monologhi, ricchi di stereotipi e luoghi comuni e privi di pensiero e di capacità critica.

Spesso chi reagisce con rabbia o insofferenza di fronte a un punto di vista diverso è una persona spaventata, priva di quella forza interiore che deriva dalla consapevolezza delle proprie qualità e capacità. Con lei è inutile insistere, è inutile riformulare il nostro pensiero o ribadire il nostro punto di vista.

Bisogna solo smettere di parlare e accogliere la sua fragilità.

Bisogna solo ascoltarla.

Conclusioni

Mi auguro che il viaggio compiuto all'interno del fenomeno della comunicazione interpersonale abbia convinto il lettore che, per quanto possa essere impegnativo, migliorare il proprio modo di comunicare presenta indubbi vantaggi. Oltre a permettere di perseguire e conseguire i propri obiettivi, consente infatti di coltivare l'armonia nelle proprie relazioni e con essa il proprio benessere esistenziale. La società dei consumi sta mostrando i suoi limiti e gli uomini stanno comprendendo sempre più che equilibrio e benessere non risiedono tanto nel possesso di beni, quanto nella ricchezza e armonia delle proprie relazioni. Le relazioni affettive, quelle familiari, quelle professionali costituiscono la fonte principale del benessere o malessere che sperimentiamo quotidianamente. E le relazioni si costruiscono, si nutrono e si mantengono grazie a un'adeguata competenza comunicativa.

Per le scienze umane è ormai indubbio che il benessere individuale deriva in gran parte dal saper creare intorno a sé un ambiente relazionale armonioso. Obiettivo di ogni essere umano è quello di raggiungere un proprio equilibrio fisico, mentale ed emotivo, attraverso la capacità di porsi in armonia con l'ambiente, e questo è reso possibile da un appropriato modo di relazionarsi e di comunicare. Come ho cercato di mostrare, la comunicazione è efficace se è ispirata a principi etici. Un modo etico di comunicare è il solo in grado di dar luogo a un'autentica comprensione. E la comprensione è il fine ultimo della comunicazione.

In un'epoca come la nostra, in cui si sono moltiplicati gli incontri e le relazioni tra persone, culture, popoli che appartengono a mondi differenti, il tema della comprensione è più che mai all'ordine del giorno. Edgar Morin, uno dei più autorevoli pensatori europei, sostiene che: "Il problema della comprensione è divenuto cruciale per gli umani, [...] il pianeta ha bisogno in tutti i sensi di reciproche comprensioni".[1]

L'incomprensione genera sofferenza e questa a sua volta può causare violenza e brutalità che non fanno che generare nuove incomprensioni.

Secondo Morin, il sommarsi delle incomprensioni, intellettuali e umane, individuali e collettive, rappresenta il maggiore impedimento alla realizzazione di un'armonica convivenza fra individui, gruppi, popoli.

Il processo di globalizzazione che stiamo vivendo rende quanto mai necessario, per le persone e per i popoli, trovare il modo di dialogare e di coesistere pacificamente rispettando le differenze. Il comune interesse per le sorti del pianeta rende indispensabile tentare di conciliare le diverse culture e modi di intendere l'esistenza terrena e quella ultraterrena. Mondo occidentale e mondo orientale, dopo la divaricazione a cui li ha portati la Storia, si trovano oggi più che mai nella necessità di percorrere nuove strade di dialogo. Il trauma dell'11 settembre, e le guerre che ne sono seguite, dovrebbero rendere tutti ancora più consapevoli di questa necessità e impegnare ciascuno nella ricerca di modi migliori di comunicare, di dialogare, di coesistere tanto con i popoli lontani quanto con i vicini di casa. Il potenziale distruttivo dei conflitti può essere disinnescato solo se si rinuncia a risolverli attraverso la violenza. Eppure, dopo quel trauma, si sono radicalizzate le differenze tra chi pensa che, per ottenere l'ascolto e l'accettazione del proprio punto di vista, si debba ricorrere alla forza delle armi, che siano dialettiche o belliche, e chi crede che lo si possa fare solo e meglio con la forza del rispetto delle idee e delle differenze, con la comprensione e la tolleranza.

Dal mio punto di vista una coesistenza pacifica non è pensabile senza la comprensione e la comprensione non si realizza se non attraverso l'apertura all'altro, il dialogo, il rispetto, l'ascolto.

Il problema della comprensione, che si pone in modo evidente nel rapporto con lo straniero, con il diverso, si pone anche fra simili e vicini. Non è sempre detto che più si è vicini meglio ci si comprenda, dal momento che la prossimità spesso alimenta malintesi, gelosie, aggressività. "Dobbiamo connettere l'etica della comprensione fra persone con l'etica dell'era planetaria, che richiede di mondializzare la comprensione" sostiene ancora Morin. Egocentrismo ed etnocentrismo che hanno in comune il situarsi al centro del mondo, considerando secondario, irrilevante o ostile tutto ciò che è straniero, diverso o lontano, sono di ostacolo alla comprensione.

Ciascuno può contribuire a mondializzare la comprensione se, nelle proprie relazioni, assume l'impegno di adottare un modo etico di comunicare. Comunichiamo in modo etico quando siamo capaci di interagire rispettando noi stessi e l'altro, quando siamo in grado di identificare e valutare i nostri diritti in rapporto a quelli degli altri e capaci di mediare tra le nostre e le altrui esigenze, mantenendo un sano principio di reciprocità. Se abbiamo sviluppato consapevolezza dei nostri vissuti interiori, se abbiamo imparato ad accettarli e rispettarli, allora sapremo anche riconoscere e comprendere i sentimenti e le preoccupazioni altrui. La comprensione delle proprie debolezze o mancanze è la strada verso la comprensione di quelle degli altri. Se riconosciamo che noi esseri umani siano tutti esseri fallibili, imperfetti, fragili, allora è possibile rendersi conto di avere tutti un reciproco bisogno di comprensione e questo aiuterà a non emettere giudizi, a non avere preconcetti e a non criticare. I pregiudizi, la mancanza di autocritica, l'arroganza, il non rispetto sono cause e conseguenze di molte incomprensioni. È con un atteggiamento etico che ci si assume delle responsabilità nei confronti della realtà di cui si è parte. La scienza contemporanea sta dimostrando quanto siano stretti i nessi che governano la relazione tra l'essere umano e il proprio ambiente e quanto, data l'interdipendenza dei due sistemi, i comportamenti del singolo contribuiscano a determinare la qualità del contesto, così come il contesto determina la qualità della sua esistenza. Tutto ciò si traduce nella convenienza di adottare comportamenti responsabili ed etici nei confronti della realtà di cui si è parte. Il presidente della fondazione per la pace nell'era nucleare, David Krieger, afferma:

> La maggior parte delle persone è presa nella lotta per la sopravvivenza o per aumentare i propri beni. Non molti comprendono realmente l'enorme potere delle loro vite, e ancor meno sfruttano questo potere [...]. Sento una profonda responsabilità per quello che penso di essere obbligato a fare: lasciare il mondo migliore di come l'ho trovato. Ciò dà significato alla mia vita. Combattere per un mondo migliore è un modo per vivere la vita al massimo della sua pienezza e ricchezza.[2]

Le Mind and Life Conference di cui ho parlato, che vedono riuniti scienziati occidentali e religiosi orientali, rappresentano un interessante passo nella direzione di un mondo migliore da costruire attraverso il dialogo tra culture diverse. Un passo verso l'affermazione di un'etica laica capace di orientare la condotta di coloro che non si ispirano a valori religiosi. La terza *Conference* ha aperto un'interessante prospettiva: la scienza occidentale, attraverso le sue più recenti scoperte, può contribuire alla creazione di una nuova etica che si armonizzi con i valori delle grandi religioni universali. Le principali filosofie orientali concepiscono il benessere individuale come intrinsecamente collegato a quello delle altre persone. "Aprendosi con sincerità alla vita degli altri ci si libera dei confini angusti dell'ego individuale e si allarga la propria vita alle gioie e ai dolori altrui."[3] Solo così, per la filosofia buddista, è possibile ottenere una felicità profonda e duratura. Anche la psiconeuroimmunologia occidentale sta dimostrando l'esistenza di legami forti tra il benessere psicofisico e una personalità aperta agli altri e capace di costruire e mantenere legami sociali e adottare comportamenti solidali. In questo senso la conoscenza emergente dalla moderna scienza occidentale sta incontrandosi con la saggezza di migliaia di anni di esperienze spirituali. Nel corso delle *Conferences* il Dalai Lama ha espresso un punto di vista che può essere facilmente condiviso in quanto

> [...] auspica la realizzazione di un senso di responsabilità universale fondato sulla consapevolezza della tensione di ogni essere umano verso l'ottenimento della felicità. Se riconosciamo negli altri questo desiderio e il conseguente rifiuto della sofferenza, possiamo sviluppare una maggiore tolleranza e accettazione del prossimo. [...] L'esperienza verso cui dobbiamo tendere è quella di una valida cooperazione, senza la quale la società non può funzionare.[4]

Nella civiltà globale non è più possibile vivere chiusi nel proprio piccolo mondo temendo il confronto e il cambiamento, al contrario è necessario sviluppare un atteggiamento aperto e positivo nei confronti del prossimo comprendendo che anche se gli altri sono diversi da noi siamo tutti membri della stessa famiglia umana. Per questo bisogna domandarsi fino a che punto le forze che ci spingono ad agire siano quelle della benevolenza, dell'altruismo, della solidarietà o piuttosto quelle dell'egoismo, della sopraffazione, dell'affermazione di sé a scapito delle esigenze altrui. È sempre più necessario tendere verso una società che abbia obiettivi più elevati del profitto, e il primo passo da compiere in questa direzione è quello di imparare a rispettare profondamente se stessi e gli altri e a vivere con dignità e responsabilità le relazioni umane. Per questo va rivalutato il valore psicologico ed etico dell'assumersi un impegno nei confronti dell'altro come chiave del proprio benessere e di quello della società.

Una comunicazione etica è l'unico modo per attraversare il confine proprio e altrui e per stabilire un legame autentico e significativo. E i legami sono beni da coltivare anche se richiedono impegno e capacità d'investimento a lungo termine.

> Fra le molte cose che mancano alla nostra epoca vi è il sostegno di un'aspirazione, di un pensiero che mantenga l'attenzione sui problemi di fondo che non hanno ancora trovato una soluzione e sull'orizzonte altrettanto problematico che il presente ci prepara. Un pensiero che trascenda la contingenza e dia sostegno alla speranza: un'utopia generosa.[5]

Questo viaggio nella comunicazione interpersonale non si conclude in un porto sicuro, né tanto meno in un aereoporto da cui spiccare il volo. Approda invece all'inizio di un piccolo sentiero impervio, l'unico che valga la pena di percorrere se si vuole essere comunicatori migliori; il che vuol dire essere donne e uomini migliori, vuol dire riscoprire quel senso etico dell'esistenza di cui c'è sempre più bisogno per poter aspirare ad armonia e felicità nell'attuale difficile mondo.

Note

1. L'importanza della comunicazione

1. Per quanto riguarda le numerose ricerche condotte sulle istituzioni per l'infanzia e sulle condizioni di deprivazione si possono consultare i seguenti testi: J. Kagan, *Change and Continuity in Infancy*, Wiley, New York 1971; M. Rutter, "Stress, coping and development: Some issues and some questions", in *Journal of Child Psychology and Psychiatry*, 22, 1981, pp. 323-356.

2. R. Schaffer (a cura di), *Studies in Mother-infant Interaction*, Academic Press, London 1977; B.F. Skinner, *Verbal Behaviour*, Appleton, New York 1957; D. Stern, *Le prime relazioni sociali: il bambino e la madre*, tr. it. Armando, Roma 1979.

3. Sono stati effettuati molti esperimenti scientifici su questo tema. Tra i primi si citano quelli effettuati alla McGill University di Montreal da W. Heron, W.H. Bexton, T.H. Scott, "Effects of decreased variations in the sensory environment", in *Canadian Journal of Phychology*, 1954. In Italia sono stati effettuati esperimenti sulla privazione sensomotoria da: P. Bonaiuto, R. Canestrari, C. Umiltà, "Capacità di riconoscimento di figure mascherate dopo deprivazione sensomotoria", in *Boll. Soc. It. Bio. Sper.*, 1965.

4. D. Morris, *L'animale uomo*, tr. it. Mondadori, Milano 1994.

5. C. Lasch, *The Minimal Self*, Picador, London 1985.

6. D. Francescato, G. Ghirelli, *Fondamenti di psicologia di comunità*, NIS-Carocci, Roma 2004.

7. R. Carli, *Culture giovanili*, Franco Angeli, Milano 2000.

8. Molte ricerche hanno dimostrato che un dirigente d'azienda è impegnato in processi di comunicazione per due terzi del tempo e che i suoi risultati dipendono in misura rilevante dalla sua competenza comunicativa. Vedi R. Varvelli, M.L. Varvelli-Lombardi, "Il tempo come risorsa manageriale", in *Quaderni di formazione*, 51, Pirelli, Milano 1984.

9. J.P. Forgas, *Comportamento interpersonale*, tr. it. Armando, Roma 1989.

10. "L'*empowerment* è un processo di ampliamento (attraverso il miglior uso delle proprie risorse attuali e potenziali) delle possibilità che il soggetto può praticare e rendere operative e tra le quali può quindi scegliere." M. Bruscaglione, *La società liberata*, Franco Angeli, Milano 1994. Vedi anche C. Piccardo, *Empowerment*, Raffaello Cortina, Milano 1995.

11. D. Francescato, G. Ghirelli, *op. cit.*; B. Zani, E. Cicognani, *Le vie del benessere*, Carocci, Roma 1999.

12. Molti autori si sono occupati dell'argomento, si citano tra gli altri: D. Giovannini, *Colloquio psicologico e relazione interpersonale*, Carocci, Roma 1998; F. Orletti,

"Linguaggio e contesti: verso una teoria della competenza comunicativa", in *La Critica Sociologica*, 1973; E. Zuanelli Sonino, *La competenza comunicativa*, Boringhieri, Torino 1981.

13. C.J. Fillmore, "Pragmatics and the description of discourse", in P. Cole, *Radical Pragmatics*, Academic Press, New York 1981.

14. N. Chomsky, "Aspetti della teoria della sintassi", tr. it. in *Saggi linguistici*, Boringhieri, Torino 1970; G. Gulotta, L. De Cataldo Neuburger, "Sapersi esprimere: la competenza comunicativa", in *Quaderni di psicologia*, Giuffrè, Milano 1991; J.C. McCrosley, "Communication competence and performance: A research and pedagogical perspective", in *Communication Education*, 1982; G.M. Phillips, "A competent view of 'competence'", in *Communication Education*, 1984.

15. S.B. Shimanoff, *Communication Rules: Theory and Research*, Sage, London 1980.

16. Per un esame della voluminosa letteratura in materia vedi: M.R. Parks, "Interpersonal communication and the quest for personal competence", in M.L. Knapp, G.R. Miller, *Handbook of Personal Communication*, Sage, London 1985.

17. C.E. Shannon, W. Weaver, *The Matematical Theory of Communication*, University of Illinois Press, Urbana 1949.

18. R. Jakobson, *Saggi di linguistica generale*, tr. it. Feltrinelli, Milano 1966; U. Volli, *Il libro della comunicazione*, il Saggiatore, Milano 1994.

19. P. Ricci Bitti, B. Zani, *La comunicazione come processo sociale*, il Mulino, Bologna 1983; M. Roloff, *La comunicazione interpersonale, teoria dello scambio sociale*, ERI, Torino 1984.

2. Quando si comunica

1. F. Heider, *Psicologia delle relazioni interpersonali*, tr. it. il Mulino, Bologna 1972.

2. La Scuola di Palo Alto è stata fondata da un gruppo multidisciplinare di clinici e ricercatori, ispirati dalle opere dell'antropologo e biologo Gregory Bateson. Gli studiosi di Palo Alto, fra cui possono essere citati Jackson, Haley, Weakland e Watzlawick, hanno promosso con i propri contributi l'applicazione dei concetti sistemico-cibernetici al fenomeno comunicativo.

3. Rappresenta l'assioma centrale nonché il più noto fra quelli riconducibili alla Scuola di Palo Alto.

4. J. Luft, "On non verbal interaction", relazione presentata alla Western Psychological Association Convention, San Francisco 1962.

5. P.E. Ricci Bitti, B. Zani, *La comunicazione come processo sociale*, il Mulino, Bologna 1983.

6. R.J. Davidson, "Toward a biology of positive affect and compassion", in R.J. Davidson, A. Harrington, *Vision of Compassion: Western Scientists and Tibetan Buddhists Examine Human Nature*, Oxford University Press, New York 2002, pp. 107-130; D. Goleman, Dalai Lama, *Emozioni distruttive. Liberarsi dai tre veleni della mente: rabbia, desiderio e illusione,* tr. it. Mondadori, Milano 2003.

7. J.L. Servan Schreiber, *L'arte del tempo*, tr. it. Rizzoli, Milano 2000.

8. S. Tabboni, *La rappresentazione sociale del tempo,* Franco Angeli, Milano 1988.

9. J. Lothar, J. Seiwert, *Gestisci il tuo tempo*, tr. it. Franco Angeli, Milano 1990.

10. Si pensi per esempio alla diversa concezione del tempo degli individui nelle culture preindustriali e alla loro relativa mancanza d'interesse nel calcolare il tempo. M. Harris, *Antropologia culturale*, tr. it. Zanichelli, Bologna 1990.

11. E. Morin, *Il metodo. 3. La conoscenza della conoscenza*, tr. it. Raffaello Cortina, di prossima pubblicazione.

12. Tuiavii di Tiavea, *Papalagi: discorsi del capo Tuiavii di Tiavea delle isole Samoa*, tr. it. Stampa Alternativa, Roma 1995.

3. Chi comunica

1. J.S. Bruner, R. Tagiuri, "Person perception", in G. Lindzey, E. Aronson (a cura di), *Handbook of Social Psychology*, vol. 2, Addison-Wesley, Reading, MA, 1954.
2. Si veda l'ormai classica ricerca condotta da C.I. Hovland, W. Weiss, "The influence of source credibility on communication effectiveness", in *Public Opinion Quarterly*, 15, 1951, pp. 635-650; S.E. Asch, *Social Psychology*, Prentice Hall, Engelwood Cliffs, NJ, 1955.
3. *Ibidem*.
4. G. Mantovani, *Comunicazione e identità*, il Mulino, Bologna 1995.
5. B. Bernstein, D. Henderson, "Social class differences in the relevance of language to socialization", in *Sociology*, 1969.
6. D. Tannen, *Ma perché non mi capisci?*, tr. it. Frassinelli, Torino 1992.
7. C. Gilligan, *In a Different Voice: Psychological Theory and Women's Development*, Harvard University Press, Cambridge 1982; S. Hengelsen, *The Female Advantage: Women's Ways of Leadership*, Doubleday, New York 1990.
8. D. Tannen, *op. cit.*
9. J. Kagan, *Galen's Prophecy*, Basic Books, New York 1994; J. Piaget, *La rappresentazione del mondo del fanciullo*, tr. it. Boringhieri, Torino 1965.
10. E. Berne, *Analisi transazionale e psicoterapia*, tr. it. Astrolabio, Roma 1971.
11. G. Bateson, *Verso un'ecologia della mente*, tr. it. Adelphi, Milano 1976; G.V. Caprara, A. Gennaro, *Psicologia della personalità. Storia indirizzi e temi di ricerca*, il Mulino, Bologna 1999; E.H. Erikson, *Identity and the Life Cycle*, Norton, New York 1980; G. Jervis, *La conquista dell'identità. Essere se stessi e essere diversi*, tr. it. Feltrinelli, Milano 1997; L.A. Pervin, O.P. John, *La scienza della personalità*, tr. it. Raffaello Cortina, Milano 1997.
12. G.W. Allport, *Psicologia della personalità*, tr. it. LAS, Roma 1977; A.H. Maslow, "Una teoria della motivazione umana", in G.V. Caprara, R. Luccio, *Teorie della personalità*, il Mulino, Bologna 1986.
13. G.A. Kelly, *The Psychology of Personal Constructs*, Norton, New York 1955; K. Lewin, *Teoria dinamica della personalità*, tr. it. Giunti-Barbera, Firenze 1980; H.A. Murray, *Explorations in Personality: A Disciplinary Appraisal*, Oxford University Press, New York 1968; D. Snygg, A.W. Combs, *Individual Behavior*, Harper & Row, New York 1949.
14. C.R. Rogers, *La terapia centrata sul cliente*, tr. it. Martinelli, Firenze 1970.
15. P.H. Mussen, J.J. Conger, J. Kagan, *Lo sviluppo del bambino e la personalità*, tr. it. Zanichelli, Bologna 1981.
16. D. Laing, *L'io e gli altri*, tr. it. Rizzoli, Milano 1961.
17. G.H. Mead, *Mente, sé e società*, tr. it. Giunti-Barbera, Firenze 1966.
18. A. Lowen, *Arrendersi al corpo*, tr. it. Astrolabio, Roma 1994; A. Montuori, I. Conti, *Dal dominio alla partecipazione*, Etas, Milano 1997; W. Reich, *Analisi del carattere*, tr. it. SugarCo, Milano 1978.
19. J.T. Burgoon, D.B. Buller, W.G. Woodall, *Non Verbal Communication*, Harper & Row, New York 1989.
20. E. Goffman, *La vita quotidiana come rappresentazione*, tr. it. il Mulino, Bologna 1959.
21. *Ibidem*.

4. Con chi si comunica

1. V. D'Urso, *Imbarazzo, vergogna e altri affanni*, Raffaello Cortina, Milano 1990.
2. G. Bocchi, M. Ceruti, "Prefazione", in A. Montuori, I. Conti, *Dal dominio alla partecipazione*, Etas, Milano 1997.
3. D. Goleman, *Intelligenza emotiva*, tr. it. Rizzoli, Milano 1996.
4. R. Giannelli, *La ragione delle emozioni*, Borla, Roma 1991.
5. Howard Gardner è il principale rappresentante della Teoria delle intelligenze multiple (1983). I suoi studi sono partiti dalla convinzione che la teoria classica dell'intelligenza basata sul presupposto che esista un fattore unitario, misurabile tramite il QI, sia errata. Gardner giunge, così, a identificare almeno sette diverse intelligenze. H. Gardner, *Formae mentis. Saggio sulla pluralità dell'intelligenza*, tr. it. Feltrinelli, Milano 1983; Idem, *L'educazione delle intelligenze multiple*, tr. it. Anabasi, Milano 1994.
6. D. Goleman, *op. cit.*
7. La psiconeuroimmunologia è la scienza che studia i rapporti tra psiche, cervello e sistema immunitario; nata alla fine degli anni Settanta dalla definizione di Solomon, è giunta oggi a dimostrare come il cervello influenzi il sistema immunitario e come quest'ultimo, a sua volta, faccia sentire i suoi effetti sul cervello.
8. T. Dethlefsen, R. Dahlke, *Malattia e destino*, tr. it. Edizioni Mediterranee, Roma 2000.
9. B. Pascal, *Pensieri*, tr. it. Einaudi, Torino 1970.
10. L'espressione *atto mancato* viene introdotta da Freud per definire tipiche manifestazioni dell'inconscio come i lapsus, gli errori di lettura e di scrittura, l'oblio dei nomi, la sbadataggine, lo smarrimento di oggetti e simili. L'atto mancato viene da lui considerato un sintomo che rivela l'esistenza di un conflitto tra l'intenzione cosciente e la pulsione rimossa.
11. S. Freud, *Psicopatologia della vita quotidiana*, tr. it. in *Opere*, vol. 4, Boringhieri, Torino 1970.
12. C.G. Jung, *Gli archetipi e l'inconscio collettivo*, tr. it. Bollati Boringhieri, Torino 2002.
13. H. Stone, S. Stone, *Il dialogo delle voci. Conoscere e integrare i nostri sé nascosti*, tr. it. Amrita, Torino 1996; H. Stone, S. Stone, *Tu & Io. Incontro, scontro e crescita nelle relazioni interpersonali*, MIR edizioni, Montespertoli 1999.
14. C.G. Jung, *Aion ricerche sul simbolismo del sé*, tr. it. Boringhieri, Torino 1982.
15. R.A. Hinde, *Le relazioni interpersonali*, tr. it. il Mulino, Bologna 1981.
16. Per ulteriori approfondimenti sulla percezione sociale, vedi per esempio: G.W. Allport, *La natura del pregiudizio*, tr. it. La Nuova Italia, Firenze 1954; J.S. Bruner, "Social psycology and perception", in E.E. Maccoby, T.M. Newcomb, E.L. Hartley, *Readings in Social Psycology*, Holt Rinehar & Winston, New York 1958; L. Festinger, "A theory of social comparison processes", in *Human Relation*, 7, 1954, pp. 117-140; H. Tajfel, "Social perception", in G. Humphrey, M. Argyle, *Social Psychology through Experiment*, Methuen, London 1962; H.H. Kelley, "Attribution in social interaction", in E.E. Jones, D.E. Kanouse, H.H. Kelley, R.R. Nisbett, S. Valins, B. Wiener, *Attribution: Perceving the Cause of Behaviour,* General Learning Press, Morristown, NJ, 1972.
17. F. Heider, *Psicologia delle relazioni interpersonali*, tr. it. il Mulino, Bologna 1972.
18. G. Kelly, *The Psychology of Personal Constructs*, Norton, New York 1955.
19. Bruner e Tagiuri, con la loro teoria implicita della personalità, asseriscono che la conoscenza delle persone è strutturata in funzione delle aspettative su come diversi tratti di personalità vanno insieme. J.S. Bruner, R. Tagiuri, "Person perception", in G. Lindzey, E. Aronson (a cura di), *Handbook of Social Psychology*, vol. 2, Addison-Wesley, Reading, MA, 1954.

20. K.K. Dion, E. Berscheid, E. Walster, "What is beautiful is good", in *Journal of Personality and Social Psychology*, 24, 1972, pp. 285-290; H. Harari, J.W. McDavid, "Name stereotypes and teachers' expectation", in *Journal of educational Psychology*, 65, 1973, pp. 222-225; P.R. Wilson, "The perceptual distortion of height as a function of ascribed academic status", in *Journal of Social Psychology*, 74, 1968, pp. 97-102.

21. J.P. Forgas, *Comportamento interpersonale*, tr. it. Armando, Roma 1989.

22. G.W. Allport, *op. cit.*

23. B.M. Mazzara, *Stereotipi e pregiudizi*, il Mulino, Bologna 1997.

24. T.W. Adorno, E. Frenkel-Brunswik, D.J. Levinson, R.N. Sanford, *The Authoritarian Personality*, Harper & Row, New York 1950.

25. S. Asch, "Forming impression of personality", in *Journal of Abnormal and Social Psychology*, 41, 1946; M. Fishbein, R. Hunter, "Summation versus balance in attitude organisation and change", in *Journal of Abnormal and Social Psychology*, 69, 1964.

26. J.P. Forgas, *op. cit.*

27. G.H. Bowen, *Affect and Cognition*, Philosophical Transactions of the Royal Society, London 1983. Secondo l'autore i nostri stati d'animo attivano selettivamente quelle categorie e concetti, disponibili per interpretare i comportamenti sociali, che erano stati associati precedentemente allo stato d'animo in questione.

28. J.W. Goethe, *Le affinità elettive*, tr. it. Garzanti, Milano 2004.

29. L. Festinger, *La teoria della dissonanza cognitiva*, tr. it. Franco Angeli, Milano 1973.

30. J.P. Forgas, *op. cit.*

31. G. Bateson, *Verso un'ecologia della mente*, tr. it. Adelphi, Milano 1976; Idem, *Mente e natura*, tr. it. Adelphi, Milano 1984.

32. E. Cheli, *Relazioni in armonia*, Franco Angeli, Milano 2004.

33. F. Heider, *op. cit.*

34. T.M. Newcomb, "Interpersonal balance", in R.P. Abelson (a cura di), *Theories of Cognitive Consistency: A Sourcebook*, Rand McNally, Chicago 1968.

35. G. Bateson, *Verso un'ecologia della mente*, cit.; P. Watzlawick, H. Beavin, D.D. Jackson, *Pragmatica della comunicazione umana*, tr. it. Astrolabio, Roma 1971.

36. E.E. Jones, R.E. Nisbet, "The actor and the observer: Divergent perception of the cause of behaviour", in E.E. Jones et al. (a cura di), *Attribution: Perceiving the Causes of Behaviour*, General Learning Press, Morristown, NJ, 1971.

5. Che cosa si comunica

1. L. Milroy, "Comprehension and context. Successful communication and communicative breakdown", in P. Trudgill, *Applied Sociolinguistics*, Academic Press, London 1984.

2. Si tratta delle teorie del *Costruttivismo*; con questo termine si indica un orientamento, condiviso in molte discipline, secondo il quale la realtà non può essere considerata indipendente da colui che la osserva, dal momento che è proprio l'osservatore che le dà un senso partecipando attivamente alla sua costruzione.

3. M.G. Pettigiani, S. Sica, *La comunicazione interumana*, Franco Angeli, Milano 1993.

4. La prospettiva della comunicazione come "relazione strutturante" è stata definita dal punto di vista teorico dal gruppo di studiosi del Mental Research Institute di Palo Alto, coordinato da Gregory Bateson (Haley, Jackson, Beavin, Watzlawick, Weakland).

5. Secondo Watzlawick, Beavin e Jackson *contenuto* e *relazione* sono proprietà fondamentali sempre presenti della comunicazione umana in cui avviene qualcosa di analogo a quanto avviene con il computer, al quale bisogna fornire i dati (le informazioni) e il programma (le informazioni sulle informazioni), cioè le istruzioni su come i dati debbano essere elaborati.

6. P. Ekman, W.V. Friesen, "Nonverbal behavior in psychotherapy research", in J. Shlien (a cura di), *Research in Psychotherapy*, vol. 3, Washington 1968; M. Mizzau, *Prospettive della comunicazione interpersonale*, il Mulino, Bologna 1974.

7. P. Watzlawick, H.J. Beavin, D. Jackson, *Pragmatica della comunicazione umana*, tr. it. Astrolabio, Roma 1971.

8. R.A. Hinde, *Le relazioni interpersonali*, tr. it. il Mulino, Bologna 1981.

9. R. Jakobson, "Linguistica e poetica", tr. it. in *Saggi di linguistica generale*, Feltrinelli, Milano 1966.

10. J. Haley, *Fondamenti di terapia della famiglia*, tr. it. Feltrinelli, Milano 1980.

11. M. Selvini, S. Cirillo, A.M. Sorrentino, *I giochi psicotici nella famiglia*, Raffaello Cortina, Milano 1988.

12. M. Mizzau, *Storie come vere, strategie comunicative in testi narrativi*, Feltrinelli, Milano 1998.

13. P. Watzlawick, H.J. Beavin, D. Jackson, *op. cit.*

14. R. Laing, *L'io e l'altro*, tr. it. Sansoni, Firenze 1969.

6. Come si comunica

1. M. Mizzau, *Prospettive della comunicazione interpersonale*, il Mulino, Bologna 1974.

2. J.L. Austin, *Quando dire è fare*, tr. it. Marietti, Torino 1974.

3. Famosi esperimenti sui primati hanno dimostrato che, nonostante tutti gli sforzi fatti per insegnare loro a comunicare, nessuno di questi animali ha acquisito l'abilità linguistica che si dà per scontata nei bambini di tre anni. Vedi H. Terrace, "Is problem solving language?", in *Journal of the Experimental Analysis of Behavior*, 1979. Per approfondire le ricerche sui primati, vedi R.A. Garden, B.T. Garden, *Two-way Communication with a Schimpanzee*, Academic Press, New York 1971; C.R. Carpenter, *A Field Study in Siam of the Behavior and Social Relations of the Gibbons*, AMS Press, New York 1984; D. Premark, "On the assessment of languange competence in the schimpanzee", in *The Behavior of Nonhuman Primates*, Academic Press, New York 1971.

4. N. Chomsky, *Le strutture della sintassi*, tr. it. Laterza, Bari 1957; Idem, "The general properties of language", in *Explorations in Anthropology: Readings in Culture, Man and Nature, Morton Fried*, Crowell, New York 1973.

5. Alcuni studiosi sostengono che si sia sviluppata per mezzo di una selezione naturale, e abbia perciò avuto una funzione adattiva (E.H. Lenneberg, *Fondamenti biologici del linguaggio*, tr. it. Boringhieri, Torino 1977), altri, tra cui lo stesso N. Chomsky e S. Goul, hanno avanzato l'ipotesi che tale facoltà non sia il prodotto di una selezione naturale legata alla funzione comunicativa, ma che potrebbe essersi sviluppata indipendentemente da questa, come risultato collaterale di processi di selezione di altre abilità. Per eventuali approfondimenti sulle caratteristiche del linguaggio umano si rimanda a: J. Greenberg, *Anthropological linguistics: An introduction*, Random House, New York 1968; C. Hockett, R. Ascher, "The human revolution", in *Current Anthropology*, 5, 1964; S. Parker, "A social technological model for the evolution of languages, in *Current Anthropology*, 26, 5, 1985.

6. Ci si riferisce ai principi fondamentali della teoria della selezione naturale di C. Darwin, *On the Origin of Species by Means of Natural Selection,* New American Library of the Word, New York 1959.

7. Si fa riferimento, da una prospettiva antropologica, alla "trasmissione culturale" dei valori condivisi in una data società; vedi M. Harris, *Antropologia culturale*, tr. it. Zanichelli, Bologna 1990. Per quanto riguarda la trasmissione delle abitudini comunicative nelle diverse culture vedi D. Hymes, *Language in Culture and Society*, Harper, New York 1964.

8. La primordiale necessità di far parte di un gruppo, per la sopravvivenza del singolo individuo, ha trovato nel linguaggio il principale strumento utilizzato dalle comunità umane. Lo sviluppo del linguaggio ha contemporaneamente consentito l'individuazione e lo sviluppo del singolo individuo. Con il linguaggio si svolgono simultaneamente almeno due livelli di esperienza: (1) l'esperienza immediata del vivere; (2) l'esperienza staccata dall'immediatezza, cioè quello spazio logico in cui il contenuto dell'esperienza effettiva può essere generalizzato in categorie più ampie; vedi V. Guidano, *La complessità del sé*, Bollati Boringhieri, Torino 1988. Sulla storia parallela dell'evoluzione genetica e linguistica della nostra specie, vedi L. Cavalli-Sforza, *Geni, popoli e lingue*, Adelphi, Milano 1996.

9. J. Piaget, *Il linguaggio e il pensiero del fanciullo*, tr. it. Giunti, Firenze 1955; F. Skinner, *Verbal Behavior*, Appleton-Century-Crofts, New York 1957; L.S. Vygotskij, *Pensiero e linguaggio*, tr. it. Giunti, Firenze 1966.

10. Studi interessanti sui dialetti dei ghetti statunitensi sono stati effettuati da W. Labov, *Language in the Inner City*, University of Pennsylvania Press, Philadelphia 1972; Idem, *Sociolinguistic Patterns*, University of Pennsylvania Press, Philadelphia 1972.

11. J.S. Bruner, *Prime fasi dello sviluppo cognitivo*, tr. it. Armando, Roma 1985; H.R. Schaffer, *Studies in Mother-Infant Interaction*, Academic Press, London 1977.

12. E. Sapir, *Il linguaggio: introduzione alla linguistica*, tr. it. Einaudi, Torino 1969; B. Whorf, *Linguaggio, pensiero e realtà*, tr. it. Boringhieri, Torino 1970.

13. Vedi su questo tema gli studi fatti da: F. Newmeyer, "Prescriptive grammar: A reappraisal", in W.C. McCormack, S.A. Wurm (a cura di), *Approaches to Language*, Anthopological Issues, Mouton, The Hague 1978; P. Roberts, *English Syntax*, Harcourt Brace Jovanovich, New York 1964; F. Southworth, "Linguistic masks for power: Some relationships between semantic and social change", in *Journal of Anthropological Linguistics*, 1974.

14. R. Rommetveit, *La struttura del messaggio*, tr. it. Armando, Roma 1979.

15. L. Camaioni, "Come si costruisce l'interlocutore: un'analisi del linguaggio degli adulti a bambini prelinguistici", in F. Orletti, *Comunicare nella vita quotidiana*, il Mulino, Bologna 1983. Per tutti i fenomeni di produzione e di costruzione del linguaggio si veda anche M. Harris, M. Coltheart, *L'elaborazione del linguaggio nei bambini e negli adulti*, tr. it. il Mulino, Bologna 1986.

16. Con la sintassi, sono state individuate e analizzate le regole che governano la formazione delle frasi e, con la semantica, è stato studiato il modo in cui i segni linguistici si legano ai significati. Vedi E. Ricci Bitti, B. Zani, *La comunicazione come processo sociale*, il Mulino, Bologna 1983.

17. Questi studiosi hanno contribuito alla nascita di una prospettiva di ricerca nota coma "analisi della conversazione", che privilegia lo studio del modo in cui gli individui co-costruiscono i significati nei reali contesti d'interazione. Vedi H. Garfinkel, *Remarks on Ethnomethodology*, Prentice Hall, Englewood Cliffs, New York 1972; P.E. Ricci Bitti, B. Zani, "Symbolic nonverbal behavior: Talking throught gestures", in R.S. Feldman, B. Rimè (a cura di), *Fundamental of Nonverbal Behavior*, Cambridge University Press, Cambridge 1991; H. Sacks, E.A. Schegloff, G. Jeffer-

son, "A Simplest Systematics for the Organization of Turn-Taking in Conversation", in J. Scheinkein (a cura di), *Studies on the Organization of Conversational Interaction*, Academic Press, New York 1978.

18. B. Zani, P. Selleri, D. David, *La comunicazione. Modelli teorici e contesti sociali*, NIS, Roma 1994.

19. D. Morris, *L'animale uomo*, tr. it. Mondadori, Milano 1994.

20. P. Ekman, W.V. Friesen, "The repertoire of nonverbal behavior: Categories origins, usage, and coding", in *Semeiotica*, 1, 1969; P. Ekman, *Facial Expression of Emotion: New Findings, New Questions*, Oxford University, New York 1992.

21. M. Argyle, *La comunicazione non verbale*, tr. it. Laterza, Bari 1974.

22. Ekman e Friesen sostengono che si può parlare di comportamento comunicativo tutte le volte che su un determinato segnale non verbale esiste un consenso nell'interpretazione che ne viene data da vari osservatori. Vedi P. Ekman, W.V. Friesen, "Non verbal behavior in psychotherapy research", in L. Shlien, *Research in Psychotherapy*, vol. 3, APA, Washington 1968.

23. Gli studiosi innatisti propendono per l'idea che l'espressione delle emozioni sia universale. Secondo questa teoria le emozioni sono quadri di risposte con una base innata e una funzione adattiva; in base a queste teorie vi sarebbe una continuità osservabile di queste risposte fra le diverse specie animali particolarmente accentuata fra gli esseri umani e i primati. Vedi C.E. Izard, *Human Emotions*, Plenum Press, New York 1977; S.S. Tomkins, "Affect as the primary motivational system", in M.B. Arnold (a cura di), *Feelings and Emotions*, Academic Press, New York 1970.

24. P. Watzlawick, J.H. Beavin, D.D. Jackson, *Pragmatica della comunicazione umana*, tr. it. Astrolabio, Roma 1971.

25. K. Danziger, *La comunicazione interpersonale*, tr. it. Zanichelli, Bologna 1982.

26. D. Morris, *L'animale uomo*, cit.

27. A. Mehrabrian, "Some referents and measures of nonverbal behaviour", in *Behavioural Research and Instrumentation,* 1, 1969.

28. E. Ricci Bitti, B. Zani, *La comunicazione come processo sociale*, il Mulino, Bologna 1983.

29. G. Bateson, *Verso un'ecologia della mente*, tr. it. Adelphi, Milano 1976.

30. A. Camilleri, *Un filo di fumo*, Sellerio, Palermo 1997.

31. P.E. Ricci Bitti, R. Caterina, A. Carotti, "Espressione vocale delle emozioni", in *Rivista di Psicologia Sociale*, XXI, XLII.

32. D. Giovannini, *Colloquio psicologico e relazione interpersonale*, Carocci, Roma 1998.

33. K. Danziger, *op. cit.*

34. P. Ekman, *I volti della menzogna*, tr. it. Giunti-Barbera, Firenze 1989.

35. K. Danziger, *op. cit.*

36. C.F. Pittenger, C.F. Hockett, J.J. Danehy, "The first five minutes. A sample of microscopic interview analysis", tr. it. in D. Crystald, *Enciclopedia Cambridge delle scienze del linguaggio*, tr. it. Zanichelli, Bologna 1994.

37. M. Argyle, *Il corpo e il suo linguaggio*, tr. it. Zanichelli, Bologna 1978.

38. I. Poggi, *Mani che parlano. Gesti e psicologia della comunicazione*, Unipress, Padova 1997.

39. Un altro esempio di sopravvivenza gestuale primordiale è il bacio amoroso, che si può far risalire all'antico svezzamento del bambino da parte della madre. Vedi D. Morris, *L'uomo e i suoi gesti*, tr. it. Mondadori, Milano 1977.

40. R. Ghiglione, *La comunicazione è un contratto*, Liguori, Napoli 1988. Per un approfondimento del linguaggio non verbale anche nell'ambito del linguaggio dei segni si veda anche: G. Attili, P.E. Ricci Bitti, *I gesti e i segni*, Bulzoni, Roma 1983.

41. I gesti in questo caso vengono eseguiti riferendosi alle regole della comunicazione verbale: ossia a ogni segno (gesto) corrisponde un significato arbitrario, condiviso e convenzionale per quel gruppo particolare.
42. D. Morris, *L'uomo e i suoi gesti*, cit.
43. *Ibidem*.
44. F. Nanetti, *La comunicazione trascurata: l'osservazione del comportamento non verbale*, Armando, Roma 1996.
45. R. Birdwhistell, *Introduction to Kinesics*, University of Louisville Press, Louisville 1952.
46. J.P. Forgas, *Comportamento interpersonale*, tr. it. Armando, Roma 1989.
47. A.E. Scheflen, "Quasi-courtship behaviour in psychotherapy", in S. Weitz, *Non-verbal Communication*, Oxford University Press, New York 1974.
48. D. Morris, *L'animale uomo*, cit.
49. Solo a titolo di esempio: senza rendercene conto, crescendo impariamo ad accavallare le gambe come gli altri individui del nostro sesso, della nostra classe sociale, della nostra età e della nostra cultura.
50. Alcune ricerche hanno tentato di attribuire l'incidenza dei diversi canali di comunicazione nell'interazione. Vedi A. Mehrabrian, *op. cit.*
51. B. Zani, P. Selleri, D. David, *op. cit.*
52. M. Argyle, J. Dean, "Eye contact, distance and affiliation", in *Sociometry*, 28, 1965.
53. D. Morris, *Il comportamento intimo*, tr. it. Mondadori, Milano 1972.
54. A. Montagu, F. Matson, *I linguaggi della comunicazione umana*, tr. it. Sansoni, Firenze 1981.
55. M. Argyle, M. Cook, *Gaze and Mutual Gaze*, Cambridge University Press, Cambridge 1976.
56. D. Morris, *L'uomo e i suoi gesti*, cit.
57. Si veda per esempio le ricerche sugli atteggiamenti nei confronti della propria immagine speculare descritti in G. Attili, P.E. Ricci Bitti, *op. cit.*
58. P. Ekman, W.V. Friesen, S. Ancoli, "Facial signs of emotional experience", in *Journal of Personality and Social Psychology*, 39, 1980; P. Ekman, W.V. Friesen, J.C. Hager, *The Facial Action Coding System*, Research Nexus eBook, Salt Lake City 2002.
59. A.E. Scheflen, *Body Language and the Social Order*, Prentice Hall, Englewood Cliff, NJ, 1973.
60. M. Argyle, *Il corpo comunicativo: gesti, atteggiamento, linguaggio*, tr. it. Mondadori, Milano 1980.
61. M. Argyle, *Il comportamento sociale*, tr. it. il Mulino, Bologna 1972.
62. V. Birkenbihl, *Segnali del corpo*, tr. it. Franco Angeli, Milano 1992.
63. P. Ekman, "Facial expression", in A.W. Siegman, S. Feldestein, *Non Verbal Behavior and Comunication*, LEA, New Jersey, 1978.
64. P. Ekman, *I volti della menzogna*, cit.
65. D. Morris, *L'uomo e i suoi gesti*, cit.
66. P. Ekman, *op. cit.*
67. D. Morris, *L'animale uomo*, cit.
68. W. Reich, *Analisi del carattere*, tr. it. SugarCo, Milano 1978.
69. M. Feldenkrais, *Il metodo Feldenkrais: conoscere se stessi attraverso il movimento*, tr. it. RED, Como 1991; A. Lowen, *La depressione e il corpo*, tr. it. Astrolabio, Roma 1980; Idem, *Paura di vivere*, tr. it. Astrolabio, Roma 1982.
70. A. Mehrabian, *Non-verbal Communication*, Aldine, New York 1972; A. Lowen, *Il linguaggio del corpo*, tr. it. Feltrinelli, Milano 1978.
71. A.E. Scheflen, *Il linguaggio del comportamento*, tr. it. Astrolabio, Roma 1973.

72. R.L. Birdwhistell, *Kinesics and Context*, University of Philadelphia Press, Philadelphia 1970.
73. E.J. Charny, "Postural configuration in psychotherapy", in *Psychosomatic Medicine*, 28, 1966; A.E. Scheflen, "Systems and psychosomatics. An introduction to 'psychosomatic manifestations of rapport in psychotherapy'", in *Psychosomatic Medicine*, 28, 1966.
74. D. Morris, *L'uomo e i suoi gesti*, cit.
75. Vedi E.T. Hall, *La dimensione nascosta*, tr. it. Bompiani, Milano 1968.
76. D. Morris, *op. cit.*
77. E.T. Hall, *op. cit.*
78. S. Morganti, *Le voci del silenzio*, Editori Riuniti, Roma 1994.
79. Hall afferma che un americano può interpretare come un'offesa lo sguardo insistente di un interlocutore arabo, abituato nella sua cultura a guardare intensamente negli occhi le persone alle quali si rivolge. E.T. Hall, *op. cit.*
80. A. Contarello, "Differenze e uniformità culturali nel comportamento e nella comunicazione non verbale", in *Quaderni di psicologia*, 4, Patron, Bologna 1980.
81. Secondo Hall, questo tipo di orientazione viene utilizzata in prevalenza nei rapporti gerarchici o nel caso di una negoziazione.
82. D. Morris, *L'animale uomo*, cit.
83. J.P. Forgas, *op. cit.*
84. Gli architetti "organici" delle scuole di Waldorf considerano l'architettura una maestra silenziosa.
85. A. Montagu, F. Matson, *op. cit.*
86. Esempio riportato da H.L. Knapp, *Non-verbal Communication in Human Interaction*, Rinehart and Winston, New York 1978.
87. R.L. Birdwhistell, *Kinesics and Context*, cit.; J. Lomranz, "Cultural variations in social schemata", in *Journal of Social Psychology*, 99, 1976.
88. I latino-americani e gli arabi sono definiti da Hall come "culture di contatto", mentre gli scozzesi, gli svedesi e gli americani come "culture di non contatto". E.T. Hall, *Il linguaggio silenzioso*, tr. it. Garzanti, Milano 1973.
89. E.T. Hall, *Il linguaggio silenzioso*, cit.
90. F. Nanetti, *op. cit.*
91. E.T. Hall, *La dimensione nascosta*, cit.
92. G. Gulotta, L. De Cataldo Neuburger, "Sapersi esprimere: la competenza comunicativa", in *Quaderni di psicologia*, Giuffrè, Milano 1991.
93. H.R. Sheffer, P.E. Emerson, "Pattern of response to physical contact in early human development", in *Journal of Child Pshychology and Pshichiatry*, 5, 1964.
94. M. Combi, *Il grido e la carezza*, Sellerio, Palermo 1988.
95. V. Ruggeri, S. Giustini, *Contatto interpersonale*, Edizioni Universitarie Romane, Roma 1995.
96. A. Montagu, *Il tatto. Il linguaggio del corpo*, tr. it. Garzanti, Milano 1975.

7. Dove si comunica

1. G. Bateson, *Mente e natura*, tr. it. Adelphi, Milano 1984.
2. M. Billig, *Arguing and Thinking: A Rethorical Approch to Social Psychology*, Cambridge University Press, Cambridge 1987; D. Edwards, J. Potter, *Discorsive Psychology*, Sage, London 1992; R. Rommetveit, *La struttura del messaggio*, tr. it. Armando, Roma 1979.
3. D. Efron, *Gesto, razze e cultura*, tr. it. Bompiani, Milano 1974.

4. P. Watzlawick, H.J. Beavin, D. Jackson, *Pragmatica della comunicazione umana*, tr. it. Astrolabio, Roma 1971.

5. C. Galimberti, "Analisi delle conversazioni e studio dell'interazione psicosociale", in C. Galimberti (a cura di), *La conversazione*, Guerini, Milano 1992; B. Zani, P. Selleri, D. David, *La comunicazione. Modelli teorici e contesti sociali*, NIS, Roma 1994.

6. M. Mizzau, *Storie come vere*, Feltrinelli, Milano 1998.

7. Questo particolare aspetto della situazione conversazionale è messo in luce da J.A. Fishman, "La sociologia del linguaggio", in P.P. Giglioli (a cura di), *Linguaggio e società*, il Mulino, Bologna 1973.

8. J. Greene, *Il comportamento comunicativo*, tr. it. Mondadori, Milano 1980.

9. N. Schwarz, "Mood and information processing", Relazione presentata al *Congress of the European Association of Social Psychologists*, Tilburg 1984.

10. K.J. Gergen, M.M. Gergen, W. Barton, "Deviance in the dark", in *Psychology Today*, 1973.

11. Nelle diverse accezioni si sono occupati dell'argomento: J. Greene, *op. cit.*; G. Gulotta, L. De Cataldo Neuburger, "Sapersi esprimere: la competenza comunicativa", in *Quaderni di psicologia*, Giuffrè, Milano 1991; F. Orletti, "Linguaggio e contesti: verso una teoria della competenza comunicativa", in *La Critica Sociologica*, 1973.

12. La prospettiva dell'azione situata considera ogni corso d'azione come dipendente dalle sue circostanze materiali e sociali. L. Suchman, *Plans and Situated Actions: The Problem of Human-Machine Communication*, Cambridge University Press, Cambridge 1987. Tra gli autori italiani si cita G. Mantovani, *Comunicazione e identità: dalle situazioni quotidiane agli ambienti virtuali*, il Mulino, Bologna 1995.

13. Per ulteriori approfondimenti sul conformismo sociale si rimanda ai classici studi di S.E. Asch, "The effect of group pressure upon modification and distortion of judgments", in H. Gretzkow (a cura di), *Groups, Leadership and Men*, Carnegie Press, Pittsburg 1951; F. Heider, *The Psychology of Interpersonal Relations*, Wiley, New York 1958.

14. H. Garfinkel, *Studies in Ethnomethodology*, Prentice Hall, Englewood Cliffs, New York 1967; S. Levinson, *Pragmatica*, tr. it. il Mulino, Bologna 1985.

15. E. Goffman, *Forme del parlare*, tr. it. il Mulino, Bologna 1981; H.P. Grice, "Logica e conversazione", tr. it. in M. Sbisà (a cura di), *Gli atti linguistici*, Feltrinelli, Milano 1978.

16. E. Hall, *La dimensione nascosta: vicini e lontani. Il significato nascosto delle distanze tra le persone*, tr. it. Bompiani, Milano 1973; A. Montagu, F. Matson, *I linguaggi della comunicazione umana*, tr. it. Sansoni, Firenze 1973.

17. G.P. Quaglino, S. Casagrande, A. Castellano, *Gruppo di lavoro, lavoro di gruppo*, Raffaello Cortina, Milano 1992.

18. Sul discorso relazionale all'interno della famiglia vedi M. Selvini Palazzoli, "Contesto e metacontesto nella psicoterapia della famiglia", in *Arch. Psicol. Neurol. Psichiat.*, 31, 1970; vedi inoltre R.A. Hinde, *Le relazioni interpersonali*, tr. it. il Mulino, Bologna 1981; Idem, *La natura della comunicazione*, tr. it. Laterza, Bari 1974.

19. F. Orletti, *op. cit.*

20. M. Mizzau, *Storie come vere*, Feltrinelli, Milano 1998. A proposito di studi sulle convenzioni sociali vedi anche M. Argyle, A. Furnham, *Social Situations*, CUP, Cambridge 1981; E.H. Harr, P.F. Secord, *The Explanation of Social Behavior*, Blackwell, Oxford 1972; R.A. Hinde, *Le relazioni interpersonali*, cit.

21. M. Selvini Palazzoli, L. Boscolo, G. Cecchin, G. Prata, *Paradosso e controparadosso*, Raffaello Cortina, Milano 2003; M. Selvini, *Cronaca di una ricerca, l'evoluzione della terapia familiare*, La Nuova Italia Scientifica, Roma 1985.

22. E. De Grada, "L'approccio conversazionale in psicologia sociale", in AA.VV.,

Conoscenza e cambiamento, ETS, Pisa 1993; H. Sacks, "On the preference for agreement and contiguity in sequences in conversation", in G. Button, J. Lee (a cura di), *Talk and Social Organization*, Multilingual Matters, Clevedon 1987.

23. Per i problemi relativi all'organizzazione strutturale della conversazione un noto scritto è quello di H. Sacks, E. Schegloff, G. Jefferson, "A simplest sistematic for the organization of turn-taking in conversation", in *Language*, 1974; E. Zuanelli Sonino, *La competenza comunicativa*, Einaudi, Torino 1981; P. Tabossi, *Il linguaggio*, il Mulino, Bologna 1999.

24. H. Grice, "Logic and conversation", in P. Cole, J.L. Morgan (a cura di), *Syntax and Semantics*, Seminar Press, New York 1975.

25. In questa discussione si inserisce la teoria di Bernstein e Henderson che afferma l'esistenza di diversi codici linguistici. La scelta e la disponibilità dei diversi codici (ristretto o elaborato) è, secondo gli autori, legato all'appartenenza socio-culturale ed economica del parlante. B. Bernstein, D. Henderson, "Social class differences in the relevance of language to socialization", in *Sociology*, 1969.

26. B. Zani, P. Selleri, D. David, *op. cit.*

8. Prime conclusioni. Dall'efficacia all'etica

1. S. Freud, *Psicopatologia della vita quotidiana*, tr. it. in *Opere*, vol. 4, Boringhieri, Torino 1970.

2. A. Camilleri, *Un filo di fumo*, Sellerio, Palermo 1997.

9. L'utilità dei malintesi

1. H. Goldstein, *Il modello cognitivo-umanistico nel servizio sociale*, tr. it. Astrolabio, Roma 1988.

2. Marina Mizzau ha studiato a fondo l'argomento, riportando i risultati dei suoi studi in un testo davvero illuminante. Per chi volesse approfondire, si tratta di *Prospettive della comunicazione interpersonale*, il Mulino, Bologna 1974.

3. M. Mizzau, *Storie come vere*, Feltrinelli, Milano 1998.

4. *Ibidem.*

5. F. La Cecla, *Il malinteso*, Laterza, Bari 1997.

6. J. Fabian, "Ethnographic misunderstanding and the perils of context", in *American Antropologist*, 17, 1995, pp. 41- 45.

7. F. La Cecla, *op. cit.*

8. G. Axia, *Elogio della cortesia*, il Mulino, Bologna 1996.

9. *Ibidem.*

10. A. Damasio, *Alla ricerca di Spinoza: emozioni, sentimenti e cervello*, Adelphi, Milano 2003.

11. W. Goethe, *Le affinità elettive*, tr. it. Einaudi, Torino 1996.

12. G. Axia, *op. cit.*

13. M. Farnè, *Guarir dal ridere*, Bollati Boringhieri, Torino 1995.

14. S. Freud, *Il motto di spirito e la sua relazione con l'inconscio*, tr. it. in *Opere*, vol. 5, Boringhieri, Torino 1972.

15. M. Mizzau, *L'ironia. La contraddizione consentita*, Feltrinelli, Milano 1984.

16. M. Sclavi, *Arte di ascoltare e mondi possibili*, Mondadori, Milano 2003.

17. M. Mizzau, *L'ironia*, cit.

18. R.A. Martin, *Humor and the Mastery of Living: Using Humour to Cope with the Daily Stresses of Growing Up*, Haworth, New York 1989.

19. Tali studi sono partiti dopo il caso di Norman Cousins che fece scalpore negli Stati Uniti. Cousins era un noto giornalista colpito da una grave alterazione delle articolazioni che porta progressivamente alla paralisi e alla morte. Il giornalista decise di curarsi seguendo un'insolita terapia: il ridere (tre-quattro ore al giorno di film comici) e l'assunzione di vitamina C. A dispetto di ogni previsione, trascorso un anno guarì completamente.
20. M. Farnè, *op. cit.*
21. W.F. Fry, *Una dolce follia, l'umorismo e i suoi paradossi*, tr. it. Raffaello Cortina, Milano 2001.
22. H. Selye, *The Stress of Life*, Mc Graw-Hill, New York 1976.
23. S. Freud, *op. cit.*

10. La consapevolezza

1. Joseph LeDoux, un neuroscienziato che lavora al Center for Neural Science della New York University, grazie all'applicazione delle nuove tecnologie allo studio del cervello ha scoperto l'esistenza di vie neuronali emozionali che aggirano la coscienza consentendo una valutazione rapida che produce una risposta immediata. Vedi J. LeDoux, "Sensory systems and emotion", in *Integrative Psichiatry*, 4, 1986; Idem, "Emotion and the limbic system concept", in *Concept in Neuroscience*, 2, 1992.
2. E. Corigliano, *Emozioni al lavoro*, Carocci, Roma 2001.
3. A.M. Giannini, *Introduzione allo studio dei processi affettivi*, EUR, Roma 2002.
4. I sociobiologi si sono chiesti come mai l'evoluzione abbia conferito all'emozione un ruolo così fondamentale nella psiche umana: la risposta sta forse nella prevalenza del cuore sulla mente nei momenti critici della vita. M.F. Arnold, *Emotion and Personality*, Columbia University Press, New York 1960; C. Darwin, *L'espressione delle emozioni*, tr. it. Boringhieri, Torino 1872; R. Plutchik, *The Emotion: Facts, Theories and a New Model*, Random House, New York 1962.
5. Le teorie delle *valutazioni cognitive* e delle *tendenze all'azione* si propongono di individuare i contenuti mentali che (a) fanno sì che certe esperienze siano vissute come emotive e (b) rendono diverse e inconfondibili le varie emozioni. Vedi N.K. Frijda, *The Emotions*, Cambridge University Press, New York 1986; J.I. Roseman, "Appraisal determinants of discrete emotions", in *Cognitive and Emotion,* 5, 1991, pp. 161-200; K.R. Scherer, "On the nature and function of emotion: A component process approach", in K.R. Scherer, P. Ekman (a cura di), *Approaches to Emotion*, Erlbaum, Hillsdale, NJ, 1992.
6. V. D'Urso, R. Trentin, *Psicologia delle emozioni*, il Mulino, Bologna 1988.
7. R. Harré, D. Clarke, N.A. De Carlo, *Teoria e pratica in psicologia dell'azione*, tr. it. Giuffrè, Milano 1992.
8. R.I. Levy, *The Tahitians*, University of Chigaco Press, Chicago 1973; K.R. Scherer, P. Ekman, *op. cit.*
9. R.I. Levy, *op. cit.*
10. M.W. Battacchi, *Lo sviluppo emotivo,* Laterza, Bari 2004.
11. S.L. Gordon, "Micro-sociological theories of emotions", in *Micro-social Theory: Perspectives on Sociological Theory*, Sage, London 1985; J.R. Averill, *La costruzione sociale delle emozioni*, tr. it. Giuffrè, Milano 1992.
12. M.W. Battacchi, *op. cit.*
13. D. Goleman, *Intelligenza emotiva: che cos'è, perché può renderci felici*, tr. it. Rizzoli, Milano 1996. Tra gli autori che parlano di tendenza all'azione: M.F. Arnold, *op. cit.*; N.H. Frijda, *op.cit.*

14. I biologi evoluzionisti ipotizzano che le reazioni automatiche abbiano finito per imprimersi nel nostro sistema nervoso come bagaglio comportamentale innato. Vedi a tal proposito: P. Ekman, "An argument for basic emotions", in *Cognition and Emotion*, 6, 1992, pp. 169-200; N. Kalin, "Aspect of emotion conserved across species", Relazione presentata al *MacArthur Affective Neuroscience Meeting*, University of Wisconsin 1992.

15. A. Lowen, *Il narcisismo: l'identità rinnegata*, tr. it. Feltrinelli, Milano 1985.

16. V. D'Urso, R. Trentin, *op. cit.*; Idem, *Sillabario delle emozioni*, Giuffrè, Milano 1992.

17. E. Corigliano, *op. cit.* L'autrice cita gli studi di S.L. Gordon, "The socialization of children's emotions to the Self", in C.I. Saarni, P. Harris (a cura di), *Children's Understanding of Emotions*, Cambridge 1989; A.R. Hochshild, "Emotion work, feeling rules and social structure", in *American Journal of Sociology*, 85, 1979; Idem, "Comments on Kemper's social structure", in *American Journal of Sociology*, 88, 1983; P.A. Thoits, "Self-labelling processes in mental illness: the role of emotional deviance", in *American Journal of Sociology*, 92, 1985.

18. Il ruolo emotivo è definito da Averill come "una prestazione a carattere episodico, una modalità complessa di comportamento determinata da regole" (J.R. Averill, *op. cit.*).

19. C.R. Rogers, *La terapia centrata sul cliente*, tr. it. Martinelli, Firenze 1970; H. Kohut, *Narcisismo e analisi del sé*, tr. it. Boringhieri, Torino 1976.

20. E. Cheli, *Relazioni in armonia*, Franco Angeli, Milano 2004.

21. Il riconoscimento del ruolo essenziale dell'emozione nel pensiero è piuttosto recente nella psicologia. A metà del secolo scorso, infatti, i comportamentisti della scuola di Skinner ritenevano che solo il comportamento osservabile oggettivamente dall'esterno potesse essere oggetto della ricerca scientifica. Negli anni Sessanta prevalsero gli scienziati cognitivi per i quali gli elementi cognitivi sono causa del comportamento emotivo (M.F. Arnold, *Emotion and Personality*, Columbia University Press, New York 1960; N.H. Frijda, *Emozioni*, tr. it. il Mulino, Bologna 1990; C.A. Smith, P.C. Ellsworth, "Patterns of cognitive appraisal in emotion related to taking an exam", in *Journal of Personality and Social Psychology*, 52, 1985; K.R. Scherer, "On the nature and function of emotion: a component process approach", in K.R. Scherer, P. Ekman [a cura di], *Approaches to Emotion*, Erlbaum, Hillsdale, NJ, 1984). Lo stesso Gardner, cui si deve l'affermazione di una molteplicità di intelligenze non misurabili dalla scala Stanford-Binet sul QI e al quale va fatta risalire la distinzione tra intelligenza inter-personale e intra-personale, rimane ancora vincolato al modello della mente proprio delle scienze cognitive. Bisogna arrivare agli anni Novanta perché psicologi come Peter Salovey (P. Salovey, J. Mayer, "Emotional intelligence", in *Imagination, Cognition, and Personality*, 9, 1990) e Robert J. Steinberg (*Handbook of Intelligence*, Cambridge University Press, New York 1985) includano nell'intelligenza fondamentali abilità legate alle emozioni.

22. D. Goleman, *Intelligenza emotiva*, cit.

23. R. Carli, *Psicologia clinica: introduzione alla teoria ed alla tecnica*, UTET Libreria, Torino 1987.

24. Tra gli studiosi che partecipano a queste conferenze ci sono: D. Brown (assistente clinico e professore alla Harward Medical School), R. Davidson (psichiatra e direttore del laboratorio di Neuroscienze dell'Università del Wisconsin), P. Ekman (professore di Psichiatria all'Università della California), F. Varela (professore di Scienze cognitive ed Epistemologia all'Istituto di Neuroscienze di Parigi), A. Zajonc (professore di Fisica all'Amherst College).

25. D. Goleman, *Le emozioni che fanno guarire*, tr. it. Mondadori, Milano 1998.

26. C. Moiso, M. Novellino, *Stati dell'io*, Astrolabio, Milano 1982.
27. S.I. Greenspan, *L'intelligenza del cuore. Le emozioni e lo sviluppo della mente*, tr. it. Mondadori, Milano 1997.
28. *Ibidem.*
29. G.F. Brunelli, "Cultura salute benessere", in *Atti del convegno – Teramo*, SISNI, Padova 1994.

11. La responsabilità

1. P. Watzlawick, J.H. Beavin, D.D. Jackson, *Pragmatica della comunicazione umana*, tr. it. Astrolabio, Roma 1971. Gli autori parlano, a questo proprosito, di punteggiatura nella sequenza di scambi comunicativi. Ciascuno assume come battuta iniziale il comportamento dell'altro (causa) e il proprio come conseguenza (effetto).
2. S. Quadrino, *Capire, capirsi*, Editori Riuniti, Roma 1991.
3. M. Mizzau, *Storie come vere*, Feltrinelli, Milano 1998.
4. D. Stone, B. Patton, S. Heen, *Conversazioni difficili*, tr. it. Baldini & Castoldi, Milano 2000.
5. S. Quadrino, *op. cit.*
6. M. Sclavi, *Arte di ascoltare e mondo possibile*, Le Vespe, Milano 2000.
7. B. Zani, *La comunicazione*, NIS, Roma 1994.
8. R.B. Adler, N. Towne, *Looking out Looking in*, Holt, Linehart and Winston, London 1990.
9. D. Tice, "Controlling anger: Self-induced emotion change", in D. Wegner, J. Pennebaker (a cura di), *Handbook of Mental Control*, vol. 5, Prentice Hall, Englewood Cliffs, NJ, 1993.
10. D. Goleman, *Intelligenza emotiva*, tr. it. Rizzoli, Milano 1996.
11. D. Tice, *op. cit.*
12. J.T. Cacioppo, E. Hatfield, *Il contagio emotivo: l'incidenza delle emozioni nel rapporto con gli altri*, tr. it. San Paolo, Milano 1997.
13. R.B. Adler, N. Towne, *op. cit.*
14. H.H. Bloomfield, *I talloni d'Achille*, tr. it. Rizzoli, Milano 1986.
15. H. Franta, G. Salonia, *Comunicazione interpersonale*, LAS, Roma 1981.

12. Il rispetto

1. E. Sapir, *Il linguaggio: introduzione alla linguistica*, tr. it. Einaudi, Torino 1969; B. Whorf, *Linguaggio, pensiero e realtà*, tr. it. Boringhieri, Torino 1970; E. Morin, *I sette saperi necessari all'educazione del futuro*, tr. it. Raffaello Cortina, Milano 1999.
2. F. Montuschi, *Competenza affettiva e apprendimento*, La Scuola, Brescia 1993.
3. I. Conti, A. Montuori, *Dal dominio alla partecipazione,* Etas, Milano 1997.
4. *Ibidem.*
5. A. Lowen, *Il narcisismo*, tr. it. Feltrinelli, Milano 1985.
6. G.F. Brunelli, A.L. Santi, F. Formica, *Il ruolo della rappresentazione di Sé nel conflitto tra bisogno e desiderio*, ciclo di conferenze, SISNI, Roma 1999.
7. F. Montuschi, *op. cit.*
8. R. Ponticelli, *Emozionarsi fa bene*, Xenia, Milano 1996.
9. P. Watzlavick, J.H. Beavin, D.D. Jackson, *Pragmatica della comunicazione umana*, tr. it. Astrolabio, Roma 1971.
10. F. Nanetti, *La comunicazione trascurata*, Armando, Roma 1996.

13. L'ascolto

1. D. Carnegie, *Scopri il leader che è in te*, tr. it. Bompiani, Milano 1993.

2. R. Varvelli, M.L. Varvelli, "Riflessioni sulla cultura manageriale", in *Quaderni di formazione*, 25, Pirelli, Milano.

3. Philippe Kaeppelin propone di distinguere tra "*écouter*" e "*entendre*", perché la semplice percezione sonora delle parole non garantisce automaticamente che si sia realizzato un vero ascolto, il quale imprime alle parole una valenza significativa e affettiva. Come lo sguardo del pittore vede più in profondità di uno sguardo qualunque, così l'ascolto mobilita "*notre personalité toute entière*" offrendo "*un registre d'intensité et de profondeur supérieure, l'attitude perceptive complétant l'attitude réceptive*" (P. Kaeppelin, *L'écoute*, ESF, Paris 1991). Vedi inoltre su questo tema: A. Conquet, *Savoir écouter*, Editions du Centurion, Paris 1973; A. Cornely, *Ecouter*, Erès, Paris 1983.

4. M. Baldini, *Educare all'ascolto*, La Scuola, Brescia 1988; G. Colombero, *Dalle parole al dialogo,* San Paolo, Milano 1988.

5. Nanetti parla dell'ascolto nei termini di un'"evocazione" provocata dalle parole altrui, di un atto di "apertura della mente e del cuore... ai possibili interrogativi" contenuti in tali parole. Vedi F. Nanetti, *La comunicazione trascurata*, Armando, Roma 1996.

6. A.R. Colasanti e R. Mastromarino (*Ascolto attivo, elementi teorici ed esercitazioni per la conduzione di un colloquio*, IFREP, Roma 1991) hanno identificato tre processi: (1) la ricezione del messaggio; (2) l'elaborazione del messaggio; (3) la risposta al messaggio. In particolare nella fase dell'elaborazione del messaggio chi ascolta deve mentalmente concentrarsi, individuando ben 5 dimensioni: il contenuto informativo del messaggio; l'autopresentazione implicita contenuta nelle parole di chi parla; le richieste implicite; il tipo di relazione esistente; le emozioni sottese.

7. M. Mizzau, *Prospettive della comunicazione interpersonale*, il Mulino, Bologna 1974; Idem, *Storie come vere*, Feltrinelli, Milano 1998.

8. C.R. Rogers, *La terapia centrata sul cliente*, tr. it. Martinelli, Firenze 1970.

9. L. Cian, *La relazione d'aiuto*, ElleDiCi, Leumann 1992.

10. M. Sclavi, *Arte di ascoltare e mondi possibili*, Mondadori, Milano 2003.

11. *Ibidem.*

Conclusioni

1. E. Morin, *I sette saperi necessari all'educazione del futuro*, tr. it. Raffaello Cortina, Milano 2001.

2. D. Krieger, cit. in M.L. De Luca, "Sapere di potere", in *Buddismo e società*, 99, 2003.

3. M.L. De Luca, "L'agire del Budda", in *Buddismo e società*, 84, 2001.

4. D. Goleman, *Le emozioni che fanno guarire*, tr. it. Mondadori, Milano 1998.

5. G.F. Brunelli, "L'avvenire di una realtà", in *Ferro di cavallo*, 1997.

Individuo Gruppo Organizzazione

Sezione organizzazione

D.F. Romano, R.P. Felicioli, *Comunicazione interna e processo organizzativo*

M.F.R. Kets de Vries, D. Miller, *L'organizzazione nevrotica*

E.H. Schein, *Lezioni di consulenza*

G.P. Quaglino, S. Casagrande, A.M. Castellano, *Gruppo di lavoro, lavoro di gruppo*

I.L. Mangham, M.A. Overington, *Organizzazione come teatro*

C. Kaneklin, G. Aretino, *Pensiero organizzativo e azione manageriale*

M. Alvesson, P.O. Berg, *L'organizzazione e i suoi simboli*

C. Argyris, *Superare le difese organizzative*

A. Castiello d'Antonio, *Interviste e colloqui in azienda*

J.L. Pearce, *Volontariato*

C. Piccardo, *Empowerment*

A. Re, *Ergonomia per psicologi*

D. Brown, L. Zinkin, *La psiche e il mondo sociale*

S. Castelli, *La mediazione*

T. Pipan, *Il labirinto dei servizi*

C. Piccardo, A. Benozzo, *Etnografia organizzativa*

K.E. Weick, *Senso e significato dell'organizzazione*

G. Profita, G. Ruvolo (a cura di), *Variazioni sul setting*

S. Gherardi, *Il genere e le organizzazioni*

F. Fraccaroli, *Il cambiamento nelle organizzazioni*

G.P. Quaglino (a cura di), *Leadership*

E.H. Schein, *Culture d'impresa*

S. Gherardi, A. Lippi (a cura di), *Tradurre le riforme in pratica*

G.V. Caprara, C. Barbaranelli, *Capi di governo, telefonini, bagni schiuma*

M.F.R. Kets de Vries, *L'organizzazione irrazionale*

R. Rumiati, D. Pietroni, *La negoziazione*

E.H. Schein, *La consulenza di processo*

J. Guichard, M. Huteau, *Psicologia dell'orientamento professionale*

D. Converso, C. Piccardo, *Il profitto dell'empowerment*

G.P. Quaglino, C.G. Cortese, *Gioco di squadra*
G.P. Quaglino, *La vita organizzativa*
F. Avallone, A. Paplomatas, *Salute organizzativa*
G. Favretto (a cura di), *Le forme del mobbing*
J. Barus-Michel, E. Enriquez, A. Lévy, *Dizionario di psicosociologia*
P.G. Gabassi, M.L. Garzitto, G. Perin, *Psicologia e qualità*
A. D'Amato, V. Majer, *Il vantaggio del clima*
P. Rutelli, E. Bortolanza, *Gli oggetti di qualità e i loro significati*

Sezione formazione

G. Blandino, B. Granieri, *La disponibilità ad apprendere*
M.S. Knowles, *La formazione degli adulti come autobiografia*
U. Morelli, C. Weber, *Passione e apprendimento*
S. Capranico, *Role playing*
L. Formenti, I. Gamelli, *Quella volta che ho imparato*
C. Kaneklin, G. Scaratti (a cura di), *Formazione e narrazione*
G. Blandino, B. Granieri, *Le risorse emotive nella scuola*
J. Mezirow, *Apprendimento e trasformazione*
G.P. Quaglino (a cura di), *Autoformazione*
A. Antonietti, S. Rota, *Raccontare l'apprendimento*
G.P. Quaglino, *Fare formazione*
C. Piccardo, C. Muscatello. C. Trevisani (a cura di), *Dare l'esempio*

Ristampa						Anno				
0	1	2	3	4	5	2006	2007	2008	2009	2010

Finito di stampare nell'aprile 2006
da Nuove Grafiche Artabano, Gravellona Toce (VB)
per conto di Raffaello Cortina Editore
Milano, via Rossini 4